延边朝鲜族自治州
知识产权战略研究

高 斌 主编

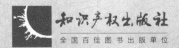
知识产权出版社
全国百佳图书出版单位

图书在版编目（CIP）数据

延边朝鲜族自治州知识产权战略研究/高斌主编. —北京：知识产权出版社，
2017.3

ISBN 978 – 7 – 5130 – 4784 – 5

Ⅰ.①延… Ⅱ.①高… Ⅲ.①知识产权—研究—延边 Ⅳ.①D927.342.340.4

中国版本图书馆 CIP 数据核字（2017）第 042784 号

内容提要

本书以延边朝鲜族自治州为例，详细介绍了少数民族地方的知识产权保护特色和
现况，对开展边疆少数民族地区知识产权工作进行了有益探索，为我国其他地区保护
知识产权提供参考和借鉴。

责任编辑：王玉茂　　　　　　　　　责任校对：王　岩

特约编辑：谭　增　　　　　　　　　责任出版：刘译文

延边朝鲜族自治州知识产权战略研究

高　斌　主编

出版发行：知识产权出版社 有限责任公司	网　　址：http：//www.ipph.cn
社　　址：北京市海淀区西外太平庄 55 号	邮　　编：100081
责编电话：010 – 82000860 转 8541	责编邮箱：wangyumao@ cnipr.com
发行电话：010 – 82000860 转 8101/8102	发行传真：010 – 82000893/82005070/82000270
印　　刷：北京科信印刷有限公司	经　　销：各大网上书店、新华书店及相关专业书店
开　　本：787mm×1092mm 1/16	印　　张：17
版　　次：2017 年 3 月第 1 版	印　　次：2017 年 3 月第 1 次印刷
字　　数：274 千字	定　　价：55.00 元

ISBN 978-7-5130-4784-5

前 言

　　随着以知识经济为核心的全球经济一体化进程不断深入，我国经济进入速度变化、结构优化、动力转换的新常态，创新成为引领发展的第一动力，知识产权制度成为激励创新的基本保障，运用知识产权战略保护创新成为促进创新、应对市场竞争的有效手段。2008 年 6 月 5 日，国务院发布《国家知识产权战略纲要》，从战略层面谋划国家科技进步和经济社会全面发展的重大决策。2015 年 12 月 18 日，国务院印发《关于新形势下加快知识产权强国建设的若干意见》，标志着我国知识产权战略实施工作步入新的阶段。

　　为了全面提升延边朝鲜族自治州（以下简称"延边州"）知识产权综合能力，促进知识产权战略更好地融入并服务于地方经济社会发展，在国家知识产权局的大力支持下，在吉林省科技厅的具体指导下，延边州知识产权局自 2008 年以来利用得天独厚的人文、地域优势，承担并完成多项国家知识产权局、吉林省科技厅和延边州政府委托的有关知识产权战略及知识产权工作等方面的研究项目，主要围绕延边州重点领域，对其国内外专利技术进行分析，对技术发展趋势作出预测，对领域的发展方向提出建议；针对延边州沿边特点，探索口岸城市知识产权工作新路径，研究知识产权保护工作规范化管理模式等，对以企业为创新主体的研发工作、知识产权战略的运用，以及行政管理部门的管理、政府的决策提供了参考和借鉴。

　　在延边州知识产权局成立 20 周年之际，为了集中展示延边州知识产权局多年来的研究成果，并推进延边州知识产权战略研究和有关知识产权工作研究成果的应用与共享，我局组织编写了《延边州知识产权战略研究》一书。全书包括研究成果部分和附录部分，其中，研究成果部分具有突出的地域和少数民族特色，为开展边疆少数民族地区知识产权工作做了有益探索。在研究过程中，延边州知识产权局参考了许多文献和专著，吸取和引用了其中很多观点，同时也得到了业内诸多专家、同行的热情指导和无私帮助。在此表示衷心的感谢！

由于作者所掌握的知识和信息、能力和水平有限，本书中的观点和内容定会有不妥之处，敬请读者批评指正。

编者
2016 年 11 月

目　　录

附　　录

延边州经济科技发展概论

一、延边州概况

延边朝鲜族自治州（以下简称"延边州"）成立于 1952 年 9 月 3 日，位于吉林省东部，幅员 4.27 万平方公里，约占吉林省总面积的 1/4。总人口有 214.6 万人，其中，朝鲜族有 77.82 万人，占总人口的 36.3%，是全国唯一的朝鲜族自治州和最大的朝鲜族聚居地。全州下辖延吉、图们、敦化、珲春、龙井、和龙 6 市和汪清、安图两县，首府为延吉市。

1. 边疆近海，区位独特

延边州地处中、俄、朝三国交界，东与俄罗斯滨海区接壤，南隔图们江与朝鲜咸镜北道、两江道相望，西邻吉林市、白山市，北接黑龙江省牡丹江市。州内有 5 个边境县（市），642 个边境村屯；边境线总长 755.2 公里，其中，中朝边境线 522.5 公里，中俄边境线 246 公里。延边濒临日本海，图们江是我国通向日本海的唯一水上通道。延边最东端的珲春防川，仅距日本海 15 公里。以珲春为核心，在直线距离不到 200 公里的周边，分布着俄罗斯、朝鲜等国 10 个优良港口。延边州内有 11 个对俄、对朝口岸和 1 个国际空港，年运货能力 610 万吨、运客能力 290 万人次。经过多年的建设，延边已初步形成了公路、铁路、航空、海运相互衔接、沟通内外的立体交通网络。延边州依托吉林、黑龙江、辽宁三省广阔的腹地，成为东北三省沟通海内外的重要窗口，也是东北亚区域经济、人口、地理三个重心的交会点，在联结亚洲、欧洲、美洲海陆运输格局中居于重要的枢纽地位。

2. 物产丰饶，资源富集

延边坐落在闻名世界的长白山北麓，境内有野生动物 367 种，野生植物 2460 种，其中药用植物 800 多种，占全国的 1/3，盛产被誉为"东北三宝"的人参、鹿茸、貂皮。其中，人参和鹿茸产量居世界第一。州内已发现矿产93种，其中能源矿产10种、金属矿产33种、非金属矿产48种、水气矿产2种。在发现矿产中，查明有资源储量矿产60种，开发利用矿产38种。在查明资源储量矿种中，煤炭、油页岩、铁矿石、钼矿、高岭土等储量巨大，开发前景广阔；矿泉水品质优良，是世界三大优质矿泉水基地之一，年涌水量达6000多万吨。延边素有"长白林海"之称，全州林业总经营面积406万公顷，有林地面积353.6万公顷，活立木蓄积量3.9亿立方米。

此外，延边特产资源丰富，人参、延边黄牛、食用菌、大米等特色农产品驰名中外，成为农业增效、农民增收的主要载体。据统计，截至2013年末，全州以人参为主的中药材种植面积达4.5万多公顷，产值16亿元，占中药材产值的90%，占全州园艺特产业产值的14.8%；以黑木耳为主的食用菌年生产规模达到13.5亿袋，产值38亿元，占园艺特产业产值的35%。延边州已建设7个省级"长白山人参原材料基地"，20个标准化绿色人参示范基地，30个省级标准化封沟养蛙基地，16个省级标准化蔬菜棚膜园区，1个国家级标准园，58个200万袋以上的食用菌标准化基地。苹果梨、梅花鹿、五味子、蓝莓等产业的标准化基地建设也在稳步推进。截至2013年末，全州州级以上特产品加工龙头企业达97家，加工产值超过145亿元；有2个系列的特产品获得"中国驰名商标"。

3. 生态优良，民风淳朴

延边域内有9个自然保护区，森林覆盖率达80.9%。气候温和湿润，空气清新，冬暖夏凉，四季分明，是吉林省乃至全国公认的"天然氧吧"和"生态后花园"。延边州是首批国家生态文明先行示范区，现拥有敦化、和龙、汪清、安图4县（市）国家级生态功能区，总面积达33394平方公里，占全州面积的76.82%。延边州所在的长白山区水源涵养重要区被列入国家重要生态功能区。2015年，全州城市污水处理率达82%，城市生活垃圾无害化处理率达84%，工业固体废物综合利用率达50%，化学需氧量排放总量减少13.01%。

延边的朝鲜族人民能歌善舞，尊老爱幼，注重礼仪，崇文重教，素有"礼仪之乡""歌舞之乡""教育之乡""足球之乡"的美誉。2014年，全州每万人中具有大学以上文化程度的人数达594人，是全国平均水平的1.7倍。延边大学始建于1949年，是民族地区中率先进入国家"211工程"的地方性综合大学。延边州重视体育事业的发展，在秋千、跳绳、摔跤、滑冰等项目上颇具优势，是全国唯一拥有中超足球队的少数民族自治州。2009 年，中国朝鲜族农乐舞入选联合国《人类非物质文化遗产代表作名录》，开创了我国舞蹈类项目成功申遗的先河。

4. 政策优惠，产业兴旺

延边州是全国同时享受民族区域自治政策、西部开发政策、振兴东北老工业基地政策的唯一地区，是多个国家级战略规划叠加覆盖的地区。《中国图们江区域合作开发规划纲要》和中国珲春国际合作示范区的获批赋予延边州开发开放更多"先行先试"的权利，成为长吉图开发开放先导区的"窗口""前沿"。同时，延边州是全国第三批加工贸易梯度转移重点承接地，进口环节对 A 类、B 类企业实行台账保证金"空转"，产品出口对进口料件全免增值税。延边州现拥有延吉国家级高新技术产业开发区、珲春国际合作示范区、延边国家农业科技园区、和龙国家级边境经济合作区 4 个国家级园区，以及 3 个省级开发区和 5 个工业集中区。延吉重点开发开放试验区纳入国家"一带一路"战略规划。

近年来，延边州经济发展良好，初步形成了以林产、能源与矿产、食品、烟草、医药、旅游为主的传统产业，以装备制造、纺织服装、机械电子、新型建材、高新技术为优势产业的经济格局。中国大唐、福建紫金、四川科创、武汉凯迪、新华龙集团、娃哈哈集团、亚泰集团、韩国浦项集团、韩国农心集团、韩国人参公社等一批国内外知名企业先后落户延边州。与此同时，吉林烟草工业集团、吉林敖东制药、吉林德全水泥、福敦木业、天池工贸等一批本地企业也得到了长足发展。

二、延边经济科技发展状况

（一）取得的成就

1. 经济综合能力显著增强

"十二五"期间，延边州紧扣中央政策导向，抢抓东北振兴、生态文明、新型城镇化、加快少数民族地区发展等机遇，大力实施"项目带动"发展战略，积极围绕林产、能源矿产、医药、旅游等八大百亿级产业，全力争取项目，精心实施项目，以项目促发展。长珲城际铁路建成通车；敦化塔东铁矿、延吉热电厂、吉林敖东工业园、珲春千万吨煤炭扩能改造、和龙至南坪铁路、安图矿泉水产业园、农村危房改造等一大批重大项目和重点工程投产运营；敦化香水水利枢纽工程、敦化抽水蓄能电站、松江河金矿开发、敦化长德物流园等一大批重大项目建设进展顺利。据统计，"十二五"期间，延边州完成全社会固定资产投资3430亿元，是上一个五年的1.5倍，年均投资增长速度达17.1%，农林牧渔业、制造业、能源电力建设、交通运输、房地产开发、社会事业与民生改善六大重点领域投资保持稳步增长。

2. 产业结构不断优化

"十二五"期间，延边州在淘汰落后产能的同时，以打造吉林省东部绿色转型发展区为契机，深入实施八大百亿级产业跃升计划，推动经济发展从重速度向重质量、重效益转变。一是大力发展绿色农牧业。延边州加大天然林保护力度，启动以还林、还草等为主的生态修复工程，全面停止长白山天然林商业性采伐。充分发挥绿色农业、有机农业生产优势，着力增加农副土特产品附加值，扶持专业农场、农业产业化龙头企业发展，重点打造长白山人参产业基地、棚膜蔬菜产业基地、优质黑木耳产业基地、优质蜂业基地、林蛙产业基地、五味子产业基地和苹果梨产业基地。二是突出发展绿色工业。延边州以品牌建设为重点，加快培育和发展绿色、低碳、生态、健康产业，全力推动恒大、统一、农心等项目投产达产；通过加快推进敖东工业园、敖东延吉国药基地、华康工业园等项目建设，进一步做大做强现代医药产业；通过抓好韩正人参、龙泉农工贸、亚泰林下参、恒大人参产业园等项目，不断强化人参等特色资源的精深加工与科技投入力度；加快做强延吉民族食品产业园区和珲春海产品加工基地步伐；大力扶持木制品产业转型发展，强力支持企业利用境外资源走高端和集约化发展之路。三是全面提升现代服务业。延边州大力开发生态观光、养生健身、休闲度假旅游产品，加快推动旅游业向多元化、专业化、品质化转型发展；积极发展信息软件和信息技术服务业、租赁和商务服务业、文化体育和娱乐业等新兴服务业。

随着产业结构调整的不断优化，到2014年底，延边州三次产业结构由2010年的10.1:46.9:43调整为8.7:50.4:40.9。并据统计，"十二五"时期，全州经济总量除2013年外，均突破百亿元，2015年，全州GDP达到887亿元，是2010年的1.6倍。

3. 发展方式加快转变

"十二五"期间，延边州大力发展外向型经济，使区域发展优势不断转化为经济发展新动力。加强与周边国家和地区基础设施的互联互通建设，借助俄、朝港口出海，开辟了至周边国家和城市的陆海联运航线、至我国东南沿海的内贸货物跨境运输通道，形成了南北物流"黄金水道"，实现了"借港出海"的梦想；通过大力实施"互联网＋"战略，努力实现经济发展的数字化、智能化和网络化。

延边州通过转方式，一是推动了工业经济快速发展。2014年，延边州规模以上工业企业达到458家。规模以上工业企业总产值达1260.9亿元，民营经济主营业务收入达2039.6亿元，实缴税金为51.6亿元。二是激活了农村经济发展活力。2014年，全州共实现农林牧渔业增加值为74.5亿元，比"十一五"期末增加22亿元，年均增长4.9%。粮食生产连年丰收，总量达131万吨。三是催生了经济增长的内生动力。2014年，全州累计完成社会消费品零售总额449.1亿元，比2010年增加191.4亿元，年均增长14.9%；全州累计实现旅游总收入216.2亿元，是2010年的1.5倍，年均增长26.4%。四是推动整体经济发展。2014年，全州全口径一般预算收入从2010年的88亿元增加到157.3亿元，增长了78.8%，年均增长15.6%；全州城镇常住居民人均可支配收入达26860元，比2010年增加9404元，年均增长11.4%；农村常住居民人均可支配收入由2011年的6250元增长到2014年的8466元，年均增长11.8%。❶

特别是2015年以来，延边州突出绿色工业发展、品牌建设、创新驱动，努力向品牌经济和民族特色经济发展转变，助力工业经济持续稳步向好发展。

一是聚焦重点，强化绿色发展新支撑。确立"2＋6＋3"产业发展体系，优先发展医药、食品两大生态产业，提升发展林产、能源矿产等传统产业，培育发展信息及软件服务产业，围绕产业发展，培育税源企业，壮大税源经济。出台《延边州加快推进食品产业发展实施意见》《延边州加快推进医药产业发展实施意见》，扶持壮大敖东、四环澳康、华康等医药企业，提升发展安图长白山矿泉水、珲春海产品加工、延吉朝鲜族特色食品等产业集群，着力推动延吉国药基地三期、四环澳康、安图矿泉水园区等项目建设。同时，依托珲春保税区、加工区、港口物流通道的优势，复制满洲里联众集团木材进口、生产、物流等全产业链条模式，建设珲春木

---

❶ 延边州"十二五"经济发展综述［EB/OL］.（2015 - 12 - 02）［2016 - 11 - 30］. http://www.jlxy.gov.cn.

材工业园区，促进林产行业提升发展。全力推进吉煤集团珲矿公司低阶煤洁净化综合利用示范项目；扶持珲春紫金矿业调整产品结构，实施多金属复杂金综合回收项目并实现投产达效；加快众生、浪潮、联通等云计算中心项目进程，推动延边数据创客中心项目建设。

二是突出品牌建设，打造绿色发展新引擎。大力实施"壮大品牌企业、培育品牌产品、打造品牌产业、创建品牌园区"战略。在医药产业上，发展壮大敖东、四环澳康、亚泰、华康、凯莱英五大品牌企业，全力打造敦化医药名城。在特色食品产业上，提升发展安图长白山矿泉水、珲春海产品加工、敦化长白山生态食品、延吉朝鲜族特色食品、人参五大特色集群品牌，大力创建延边民族特色食品地理标识，金刚山、韩食府、宝利祥蜂业等一批企业不断做大做强。"长白山"牌卷烟、"海兰江"牌大米、"丹华"牌山珍木耳被评为中国驰名商标。恒大、农心、统一等名企入驻安图长白山矿泉水产业园；大连东扬、大连宝隆、烟台大宸等企业集聚珲春海产品加工园区，并完成欧盟、美国、俄罗斯、韩国注册。依托资源优势，延边州大力推动人参产业发展，紫鑫初元药业、珲春华瑞参业、韩正人参、图们龙泉农工贸等企业产品市场进一步扩容，恒大人参产业园、亚泰万顷林下参基地等产业化项目稳步推进。

三是推进创新驱动发展，激发绿色转型新动力。瞄准重大项目和关键技术，推动优势资源向重点产业、企业和项目集聚。延边科源新能源凹形气隙发电机等20种新产品通过省级新产品鉴定，吉林敖东延吉药业参泽舒肝胶囊等40多项新产品列入省百种重大新产品规模化生产计划。通过加大企业技术中心培育力度，吉林敖东药业被认定为国家技术创新示范企业，目前全州有国家级技术中心1家，国家级技术创新示范企业1家，省级企业技术中心19家。朝医药、朝鲜族特色食品及参茸检测3个研发中心通过吉林省产业公共技术研发中心认定，提高了全州产业公共技术服务能力。通过成立民族特色食品行业协会，解决产业链上的技术难题，使行业整体科技含量提升。加快推进企业新三板进程，吉林福康药业、宝利祥蜂业、瀚丰矿业、白山国旅、创业软件、福兴粮油等企业相继在全国中小企业股改系统挂牌，延边州新三板挂牌企业达到6户。

四是推进质量提升工作，实现质量兴州。2015年，延边州获批成立吉林长白山人参国家地理标志产品保护示范区；安图矿泉水、敦化大豆获批国家级出口食品质量安全示范区。2016年，延边州获得"全国质量强州示范州"称号，安图县获得"长白山天然矿泉水全国知名品牌示范

区"称号。❶

4. 科技创新引领作用凸显

"十二五"期间，延边州积极实施创新驱动发展战略，健全技术创新的市场导向机制和政府引导机制，加强校地合作和产学研协同创新，打通科技创新与经济社会发展通道，引导各类创新要素向企业集聚，促进企业成为技术创新决策、研发投入、科研组织和成果转化的主体，使创新转化为实实在在的产业活动，最大限度地激发科技第一生产力、创新第一动力的巨大潜能，培育新的增长点，促进地方经济转型升级和提质增效。

一是着力培育创新主体自主创新能力，科研成果稳步增长。"十二五"期间，全州高新技术企业达到 13 户，实现高新技术工业总产值 150.448 亿元，出口创汇 5089 万美元，高新技术产业新产品销售收入占全部销售收入的比重接近 80%。科技型企业达到 169 户，年产值超过 50 亿元，其中 16户列入全省"百户科技型企业"。鼓励和支持具备条件的企业自主创立或与高校、科研院所联合建设国家级、省级科技创新中心（工程技术研究中心）、企业技术中心、院士工作站、重点实验室、工程实验室、博士后工作站等企业研发机构。"十二五"期间，新增 1 个院士工作站、4 个省级科技创新中心（工程技术研究中心）、1 个国家级科技企业孵化器、1 个省级科技企业孵化器。"十二五"期间，全州共获得 54 项省级科技奖项，其中一等奖 5 项、二等奖 12 项、三等奖 37 项；获得 29 项省级科技成果鉴定，州级成果验收 65 项；全州申请专利 2299 件，其中发明专利 644 件，占同期全州申请专利总量的 28.0%；专利授权量为 1659 件，其中发明专利 262件，占同期授权总量的 15.8%。各年度专利申请量与授权量稳居全省第三位。

二是完善落实"舟桥"机制，提高科技成果转化水平。充分发挥政策的导向作用，推动企业技术创新向科技攻关转化、科技攻关向中试成果转化、中试成果向产业化转化。截至 2014 年末，"十二五"期间全州共组织申报国家级、省级、州级科技计划项目 836 项，获得立项 466 项，落实资金 17701 万元，比"十一五"期末增加 7227.4 万元，增长 69%。获得国家级项目 67 项，落实研发资金 5158 万元。获得省级项目 240 项，落实资金 10423 万元。

---

❶ 延边州工业经济持续稳步向好发展 ［EB/OL］．（2016－10－18）［2016－11－30］．www.jl.gov.cn.

三是健全产学研用协同创新机制，强化创新链和产业链有机衔接。贯彻落实《中共延边州委 延边州人民政府关于深化科技体制改革加快推进全州科技创新的实施意见》，引导和激励高校、科研院所注重研究成果的产业化方向，把延边州的科技优势转化为产业发展的竞争优势。鼓励和引导高校、科研院所围绕市场、地区和企业需求开展科研活动，与省内外高校、科研院所开展广泛合作，建立高校和科研院所依靠科技创新、提升传统产业、服务地方经济的新模式。目前，全州初步形成以企业为主体、市场为导向、产学研用相结合的科技创新体系。"十二五"以来，延边州政府先后与中科院长春分院、吉林大学、延边大学、吉林农业大学等高校、科研机构签署全面科技合作框架协议，与中科院签约的合作项目达6个。

四是建立多元化科技投入机制，促进科技与金融深度结合。充分发挥政府在投入中的引导作用，通过财政引导投入、后补助、招标创新、税收优惠等多种财政投入方式，增强政府投入调动全社会科技资源配置的能力。探索采取贷款贴息、基金制、创业投资风险补偿等多种投入方式，积极推进知识产权质押、科技型企业贷款贴息、科技保险等新型的科技金融试点工作，引导金融机构加大对科技型企业支持力度，带动金融资本投向科技创新。搭建科技金融的合作平台，以项目、企业为纽带，密切联系商业金融机构和风险投资机构，拓宽合作的渠道和范围。例如，通过举办"金融机构投融资说明会""新三板上市说明会"等，为科技企业和金融机构搭建沟通、合作的平台，推动企业上市融资。在全省率先开展专利保险试点，完善专利保险服务机制，对支柱产业和符合新兴产业发展方向、符合当地传统产业升级改造的企业专利给予专利保险全额补贴，为拥有自主知识产权的企业进行市场竞争保驾护航。

五是深化科技创新体制改革，营造激励创新的良好生态。颁布实施《关于深化科技体制改革加快推进全州科技创新的实施意见》和《延边州科技奖励管理办法》，形成有利于转型升级、鼓励创新的政策导向。❶

（二）存在的主要问题

1. 经济总量规模相对较小，经济发展活力不足

2014年，延边州生产总值为900.78亿元，占吉林省生产总值的

---

❶ "十二五"期间延边发挥科技创新引领作用 促进地方经济转型升级［EB/OL］.（2015 - 12 - 02）［2016 - 11 - 30］. http://jilin3.mofcom.gov.cn.

6.5%，居全省第六位；人均 GDP 为 39410 元，低于全国、全省平均水平，居全省第七位，显示出薄弱的经济基础。

2. 自主创新实力较弱，核心竞争能力不强

延边州大部分企业处于产业链、价值链的较低层次，出口产品主要以木制品、纺织原料及农产品等初级制成品为主，高技术产品生产、出口品种较少，附加值和利润较低。2014 年，延边州进出口总额为 21.2 亿美元，高新技术企业出口创汇总额为 2035.9 万美元，仅占延边州出口总值的1.29%。此外，延边州工业企业约有 80% 依靠自然资源生存发展，在关键技术、关键设备上，拥有自主知识产权、高技术含量、高附加值、冠有知名品牌的产品少，并且缺乏研发人员，导致自主研发能力和产业整体竞争力不强。

3. 产业配套能力有待提高

目前，延边州已形成了林产、食品、医药、能源矿产、旅游五大支柱产业，其中林产品、人参、食用菌、生物农药、大米等优势产业，多数以资源型产业为主，基础原材料产品多，终端消费类产品少，产业竞争优势不强。企业多处于产业链下级，新兴产业实力尚未形成，产业集群发展优势不明显。特别是经济开发区或工业集中区特色不突出，园区、开发区的配套功能、载体功能有待于进一步提升。

4. 创新投入能力有限

在科技投入资源方面，首先是财政对科技投入总量较小，科研费用投入力度明显不足，政府科技资金投入占 GDP 的比例远远低于全省、全国的水平。其次，大多数中小企业受困于资金、市场、效益等综合因素的影响，研发投入难有保障，政府引导性投入效应难以对各个层次上的企业发挥作用。

5. 资源配置欠佳，产业核心技术研发能力不强

延边州的科研体系由高校、地方属科技机构、企业科研部门、民营科技机构等组成。这些机构由于管理体制问题，始终各自为政，缺乏科技资源的流动和技术合作，导致科研体系运转效率低下，影响了整体科技水平的提升。目前，延边州科研经费主要来源于政府，投资主体错位，导致企业尚未真正成为市场运作和技术创新的主体，难以形成良好的利润反馈循环。此外，从专利申请情况来看，企业专利申请以实用新型或外观设计专利为主，发明专利申请量不多，表明技术研发水平仍处于较低层次，难以形成拥有自主知识产权的主导产业。

6. 基层科技工作力量薄弱，人才严重缺乏

目前，延边州社会科学领域的中级以上科技人员明显增加，进入党政机关的科技人员数也有显著的增加，但是农林、工程技术、自然科学研究领域科技人员大幅减少，特别是高素质的技术带头人、学术带头人更是少之又少，成为影响技术创新能力的主要因素。

三、未来五年延边州发展总体部署[1]

"十三五"时期是延边州振兴发展的关键时期，也是全面建成小康社会的决胜阶段。"十三五"时期预期目标是：到 2020 年，全州生产总值达到 1270 亿元，年均增长 7%；公共财政预算收入与 GDP 基本保持同步增长；社会消费品零售总额年均增长 9%；外贸进出口总额年均增长 15%；万元地区生产总值能耗比 2015 年降低 14%；城镇常住居民人均可支配收入年均增长 10.5%，农村常住居民人均可支配收入年均增长 10.5%。

为实现上述发展目标，延边州州长李景浩在 2016 年政府工作报告中提出，"十三五"期间，将全力抓好六方面工作。

一是加快结构优化升级，构建现代产业体系。坚持把产业结构优化升级作为转变经济发展方式的主要任务，更加突出创新驱动，打造具有延边特色的现代产业体系。要优先发展食品、医药等生态健康产业，提升发展木制品、能源、矿产、装备制造、纺织服装和信息等优势产业，培育发展新能源、新材料和生物等新兴产业。促进互联网与制造业深度融合，推动产业集群发展，打造拉动工业转型升级的"新引擎"。加快构建现代农业产业体系、生产体系、经营体系，走产出高效、产品安全、资源节约、环境友好的现代农业发展道路。重点发展现代服务业，做大做强旅游产业，推动生产性服务业向专业化和价值链高端延伸，生活性服务业向精细化和高品质转变，着力打造新经济增长点。实施质量强州战略，把质量提升和标准化建设作为延边州"创新驱动"的重要突破口，抢占产业发展制高点，推动延边州进入"质量时代"。

二是加快完善基础设施，提高发展承载能力。持续加大基础设施投入

---

[1]   2015 年延边州政府工作报告，2016 年 1 月 12 日延边朝鲜族自治州第十四届人民代表大会第五次会议。

力度，促进城乡、区域协调发展。优化能源生产和消费结构，促进光伏、风电和生物质等可再生能源项目建设，努力推进"光伏暖民"工程。构筑连接周边地区和州内 8 个县（市）的高速公路主骨架，加快延吉机场迁建工程，实施铁路电气化改造，进一步完善立体交通网络体系。扎实推进城市地下综合管廊和海绵城市建设，加大供水、供热、燃气等市政基础设施建设力度。深入实施"宽带吉林"工程，推动"三网"融合和"智慧延边"建设，加快城市信息化建设进程。

三是加快生态文明建设，厚植绿色发展优势。要全面落实国家和省主体功能区规划，加快建设生态文明先行示范区，加强生态建设，抓紧环境保护立法，基本建立资源有偿使用制度和生态补偿机制。加快推进资源节约高效利用，不断增强经济社会可持续发展能力。全面开展环境综合整治，加强生态保护与修复，积极推进水、空气、土壤污染防治和湿地、草原保护工作。深化国有林场、国有林区改革，探索发展森林碳汇产业。坚持绿色、生态、低碳产业发展方向，提高生态产品建设能力，走产业结构更优、生态环境更美、具有延边特色的绿色发展之路。

四是加快开发开放步伐，积极融入国家"一带一路"战略。大力发展开放型经济，全面参与东北亚区域经济合作。加快推进基础设施互联互通和国际大通道建设，完善口岸基础设施，提升口岸等级，建立口岸信息互换、监管互认、执法互助等通关机制。加快建设珲春国际合作示范区、和龙国家级边境经济合作区及延吉重点开发开放试验区等国际合作平台，积极推进中俄跨境经济合作区和中朝罗先经济贸易区建设，提升边境经济合作区、跨境经济合作区发展水平。抢抓中韩自贸协定实施的有利机遇，加快建设中韩产业园。深化对外开放体制机制改革，推动建立图们江经济带，优化对外开放整体布局。

五是加快社会事业繁荣发展，促进社会和谐稳定。深化教育综合改革，全力推进义务教育均衡发展，不断提升朝鲜族教育水平，着力发展现代职业教育，加快教育信息化进程，抓好校园足球改革试验区建设。大力发展文化事业，构建现代公共文化服务体系，加大朝鲜族文化保护传承力度。深化医药卫生体制改革，建立健全公共卫生服务网络，完善基层医疗卫生机构运行新机制，支持朝鲜族民族医药事业发展，探索国际医疗合作。促进人口均衡发展。积极推进全民健身，支持足球事业发展，发展民族传统体育项目，促进群众体育、民族体育、竞技体育和体育产业协调发展。巩固发展民族团结进步事业，加强法治延边建设和社会治理创新，维护社会和谐稳定。进一步夯实安全生产基础，建立安全生产管理长效机制，努力实现安全发展。

六是加快推进民生建设，着力增进人民福祉。以民生为"指南针"，牢固树立共享发展理念，公共财力进一步向民生领域倾斜，切实加大保障和改善民生力度，使全州各族人民在共建共享发展中有更多获得感。积极扩大就业，稳步提高城乡居民收入，全面推进社会保障体系建设，建立健全公共服务体系，努力改善城乡居民居住条件，切实加强困难群体帮扶。实施"七个一批"脱贫工程，构建全程精准脱贫体系，坚决打赢脱贫攻坚战，确保贫困县（市）全部如期摘帽、贫困人口全部如期脱贫。

论延边州民族特色食品产业
发展中的知识产权保护[*]

2008 年 9 月 7 日，延边州州府延吉市被中国少数民族用品协会和中国商品工业协会命名为"中国朝鲜族食品基地和中国朝鲜族用品基地"。❶ 这对延吉市乃至延边州都具有重大意义。然而，在激烈的国内外市场竞争中，延边州的民族特色食品产业如何持续保持优势是一个十分严峻的问题。目前，延边州民族特色食品的研制和管理还处于不成熟阶段，需要解决的问题很多，比如民族特色食品产业规模小，家庭作坊式的工厂多，机械化、自动化、标准化企业少；初加工产品多，精加工产品少；创业者凭经验上马，对设备工艺的改进不够重视；市场营销能力薄弱，产品宣传力度不够等，尤其值得一提的是，目前延边州从事民族食品生产的企业和专业人员，以及各级管理人员的知识产权意识薄弱，尤其缺乏与国际接轨的勇气和心理准备，可以说这是一种潜在的甚至是致命的隐患。为了尽可能消除隐患，我们必须用战略的眼光，开展多方面工作，而其中非常重要的工作之一就是要充分认识到知识产权的重要性。

一、知识产权的概念及运行特点

知识产权是指对智力劳动成果所享有的占有、使用、处分和收益的权利。知识产权是一种无形财产权，受到国家法律的保护，具有技术价值和使用价值，同时也具有独占性、地域性和时间性等特点。知识产权包括专

---

* 作者：刘德富，金华。本文发表在《延边党校学报》2009 年第 3 期。

❶ 延吉成为"朝鲜族食品基地和中国朝鲜族用品基地"［EB/OL］.（2008 - 09 - 07）［2016 - 11 - 30］. http://news.xinhuanet.com/newscenter/2008 - 09/07/content_ 9824308. htm.

利权、商标权、著作权（版权）、植物新品种、商业秘密、厂商名称、反不正当竞争、原产地名称、货源标记及其他智慧成果。

目前，我国知识产权法律制度主要有：《中华人民共和国专利法》《中华人民共和国商标法》《中华人民共和国著作权法》《中华人民共和国反不正当竞争法》《植物新品种保护条例》《海关知识产权保护条例》《特殊标志管理条例》《传统工艺美术保护条例》《药品行政保护条例》等。

知识产权制度是市场经济的产物，它以知识成果的产权界定和有效保护为特征，为技术创新提供一种内在的动力机制和外部的公平竞争环境。❶由于知识产权是以知识为基础，取得知识产权的发明创造往往与科技水平直接相关，因此，总体而言，在知识产权保护方面，发达国家和地区已占有先机。比如，发达国家的企业已懂得娴熟地运用专利保护设置"专利陷阱"，并耐心地搜集中国企业的专利侵权证据，待中国企业发展壮大，具备足够的经济实力后提起诉讼，从中索取高额的专利使用费。同时，发达国家的企业极力扩大专利的保护范围，以挤压发展中国家的技术创新空间。近年来，国外企业越来越重视专利，有的企业甚至将专利作为自己新的经济增长点。如美国专利商标局的一份资料表明，2000 年 IBM 公司总利润为 81 亿美元，其中专利技术占了 21%。

发达国家和地区已经将知识产权战略上升为国家和地区发展战略的重要内容，并与其经济发展有机地结合起来。因此，延边州企业要在知识产权问题上赢得主动，不仅要努力提高发明创造的能力和水平，而且要学会运用知识产权制度，大力提升知识产权的创造、运用、管理及保护能力和水平。

二、如何利用知识产权，促进延边州民族特色食品产业发展

（一）准确掌握和利用国际规则，缩小与发达国家间的差距

知识产权的利用规则主要是知识产权权利人在一定区域和期限内对自己的发明创造成果拥有单独使用、获利的权利；也拥有在收取费用的前提下，许可他人使用、获利的权利。而未经知识产权权利人许可，使

---

❶ 胡佐超，赵梅生. 专利基础知识［M］. 北京：知识产权出版社，2004.

用其发明创造成果的行为就是侵权，侵权人就要承担赔偿权利人损失等法律责任。❶ 因此，能否严格遵守国际规则，并以正确的方式利用发达国家先进技术关系到延边州能否加速缩小与发达国家的差距，关系到整个产业的经济利益，也关系到企业和国家的形象和信誉。

目前，延边州特色食品产业无论在经济综合实力、科技整体水平，还是在自主知识产权竞争能力上与发达国家和地区相比存在较大差距。特别是在参与国际竞争的自主知识产权的数量和质量方面差距更大。比如，据延边州知识产权局初步统计，到 2008 年 7 月，在中国申请有关朝鲜族泡菜的发明专利有 24 件，其中，韩国人申请了 21 件，中国人申请了 3 件，并从申请时间来看，早在 1989 年韩国就向中国提出了有关泡菜发明专利申请，而且其领域从加工技术到储存设备，范围十分广泛。这表明韩国早在20 世纪 80 年代末期就开始在中国进行有关朝鲜族泡菜的专利布局，其目的就在于抢占朝鲜族泡菜技术制高点，控制中国市场，而延边州受知识产权保护的民族食品企业和产品微乎其微，这意味着，延边州朝鲜族泡菜产业已处在被动地位，并且，如果稍不留意，就可能落入韩国设下的专利圈。

目前延边州的实际情况决定了要想快速发展民族特色食品产业，就需要从模仿、吸收和利用发达国家的发明创造成果开始，这就更加要求我们一定要熟知知识产权的利用规则。延边州民族特色食品企业，在研究开发新技术、新工艺、新产品之前，一定要及时分析研究国内外相关技术开发及知识产权保护状态及动态，做好充分的调查研究，做到既能巧妙地模仿、应用他人的技术，又不会造成侵权。

（二）转变观念，增强知识产权保护意识

随着社会的进步、经济的发展和生活水平的提高，延边州朝鲜族传统饮食结构也发生了很大变化，在保留朝鲜族传统特色的同时，吸收了汉族饮食的特点，并融入现代化特色，形成了独具特色的朝鲜族食品。比如，狗肉火锅、方便冷面，还有各种延边特色小菜等许多富有民族风味的方便化、快餐化食品已经畅销国内外。但是，延边州多数食品企业知识产权保护意识淡薄，不懂得用知识产权制度保护自己的成果，只满足于眼前的经济收益，缺乏对自身产品在战略上长远规划，致使产品处于没有保护的危险境地。主要表现在延边州民族特色食品发明专利的申请量较低，原创

---

❶ 胡佐超，赵梅生. 专利基础知识［M］. 北京：知识产权出版社，2004.

专利明显不足。比如，延边州有关朝鲜族泡菜的专利申请量只有 1 件，有关朝鲜族冷面汤、朝鲜族特色小菜的专利申请量很少，这与中国朝鲜族食品基地的称号很不相符。由于没有知识产权保护，延边州企业新开发的特色食品一旦投入市场，马上就有大量仿制者蜂拥而上，分割市场，极大损害了开发企业的利益。这也是延边州民族特色"小食品"难成大产业的重要原因之一。

因此，延边州食品企业要增强知识产权保护意识，让知识产权这把利剑为民族特色食品产业保驾护航。企业要获得自主知识产权，在开发新产品时就必须把握时机及时申请专利，以获得专利保护；并在投入市场前做好商标注册，建立自己的品牌。这样，企业才可以在该项技术领域形成知识产权保护网，建立起技术和商品保护屏障。

（三）推动标准化生产，促进产业集群发展

从国内外经济发展趋势来看，专利与标准结合得越来越紧密。比如，1988 年以前，日本没有韩式泡菜，但在首尔奥运会后，借助韩国人对泡菜的宣传攻势，日本人模仿、吸收和应用韩国技术，很快就做出泡菜，并占据全世界泡菜市场的 78%。这一举动，警醒了韩国。韩国于 1997 年向国际食品规格委员会（CODEX）提出了韩式泡菜发明权属于韩国，日本出口泡菜必须使用与韩国一致名称的请求，这一请求得到了 CODEX 的肯定，同时，韩国政府制定了《泡菜国际规格方案》，实现了专利技术的标准化，从而从根本上捍卫了泡菜的知识产权，并从中获得了巨大利益。

食品产业想要打开国内外市场，尤其是占领国际市场，如果产品不具有规模、生产标准不统一就很难取得消费者的认可。我们知道，肯德基、麦当劳就是依靠标准化、规模化的产品生产占领世界市场的，它们统一采购原料，按统一标准、统一程序生产，保证质量，深得消费者之心。而延边州的民族特色食品却不尽如人意。现在，全国到处都可以看到挂着"延吉冷面""延边狗肉火锅"等标牌的饭店、商店，但各地的产品味道千奇百怪，各执一"味"，有的食品完全脱离了延边本味，严重影响了"延吉""延边"的形象，也冲击了延边产品的市场。所以说，食品生产要打开市场，无论是国内还是国际市场，最关键的问题是解决标准化问题。只有解决了标准化问题，延边州特色食品才能像韩国泡菜一样成为大产业，才有利于开拓国内外营销渠道，才能使特色食品具有生命力和竞争力，也才能长期保持延边州作为中国朝鲜族食品基地的优势。

此外，在日趋激烈的市场竞争中，单个中小企业很难在市场竞争中获得优势，因此，延边州与民族特色食品有关联的企业、专业化服务供应商及其他机构要组成密切合作伙伴，充分发挥规模化竞争优势，推进延边大品牌建设，提高市场占有率，才能促进延边州经济发展。产业集群有利于中小企业转变经济发展方式，只有走创新的道路，才有利于加强企业间的协作配套。

三、结　语

随着延吉市成为"中国朝鲜族食品基地和中国朝鲜族用品基地"，延边州特色食品产业发展进入了一个新的时期。面对良好的发展机遇，要充分认识到，要把延边民族特色食品产业做大做强就必须增强知识产权意识。只有这样，才有利于引入国内外先进生产技术，全面提高延边州特色产业企业的科技水平、工艺水平和管理水平，有利于积极开发国内外市场，提高企业的整体竞争力，打造自己的龙头企业和名牌产品，带动延边州经济又好又快发展。

中国朝鲜族传统食品产业专利战略研究 *

一、引 言

每个民族在适应自然、改造环境、不断创造物质与精神财富的生产生活实践中，发展了民族历史，同时也创造了独具特色的民族饮食文化。中国朝鲜族在特殊的地理、历史、经济条件下，继承了传统饮食习惯，融合了中国汉族饮食风味，汲取了韩国的饮食风格，形成了独具特色的中国朝鲜族饮食文化风俗，其崇尚天然、重食疗、融多元的饮食文化特征❶，不仅促进了民族文化发展，也丰富了中华饮食文明。

然而，在目前食品产业、食品市场实现国际化的时代，中国民族传统食品产业无论在产业综合实力、科技整体水平，还是在自主创新竞争能力上与发达国家相比存在较大差距，特别是在参与国际竞争的知识产权数量和质量方面差距更大，面临国外强大的专利攻势。

为了有利于保持中国朝鲜族食品的特有优势，促进中国朝鲜族食品产业发展和实现国际化，本文以中国专利和韩国专利为分析对象，采用定性分析和定量分析相结合的方式，对朝鲜族食品领域进行了全面地统计分析，力争全面系统地反映朝鲜族食品的历史、现状和发展趋势，以及主要申请国家、主要申请人在朝鲜族食品领域的实际水平，使相关企业和部门能够从整体上把握朝鲜族食品领域专利技术的发展脉络，通过与国外的比较，为进一步确立中国朝鲜族食品专利技术研究方向提供帮助，为未来中国朝鲜族食品产业的发展决策提供依据。

---

* 本文为吉林省科技发展计划项目"中国朝鲜族食品产业专利战略研究"（项目编号：20111623）研究成果之一。作者：齐春龙，金华，高松子，朴银姬，高斌，秦伟，宋金泉。

❶ 金禹彤. 论朝鲜族饮食文化及其文化特征 [J]. 理论界，2009（10）.

二、中国朝鲜族传统食品产业发展现状

中国朝鲜族是 19 世纪末到 20 世纪初从朝鲜半岛迁移过来的跨境民族，主要定居于吉林省延边朝鲜族自治州。朝鲜族不仅带有已经存在的朝鲜民族所共有的民族属性和文化传统，而且因生活在中华文化的大家庭中，吸收了周边兄弟民族的文化因素，所以又拥有中华民族成员的文化特点。朝鲜族饮食文化是朝鲜族文化的重要组成部分，具有鲜明的民族特征。

1. 产品结构

朝鲜族食品产业的产品结构是按照朝鲜族的饮食习惯发展而来的。据不完全统计，朝鲜族食品有 2500 余种之多[1]，大致可分为主食、副食和酒水三大类。

朝鲜族的主食主要有饭、糕、面条等。我国东北地区适宜种植水稻，因此朝鲜族主食中以食用大米最多，玉米、小米、高粱米、黄米等在主食结构中居于次之地位。糕是朝鲜族主食之一。根据风俗和材料不同，糕的品种有 50 多个，制作方法各异，有蒸、煮、打等多种，最受欢迎的是打糕和松饼。此外，朝鲜族的主食还有面条，包括冷面、热面、拌面等，其中冷面最为闻名。因冷面知名度高，市场销售量好，很多厂家专门生产冷面用的荞麦面条等，并已研发生产了此类方便面食品，成为朝鲜族食品产业发展中的一枝新秀。

朝鲜族的副食以汤和泡菜为主。朝鲜族汤的种类很多，其中，大酱汤和补身汤最受青睐。现阶段，补身汤的加工生产已初具规模。泡菜在朝鲜族菜肴中占有突出的地位，它不仅最为普及，而且最富民族特色。泡菜是一种发酵食品，其种类繁多，根据原料、制法、时令的不同，其口味也各异。朝鲜族食品产业中泡菜加工业独占一筹，成为食品产业的主要支柱，拥有广阔的市场前景。

酒水在朝鲜族食品产业中也占据一定分量。酒水种类中除主要的白酒外，还有米酒、浊酒、清酒等产品，市场销量比较稳定，规模逐年扩大。

---

[1] 南昌希. 中国朝鲜族传统食品的现状及发展方向 [J]. 延边大学农学学报, 2004 (6).

2. 产品特色

朝鲜族食品的特征明显，主要表现在以下几个方面：一是谷物加工品种多，如冷面、米酒、大酱、糖稀、韩果类等，种类繁多，风味各具；二是产品易于贮藏，一般选择季节性食品作为原料加工贮藏，如干山野菜、干鱼、干肉等产品；三是发酵食品多，如泡菜、腌制菜、大豆酱类、海鲜酱等；四是食品刺激性比较强，很多有代表性的食品中，都使用辣椒面、大蒜、大葱、生姜、芥末等香辛料作为调料；五是动物性原材料食品结构比较单一，主要集中于补身汤和牛肉制品，如补身汤、补身汤火锅、烤肉等；六是保健功能强，近年研究证明，泡菜等特色食品因其原料及乳酸菌发酵，可以有效提高钙、铁吸收，起到净肠、预防富贵病、提高免疫力等保健功能；七是含绿色、天然成分高，由于采用自然无污染的原料以及较简易的生产工艺等，产品大多保持了天然特色，符合绿色要求，因此也更加贴近现代社会对食品的营养和时尚要求。

3. 产业发展现状

中国朝鲜族食品工业化之路的起步阶段，主要出自家庭主妇之手。20世纪80年代，泡菜、打糕及各种小菜，先期进入了市场，多是家庭手工产品，且数量不多。20世纪90年代中期，开始开发长白山山野菜制品，以家庭手工业作坊式加工为主。20世纪90年代后期，随着市场经济的发展，朝鲜族传统食品开始进入真正意义上的产业开发阶段。

经过多年来的培育和发展，中国朝鲜族食品产业规模逐步扩大，以延边可利亚食品有限公司、东北亚食品公司、金刚山食品有限公司为代表的延边朝鲜族辣白菜生产企业，以敦化市敖东食品开发有限公司为代表的玉米方便面食品企业，以延边宇星无公害农产品开发有限公司为代表的米业公司，以及延边贞淑食品加工有限责任公司、和龙市头道镇石国食品加工厂、三汉物产实业公司、延边边城酒业有限公司等一批龙头企业相继诞生，特别是在延边州，朝鲜族食品产业已经成为经济社会发展的支柱产业。2011年延边州共有餐饮饭店12553家，食品加工企业1156家，其中，泡菜生产企业20家左右。餐饮饭店中80%为朝鲜族餐馆，90%以上饭店兼做朝鲜族饮食料理。此外，朝鲜族食品文化引领餐饮行业经营规范化。2006年7月，延边州成立了延边朝鲜族传统饮食协会；2009年，延边朝鲜族传统饮食协会制定了"朝鲜族传统料理师"技术等级鉴定标准；

2011 年 8 月，延边朝鲜族传统饮食协会成立中国第一家"韩国料理培训院"，开设经营者培训、服务员培训、创业者培训等专门课程，旨在培养"传统饮食料理师"。

三、朝鲜族传统食品领域专利能力分析

（一）专利数据库的选择

由于中国朝鲜族传统食品和韩国、朝鲜的传统食品相近，有关该领域的专利申请国家主要为韩国和中国，因此，本文采用中国专利数据库（CNPAT）、国家知识产权局专利检索与服务数据库和韩国知识产权局专利信息检索数据库（KIPRIS）作为主要检索数据库。CNPAT 数据库是国家知识产权局开发的中国专利数据库之一，收入了全部公开的中国专利文献的著录项目检索数据；KIPRIS 数据库收录了自 1948 年以来在韩国申请的专利文献，每日更新一次。

（二）检索策略和检索范围

1. 中国专利检索策略和范围

利用 CNPAT 数据库和国家知识产权局专利检索与服务数据库检索有关朝鲜族传统食品专利遇到的问题：第一，朝鲜族食品范围难以界定；第二，对朝鲜族食品的称谓不一，没有实现标准化，比如朝鲜族泡菜，在中国可称作"朝鲜族泡菜""韩国泡菜""朝鲜泡菜"，也可直接称作"泡菜"。

本文根据需要和现有的研究条件，将朝鲜族食品专利分析对象限定在泡菜类、冷面类、糕类、酱类、补身汤类等具有代表性的朝鲜族传统食品范围，并通过关键词组合方式进行检索。具体检索范围及检索式如表 3 - 1 所示。基于此，检索得出 186 件专利文献。

表 3 – 1　中国专利检索范围及检索式

	国家	数据库	检索文献	检索期间
检索范围	中国	CNPAT	发明专利、实用新型、外观设计公开文献	1985. 01. 01 ~ 2012. 10. 04
检索式	①		关键词：〔（朝鲜族 or 朝鲜 or 韩国）and（泡菜 or 辣白菜 or 咸菜 or 冷面 or 糕 or 酱 or 狗肉）〕not〔申请人地址：（韩国 or 朝鲜）〕	
	②		〔关键词：（泡菜 or 辣白菜 or 咸菜 or 冷面 or 糕 or 酱 or 狗肉）〕and〔申请人地址：（韩国 or 朝鲜）〕	
	③		〔关键词：（泡菜 or 辣白菜 or 咸菜 or 冷面 or 糕 or 酱 or 狗肉）〕and〔申请人地址：延边地区八个县（市）〕	
检索结果	检索式①＋②＋③，然后配合去重处理以及手工去噪，得到有关朝鲜族食品领域的相关文献 186 件			

2. 韩国专利检索策略和范围

本节检索的数据库选择了韩国知识产权局 KIPRIS 数据库。与中国专利检索范围相对应，选择泡菜类、冷面类、糕类、酱类等具有代表性的传统食品作为专利分析对象，通过关键词和 IPC 分类号相结合的检索方式，具体检索范围及检索式如表 3 – 2 所示。基于此，检索得出发明专利和实用新型文献 4117 件，外观设计 3123 件。检索的文献范围为 KIPRIS 数据库收录的 1985 年 1 月 1 日至 2012 年 10 月 4 日专利文献。

表 3 – 2　韩国专利检索范围及检索式

	国家	数据库	检索文献	检索期间
检索范围	韩国	KIPRIS	发明专利、实用新型公开文献	1985. 01. 01 ~ 2012. 10. 04
检索词	韩文		①（김치or 장）and（미생물or발효or저장or포장or보존or재료or양념or첨가물）②（냉면or떡or보신탕）and（제조or저장or포장or보존or재료or양념or첨가물）	
	中文		①（泡菜 or 酱）and（微生物 or 发酵 or 储存 or 包装 or 保存 or 材料 or 调料 or 添加剂）②（冷面 or 打糕 or 狗肉）and（制造 or 储存 or 包装 or 保存 or 材料 or 调料 or 添加剂）	

	国家	数据库	检索文献	检索期间
国际分类号		A23	其他类不包含的食品或食料及其处理	
		B65	输送、包装、贮存	
		C12	生物化学、啤酒、烈性酒、果汁酒、醋、微生物学酶学或遗传工程	
		F25	制冷或冷却，加热和制冷的联合系统，热泵系统，冰的制造或储存，气体的液化或固化	
检索式		①	（A23 + B65 + C12 + F25）and［泡菜 and（微生物 or 发酵 or 储存 or 包装 or 保存 or 材料 or 调料 or 添加剂）］	
		②	（A23 + B65 + C12）and［酱 and（微生物 or 发酵 or 储存 or 包装 or 保存 or 材料 or 调料 or 添加剂）］	
		③	（A23 + B65）and［（冷面 or 打糕 or 狗肉）and（制造 or 储存 or 包装 or 保存 or 材料 or 调料 or 添加剂）］	
检索结果			检索式①＋②＋③，然后配合去重处理以及手工去噪，得到有关朝鲜族食品领域的相关发明专利和实用新型文献 1417 件	

需要说明的是，由于发明专利申请通常是在其申请日起 18 个月后公开，在分析数据中，有 2011～2012 年的部分发明专利申请和 2012 年的实用新型专利未被公开而不能统计在内。

（三）专利动态分析

1. 朝鲜族传统食品在中国的专利申请和保护状况

（1）朝鲜族传统食品的中国专利申请总体态势分析

① 专利申请年度趋势分析

图 3 – 1 显示了朝鲜族传统食品领域中国专利申请年度趋势。从中可以看出，朝鲜族传统食品在中国的专利申请始于 1988 年，首件为有关冷面的专利申请，申请人为中国延边州的池泰光，其技术涉及冷面加工设备。1989 年出现了第一件有关泡菜专利申请，申请人为韩国三星电子株式会社，其技术涉及朝鲜族泡菜用电冰箱的发酵传感器。1995 年和 1999 年，先后出现第一件有关朝鲜族补身汤类和有关糕类的专利申请。这与 20 世纪 90 年代，以泡菜为代表的朝鲜族传统食品开始进入产业化阶段有关。

由图 3 – 1 可知，在起步阶段，朝鲜族传统食品领域专利申请并不活

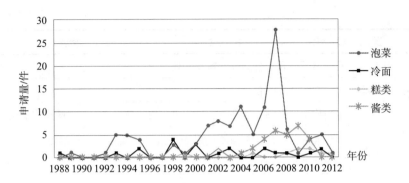

图 3 - 1　朝鲜族传统食品领域中国专利申请量变化情况

跃,有的年度专利申请量为零。进入 21 世纪,朝鲜族传统食品专利申请量
逐步向活跃的方向发展,到 2007 年达到最高,申请量为 35 件,而后呈下
降趋势,目前维持在每年 10 件左右。由此可见,在中国,朝鲜族传统食品
专利技术发展趋于稳定。

　　② 专利申请类型分析

　　朝鲜族传统食品领域专利申请类型分布如图 3 - 2 所示。相关专利申请
总量为 186 件,其中,发明专利为 133 件,占 71.51%;实用新型为 15 件,
占 8.06%;外观设计为 38 件,占 20.43%。表明,技术含量较高的发明专
利申请量占绝对主导优势;其次为外观设计,显示出比较强烈的市场运作
欲望。

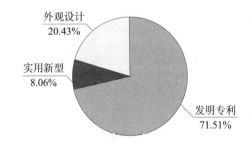

图 3 - 2　朝鲜族传统食品领域中国专利申请类型分布情况

　　③ 专利申请国家分布

　　图 3 - 3 显示了朝鲜族传统食品领域中国专利申请的国家分布情况。从
图中可以看出,韩国申请人提出的专利申请量占了相当大的比重,为 123
件,占 66.13%,中国申请人的专利申请量为 63 件,占 33.87%。由此可
以看出,韩国在朝鲜族传统食品领域所占的技术研发优势,以及韩国对中
国市场的高度重视。

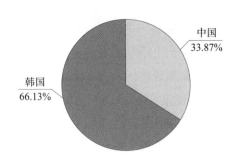

图 3 - 3　朝鲜族传统食品领域中国专利申请的国家分布

④ 主要国家专利申请类型分析

表 3 - 3 列出了中国和韩国两国申请人分别在中国申请有关朝鲜族传统食品专利的情况。从中可以看出，在发明专利申请中，中国申请人所占比重为 29.3%，韩国申请人所占比重达到 70.7%；在实用新型申请中，中国申请人所占比重为 100%；在外观设计申请中，中国申请人所占比重为 23.7%，韩国申请人所占比重达到 76.7%。表明我国申请人在实用新型申请上占优势，具有较强的技术改造能力；韩国申请人在发明专利申请、外观设计申请上占绝对优势，具有较强的技术创新能力和市场运作能力。

表 3 - 3　主要申请国家专利申请类型分布情况　　　　单位：件

项目	发明专利			实用新型			外观设计		
国别	中国	韩国	合计	中国	韩国	合计	中国	韩国	合计
申请量	39	94	133	15	0	15	9	29	38
占比	29.3%	70.7%	100%	100%	0	100%	23.7%	76.3%	100%

⑤ 申请人类型分析

从朝鲜族传统食品领域的中国专利申请人类型来看，如图 3 - 4 所示，企业专利申请为 117 件，占专利申请总量的 62.90%；个人专利申请为 66 件，占 35.48%；研究机构专利申请为 2 件，占 1.08%；大学专利申请为 1 件，占 0.54%。表明企业是朝鲜族传统食品领域技术研发的重要力量，并且企业专利保护意识比较强。

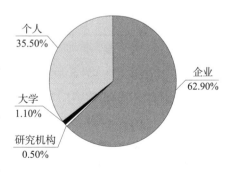

图 3 - 4　朝鲜族传统食品领域
中国专利申请人类型分布

从中国和韩国的专利申请人类型来看，如表 3 - 4 所示，在中国申请人

的专利申请中，个人专利申请量为 50 件，占 78.13%；企业专利申请量为
12 件，占 18.75%；大学专利申请量为 2 件，占 3.13%；研究机构的专利
申请则为 0 件。表明我国朝鲜族传统食品领域的技术研发以个人为主，技
术含量相对较低、市场化程度相对不高。而韩国申请人的专利申请总量
中，企业专利申请量为 105 件，占 86.07%；个人专利申请量为 16 件，占
13.11%；研究机构专利申请量为 1 件，占 0.82%；大学专利申请量为 0
件。表明韩国朝鲜族传统食品领域企业的研发实力较强，技术含量较高，
并且抢占中国市场的欲望强烈，同时也显示出韩国的研发与生产结合的程
度较高。

表 3-4　朝鲜族传统食品领域中韩两国专利申请人类型比较情况　单位：件

	企业/占比	研究机构/占比	大学/占比	个人/占比	合计/占比
中国	12/18.75%	——	2/3.13%	50/78.12%	64/100%
韩国	105/86.07%	1/0.82%	——	16/13.11%	122/100%
合计	117/62.90%	1/0.54%	2/1.08%	66/35.48%	186/100%

⑥ 发明人分析

表 3-5 列出了朝鲜族传统食品领域中国专利申请量位于前八位的发明
人。从中可以看出，专利申请量位于前八位的发明人中有 5 位是韩国人。
表明韩国申请人在朝鲜族传统食品方面的发明专利申请热情高涨，占主导
优势。

表 3-5　朝鲜族传统食品领域中国专利申请量排名前八位的发明人

排名	发明人	国别	申请量/件	占本领域专利申请总量的比重
1	徐云逵、李大成	韩国	7	3.76%
2	徐云逵、李大成、梁珍休	韩国	6	3.23%
3	李永吉	韩国	6	3.23%
4	金昌植	中国	5	2.69%
5	崔圭宽、赵善一、金善圭、姜信思、金在英	韩国	4	2.15%
6	崔圭宽、李大成、朴奎泰	韩国	3	1.61%
7	金　迪	中国	3	1.61%
8	朴玉莲	中国	3	1.61%

（2）各类朝鲜族传统食品的中国专利申请态势分析

① 各类朝鲜族传统食品的专利申请情况

图 3 – 5 显示了各类朝鲜族传统食品的中国专利申请情况。从中可以看出，朝鲜族传统食品领域专利申请总量中，有关泡菜类专利申请量为 117 件，占 62.90%；有关酱类专利申请量为 31 件，占 16.67%；有关冷面类专利申请量为 21 件，占 11.29%；有关糕类专利申请量为 9 件，占朝鲜族传统食品领域专利申请总量的 4.84%；有关补身汤类专利申请量为 8 件，占朝鲜族传统食品专利申请总量的 4.30%。表明朝鲜族传统食品中有关泡菜类专利申请量占绝大多数，其次为酱类和冷面类食品，糕类食品和补身汤类食品的专利申请数量较少。

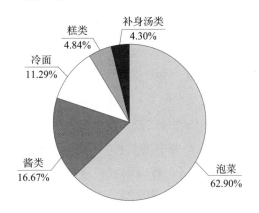

图 3 – 5　各类朝鲜族传统食品的中国专利申请量分布

② 各类朝鲜族传统食品的中国专利申请类型分析

图 3 – 6 显示了各类朝鲜族传统食品的中国专利申请类型分布情况。

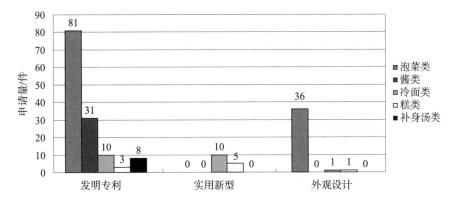

图 3 – 6　各类朝鲜族传统食品的中国专利申请类型分布

在泡菜类专利申请量中，发明专利申请量为 81 件，占泡菜类专利申请总量的 69.23%；实用新型申请量为零；外观设计申请量为 36 件，占泡菜类专利申请总量的 30.77%。

在冷面类专利申请量中，发明专利和实用新型申请量分别为 10 件，分别占冷面类专利申请总量的 47.62%；外观设计申请量为 1 件，占比为 4.76%。

在酱类专利申请量中，发明专利申请量为 31 件，占酱类专利申请总量的 100%；无实用新型专利和外观设计专利申请。

在糕类专利申请量中，发明专利申请量为 3 件，占糕类专利申请总量的 33.33%；实用新型申请量为 5 件，占 55.56%；外观设计申请量为 1 件，占 11.11%。

在补身汤类专利申请量中，发明专利申请量为 8 件，占补身汤类专利申请总量的 100%；无实用新型和外观设计专利申请。

上述分析表明，泡菜类、酱类及补身汤类食品以技术含量较高的发明专利为主；冷面类食品则是发明专利和实用新型专利平分秋色；糕类食品则以实用新型为主，显示出较强的技术改造水平。

③ 各类朝鲜族传统食品的中国专利申请国家分布

图 3-7 显示了中韩两国在各类朝鲜族传统食品的中国专利申请的情况。从中可以看出，在泡菜类专利申请总量中，中国的申请量为 14 件，占 11.97%；韩国的申请量为 123 件，占 88.03%。在酱类专利申请总量中，中国的申请量为 14 件，占 45.16%；韩国的申请量为 17 件，占 54.84%。在冷面、打糕、补身汤类专利申请总量中，中国的申请量所占比重分别达到 90.48%、88.89% 和 100%。表明韩国在泡菜和酱类食品领域的技术实

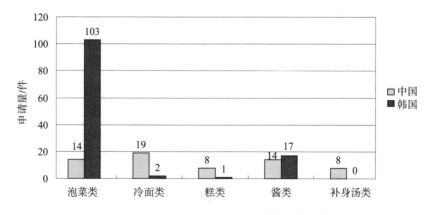

图 3-7　各类朝鲜族传统食品的中国专利申请国家分布

力较强，并且韩国高度重视在中国的专利布局。而在冷面、糕类等食品领域，我国对本国市场的重视度体现得更加充分。

④ 各类朝鲜族传统食品的中国专利申请人类型分析

图 3 - 8 显示了各类朝鲜族传统食品的专利申请人类型分布情况。从中可以看出，在泡菜类食品专利申请总量中，企业的专利申请量为 98 件，占83.76%；个人的专利申请量为 17 件，占 14.53%；大学和研究机构的专利申请量分别为 1 件，分别占 0.85%。其他类朝鲜族传统食品专利申请量，以个人专利申请量为主，比如补身汤类专利申请总量中，个人专利申请量为 7 件，占 87.5%；冷面类专利申请总量中，个人专利申请量为 18件，占 85.71%；糕类专利申请总量中，个人专利申请量为 6 件，占66.67%；酱类专利申请总量中，个人专利申请量为 18 件，占 58.06%。表明除泡菜类领域的技术研发活动以企业为主以外，其他类朝鲜族传统食品领域，个人的技术研发积极性更加高涨。

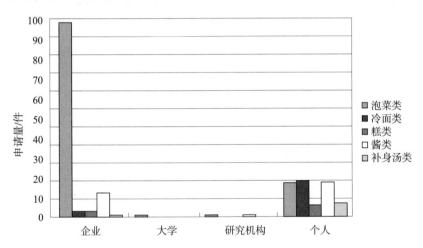

图 3 - 8　各类朝鲜族传统食品的中国专利申请人类型分布情况

⑤ 各类朝鲜族传统食品的主要中国专利申请人分析

表 3 - 6 ~ 表 3 - 9 列出了各类朝鲜族传统食品领域中国专利申请量排名前八位的申请人。可以看出，在泡菜类食品领域，专利申请量排名前六位的是韩国企业，并且这六家企业占泡菜类食品专利申请总量的 46.15%。经进一步分析发现，上述六家企业的专利技术主题主要涉及泡菜储存装置及其制造技术。

表 3-6　泡菜类食品领域主要专利申请人及其申请量

序号	申请人	国别	申请量/件	占泡菜类专利申请总量的比重
1	三星电子株式会社	韩国	16	13.68%
2	LG 电子株式会社	韩国	15	12.82%
3	万都空调株式会社	韩国	10	8.55%
4	株式会社金星	韩国	7	5.98%
5	株式会社大宇电子	韩国	3	2.56%
6	WINIA 万都株式会社	韩国	3	2.56%
7	乐金电子（天津）电器有限公司	中国	2	1.71%
8	金昌植	中国	2	1.71%

表 3-7　冷面类食品领域主要专利申请人及其申请量

序号	申请人	国别	申请量/件	占冷面类专利申请总量的比重
1	金迪	中国	3	14.29%
2	CJ 第一制糖株式会社	韩国	2	9.52%
3	河成龙	中国	2	9.52%
4	李志日	中国	2	9.52%
5	吴云鹤	中国	2	9.52%
6	张风振	中国	2	9.52%
7	于纪军	中国	1	4.76%
8	张金榜	中国	1	4.76%

表 3-8　糕类食品领域主要专利申请人及其申请量

序号	申请人	国别	申请量/件	占糕类专利申请总量的比重
1	金钟振	中国	2	22%
2	荆华	中国	2	22%
3	河成龙	中国	1	11%
4	张太镇	中国	1	11%
5	CJ 第一制糖株式会社	韩国	1	11%

表 3 - 9　酱类食品领域主要专利申请人及其申请量

序号	申请人	国别	申请量/件	占酱类专利申请总量的比重
1	CJ 第一制糖株式会社	韩国	8	25.81%
2	朴玉莲	中国	3	9.68%
3	李东春	中国	2	6.45%
4	柳惠琳	韩国	2	6.45%
5	张艳秋	中国	2	6.45%

在冷面、酱类、糕类食品领域，主要专利申请人大多为中国人，与中国形成竞争的只有韩国的 CJ 第一制糖株式会社。CJ 第一制糖株式会社成立于 1953 年，是韩国最大的食品企业，主营餐饮及食品加工业务。自1962 年以来，制定面向未来的全球化经营战略，大力提高国际竞争实力，以中国、俄罗斯、印度尼西亚、巴西等未来战略要塞地区为重点，积极进军亚洲、美国、欧洲等。CJ 第一制糖株式会社在中国共申请专利 180 件，其中，发明专利 165 件，实用新型 1 件，外观设计 14 件。关于朝鲜族传统食品，该公司申请的专利涉及 "通过挤压制作冷面用面条的方法和设备" "用于制备豆酱的方法" "利用蛋白酶制造大豆酱的方法及其加工产品" 等10 项技术，从申请年度来看，2006 年和 2009 年申请量最多，年申请量达到 4 件。表明该公司始终将中国市场作为主要占领阵地。

⑥ 各类朝鲜族传统食品领域热点专利技术分析

为了了解和掌握各类朝鲜族传统食品技术在中国的专利申请情况，本文按照 IPC 分类号分布情况对各类朝鲜族传统食品技术的专利申请量进行了统计。表 3 - 10 ~ 表 3 - 14 列出了各类朝鲜族传统食品热点专利技术分布情况。

从表 3 - 10 可以看出，泡菜类食品专利申请总量中，F25D 类所占比重最高，达到 35.9%，其技术内容主要涉及制冷机、制冷设备或系统方面；其次为 A23L 类，占 35.04%，其技术内容主要涉及泡菜的制作方法；之后是 A23B 类，其技术内容主要涉及提高泡菜的保存性能等方面。

从表 3 - 11 ~ 表 3 - 14 可以看出，冷面、糕类、酱类、补身汤类食品专利申请主要涉及 A23L 领域，所占比重最高，技术内容主要涉及在食品中添加功能物质，或者添加营养辅料，或者采用健康食品原材料等制作食品技术。

表 3 - 10 泡菜类食品领域热点专利技术分布情况

排名	IPC	技术内容	申请量/件	占泡菜类专利申请总量的比例
1	F25D	制冷机，制冷设备或系统；加热和制冷的联合系统	42	35.90%
2	A23L	不包含在 A21D 或 A23B ~ A23J 小类中的食品、食料或非酒精饮料；它们的制备或处理	41	35.04%
3	A23B	保存；水果或蔬菜的化学催熟；保存、催熟或罐装产品	8	6.84%
4	B65D	用于物体或物料贮存或运输的容器	2	1.71%
5	A47J	厨房用具；咖啡磨；香料磨；饮料制备装置	1	0.85%

表 3 - 11 冷面类食品领域热点专利技术分布情况

排名	IPC	技术内容	申请量/件	占冷面类专利申请总量的比例
1	A23L	不包含在 A21D 或 A23B ~ A23J 小类中的食品、食料或非酒精饮料；它们的制备或处理	9	42.86%
2	A21C	制作或加工面团的机械或设备；处理由面团制作的焙烤食品	8	38.09%
3	A47J	厨房用具；咖啡磨；香料磨；饮料制备装置	2	9.52%
4	B65D	用于物件或物料贮存或运输的容器；所用的附件、封口或配件；包装元件；包装件	1	4.76%

表 3 - 12 糕类食品领域热点专利技术分布情况

排名	IPC	技术内容	申请量/件	占糕类专利申请总量的比例
1	A23L	不包含在 A21D 或 A23B ~ A23J 小类中的食品、食料或非酒精饮料；它们的制备或处理	6	66.67%

表 3 - 13　酱类食品领域热点专利技术分布情况

排名	IPC	技术内容	申请量/件	占酱类专利申请总量的比例
1	A23L	不包含在 A21D 或 A23B 至 A23J 小类中的食品、食料或非酒精饮料；它们的制备或处理	27	87. 10%
2	C12N	生物化学；啤酒；烈性酒；果汁酒；醋；微生物学；酶学；突变或遗传工程	3	9. 68%
3	B65D	用于物件或物料贮存或运输的容器；所用的附件、封口或配件；包装元件；包装件	1	3. 22%

表 3 - 14　补身汤类食品领域热点专利技术分布情况

排名	IPC	技术内容	申请量/件	占补身汤类专利申请总量的比例
1	A23L	不包含在 A21D 或 A23B ~ A23J 小类中的食品、食料或非酒精饮料；它们的制备或处理	8	100%

（3）朝鲜族传统食品的中国专利法律状态分析

表 3 - 15 列出了朝鲜族传统食品领域中国专利法律状态。从中可以看出，该领域 186 件专利申请总量中，授权专利为 62 件，占 33.34%；进入实审阶段的为 21 件，占 11.29%；公开的为 3 件，占 1.61%；申请权转移的为 1 件，占 0.54%；专利申请被驳回的为 5 件，占 2.69%；专利权终止的为 45 件，占 24.19%；视为撤回的为 46 件，占 24.73%，视为放弃的为 3 件，占 1.61%。表明失效专利数量占到 53.22%。

表 3 - 15　朝鲜族传统食品中国专利法律状态

法律状态	数量/件	占朝鲜族传统食品专利申请总量的比重
有效专利	62	33. 33%
实质审查	21	11. 29%

续表

法律状态		数量/件	占朝鲜族传统食品专利申请总量的比重	
公开		3	1.60%	
申请权转移		1	0.54%	
失效专利	驳回	5	2.69%	53.22%
	专利权终止	45	24.19%	
	撤回	46	24.73%	
	放弃	3	1.61%	
合计		186	100%	

2. 朝鲜族传统食品的韩国专利申请和保护状况

（1）朝鲜族传统食品领域韩国专利申请总体态势分析

① 专利申请年度趋势分析

图3-9显示了泡菜类、冷面类、糕类、酱类食品在韩国申请专利的年度趋势情况。泡菜类、冷面类、糕类、酱类食品的韩国专利申请量自1988年首尔奥运会以后呈逐年增长趋势，并且随着实现传统食品工业化，呈现出急速增长势头。1990年，韩国对"传统食品的生理活性功能及产业化"的意识开始增强，在该领域的科学研究逐步加强。因此，研究所、大学等开始研究祖祖辈辈利用了数千年的泡菜等传统食品，内容主要涉及在催熟过程中发生的变化、添加剂、白菜等原料。特别是随着传统食品的专用冷藏装置等问世，有关储藏装置结构设计、结构改造等方面的专利申请量也随之增多。

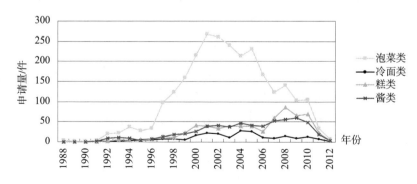

图3-9 各类朝鲜族传统食品韩国专利申请年度趋势

韩国有关泡菜的第一件专利申请出现于1984年，是由三星电子公司提出的"泡菜冰箱自动调温回路",而有关冷面、糕类、酱类专利申请始于1991年和1992年。与中国一样,在起步的头几年,上述食品的专利申请量很少,且增长缓慢,泡菜类和其他食品分别从1992年、1998年以后才开始出现较大幅度的增长,并且,泡菜类在2001年、冷面类在2004年、糕类在2008年、酱类在2009年,专利申请量分别达到高峰。表明,从1992年开始韩国充分认识到保护传统食品技术的重要性和必要性,开始挖掘朝鲜族传统食品所具有的潜力,积极研发其新技术,并进行专利布局。

②专利申请类型分析

图3-10显示了朝鲜族传统食品领域在韩国申请的发明专利和实用新型分布情况。从中可以看出,朝鲜族传统食品领域在韩国的专利申请总量为4117件,其中,发明专利申请量为3479件,占84.50%;实用新型申请量为638件,占15.50%。表明,在韩国申请的有关朝鲜族传统食品专利以发明专利为主。

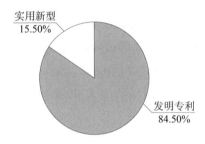

图3-10 朝鲜族传统食品领域的韩国专利申请类型分布

③专利申请国家分布

检索朝鲜族传统食品领域申请韩国专利的国家分布情况可以看出,朝鲜族传统食品领域在韩国申请专利的申请人几乎全部是韩国企业或个人。这是因为该领域具有一定的专属性,对于世界其他一些国家来说相对陌生,因此,其技术研发力量主要集中在韩国。

④各类朝鲜族传统食品的韩国专利申请情况分析

图3-11显示了各类朝鲜族传统食品在韩国申请专利情况。从中可以看出,在各类朝鲜族传统食品专利申请量中,泡菜类食品的专利申请量为2638件,占64.08%。这与泡菜类食品独具特色、备受世界关注、技术不断改进,并且目前已相对成熟的发展历程有关。糕类和酱类食品的专利申请量分别为640件和605件,所占比例分别为15.54%和14.70%;冷面类食品专利申请数量相对较少,为230件,所占比例为5.58%;补身汤(狗

肉汤）类食品在韩国属于非提倡食品，因此，仅有 4 件，所占比例为 0.10%。由于补身汤类食品专利申请量较少，因此，在下面的分析中将其排除在外。

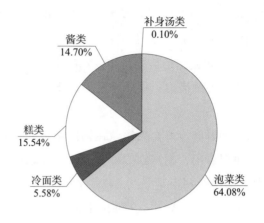

图 3-11　各类朝鲜族传统食品在韩国申请专利情况

⑤ 各类朝鲜族传统食品的韩国专利申请类型分析

图 3-12 显示了各类朝鲜族传统食品的韩国专利申请类型分布情况。从中可以看出，在泡菜类食品专利申请总量中，发明专利申请为 2201 件，占 83.43%；实用新型申请为 437 件，占 16.57%。

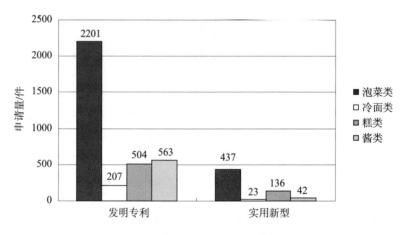

图 3-12　各类朝鲜族传统食品的韩国专利申请类型分布

在冷面类食品专利申请总量中，发明专利申请为 207 件，实用新型申请为 23 件，分别占 90% 和 10%。

在酱类食品专利申请总量中，发明专利申请为 563 件，实用新型申请为 42 件，分别占 93.06% 和 6.94%。

在糕类食品专利申请总量中，发明专利申请为 504 件，实用新型申请为 136 件，分别占 78.75% 和 21.25%。

上述分析表明，各类朝鲜族传统食品的韩国专利申请量中，发明专利申请量占绝对多数，并且以方法专利为主，技术含量较高。

（2）朝鲜族传统食品领域韩国专利申请人分析

① 申请人类型分析

图 3 - 13 列出了朝鲜族传统食品领域在韩国申请专利的申请人类型分布情况。总体来看，朝鲜族传统食品领域韩国专利申请总量中，个人申请量为 2293 件，占 55.75%；企业专利申请量为 1632 件，占 39.68%；大学和研究机构专利申请量分别为 125 件和 63 件，所占比例分别为 3.04% 和 1.53%。

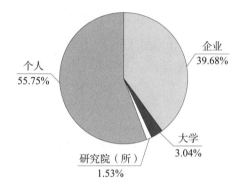

图 3 - 13 朝鲜族传统食品领域韩国专利申请人类型分布

根据朝鲜族传统食品种类统计的韩国专利申请人类型分布情况，如图 3 - 14 所示。

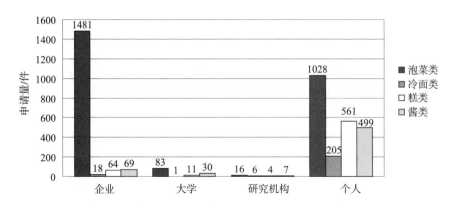

图 3 - 14 各类朝鲜族传统食品韩国专利申请人类型分布

泡菜类食品专利申请总量中，企业专利申请量为 1481 件，占 56.2%；

个人专利申请量为 1028 件,占 38.9%,大学和科研机构的专利申请量为 129 件,占 4.9%。上述分析表明,泡菜类食品的技术研发活动主要集中在企业,具有较强的资金优势和技术研发实力,且具备较好的专利规划布局理念和能力,从而引导了韩国泡菜类食品领域的专利技术产业化。

但是,冷面类、糕类、酱类领域的专利申请状况却有所不同,企业申请量所占比重较小,个人专利申请量所占比重较大,表明这些领域的技术本身应用范围广、普及面大,易于激发个人进行发明创造的积极性,同时也反映这些领域的产业化生产水平较低,还未引起企业的足够重视。

② 主要申请人分析

表 3 - 16 ~ 表 3 - 19 列出了各类朝鲜族传统食品领域韩国专利申请量位于前八位的申请人及其申请量。从表 3 - 16 可以看出,泡菜类食品专利申请总量中,韩国的 WINIA 万都株式会社的申请量为 674 件,占 25.5%,三星电子株式会社和 LG 电子株式会社的申请量分别为 226 件和 161 件,分别占 8.75% 和 6.10%。并且,位于前五位专利申请人的申请量占泡菜类食品专利申请总量的 44.05%。表明,韩国泡菜类食品技术研发活动高度集中在部分企业。

表 3 - 16 泡菜类领域韩国专利主要申请人及其申请量

序号	申请人	国别	申请量/件	占泡菜类专利申请总量的比重
1	WINIA 万都株式会社	韩国	674	25.55%
2	三星电子株式会社	韩国	226	8.57%
3	LG 电子株式会社	韩国	161	6.10%
4	大宇电子设备株式会社	韩国	68	2.58%
5	LGEI	韩国	33	1.25%
6	韩成食品株式会社	韩国	20	0.76%
7	帕世考株式会社	韩国	19	0.72%
8	斗山株式会社	韩国	15	0.57%

排名第一位的 WINIA 万都株式会社是致力于生产新型高级家电产品的企业,其前身是韩国机械领域的领军企业——万都机械株式会社,成立于 1962 年。半个世纪以来,该公司凭借着精湛的专业技术开发生产冰箱、空气净化器、空调、净水器等,在家电领域获得了很高的评价。该公司生产的帝恩采(Dimchae)泡菜冰箱为韩国首创,有着巨大的市场,多年来凭

借知识产权的力量，在韩国的市场占有率一直保持第一。为了让消费者更加满意，该公司不惜投入巨资开发新产品和新技术，以生产出更好的产品。

经进一步研究发现，名列前五位的专利申请人均为与泡菜冰箱等装置有关的电器研发生产企业。表明泡菜类食品领域专利申请人主要集中在设备企业，而与泡菜制造、保存等技术有关的专利申请则以个人或科研机构为主，且比较分散。

从表3-17～表3-19可以看出，冷面、糕类、酱类食品领域的专利申请量比较分散，并且个人申请量多于企业申请量。这与冷面、糕类、酱类食品技术的普遍性有关，同时也表明这些领域的技术已经成熟。

表3-17　冷面类食品领域韩国专利主要申请人及其申请量

序号	申请人	国别	申请量/件	占冷面类专利申请总量的比重
1	金基玉	韩国	17	7.39%
2	朴春植	韩国	5	2.17%
3	权中烈	韩国	5	2.17%
4	朴永洙	韩国	4	1.74%
5	河福镇	韩国	4	1.74%
6	农心株式会社	韩国	3	1.30%
7	CJ第一制糖株式会社	韩国	3	1.30%

表3-18　糕类食品领域韩国专利主要申请人及其申请量

序号	申请人	国别	申请量/件	占糕类专利申请总量的比重
1	张仁洛	韩国	12	1.88%
2	任哲汉	韩国	9	1.41%
3	农心株式会社	韩国	7	1.09%
4	任生圭	韩国	6	0.94%
5	金永浩	韩国	6	0.94%
6	CJ第一制糖株式会社	韩国	5	0.78%
7	青宇株式会社	韩国	4	0.63%
8	鸟里食品株式会社	韩国	3	0.47%
9	CROWN株式会社	韩国	3	0.47%

表 3 – 19　酱类食品领域韩国专利主要申请人及其申请量

序号	申请人	国别	申请量/件	占酱类专利申请总量的比重
1	玉峰化学株式会社	韩国	8	1.32%
2	CJ第一制糖株式会社	韩国	5	0.83%
3	忠南大学产学合作团	韩国	3	0.50%

（3）朝鲜族传统食品韩国专利技术领域分析

为了明确各类朝鲜族传统食品技术领域在韩国的专利申请情况，本文采用 IPC 分类号通过韩国的 KIPRIS 数据库针对各技术的申请量进行了统计。表 3 – 20 ~ 表 3 – 23 列出了泡菜、冷面、糕类和酱类食品领域热点技术分布情况。

表 3 – 20　泡菜类食品领域韩国专利热点技术分布情况

序号	IPC	技术内容	申请量/件	占泡菜类专利申请总量的比例
1	A23B	保存；水果或蔬菜的化学催熟；保存、催熟或罐装产品	1522	57.69%
2	F25D	制冷机，制冷设备或系统；加热和制冷的联合系统	377	14.29%
3	A23L	不包含在 A21D 或 A23B ~ A23J 小类中的食品、食料或非酒精饮料；它们的制备或处理	371	14.06%
4	B65D	用于物体或物料贮存或运输的容器	96	3.64%
5	A47J	厨房用具；咖啡磨；香料磨；饮料制备装置	56	2.12%

表 3 – 21　冷面类食品领域韩国专利热点技术分布情况

序号	IPC	技术内容	申请量/件	占冷面类专利申请总量的比例
1	A23L	不包含在 A21D 或 A23B ~ A23J 小类中的食品、食料或非酒精饮料；它们的制备或处理	194	84.34%

续表

序号	IPC	技术内容	申请量/件	占冷面类专利申请总量的比例
2	A21C	制作或加工面团的机械或设备；处理由面团制作的焙烤食品	15	6.52%
3	B65D	用于物件或物料贮存或运输的容器；所用的附件、封口或配件；包装元件；包装件	4	1.74%
4	A47J	厨房用具；咖啡磨；香料磨；饮料制备装置	4	1.74%
5	F25C	冰的制造、加工、储存或分配	4	1.74%

表 3－22　糕类食品领域韩国专利热点技术分布情况

序号	IPC	技术内容	申请量/件	占糕类专利申请总量的比例
1	A23L	不包含在 A21D 或 A23B～A23J 小类中的食品、食料或非酒精饮料；它们的制备或处理	518	80.93%
2	A23P	未被其他单一小类所完全包含的食料成型或加工	35	6.94%
3	A23G	糖食；口香糖；冰激凌；其制备	20	3.97%
4	A21C	制作或加工面团的机械或设备；处理由面团制作的焙烤食品	12	2.38%
5	A21D	焙烤用面粉或面团的处理；焙烤；焙烤产品；及其保存	11	2.18%

表 3－23　酱类食品领域韩国专利热点技术分布情况

序号	IPC	技术内容	申请量/件	占酱类专利申请总量的比例
1	A23L	不包含在 A21D 或 A23B～A23J 小类中的食品、食料或非酒精饮料；它们的制备或处理	512	84.63%

序号	IPC	技术内容	申请量/件	占酱类专利申请总量的比例
2	B65D	用于物件或物料贮存或运输的容器；所用的附件、封口或配件；包装元件；包装件	29	4.79%
3	A23B	保存；水果或蔬菜的化学催熟；保存、催熟或罐装产品	13	2.15%
4	C12N	生物化学；啤酒；烈性酒；果汁酒；醋；微生物学；酶学；突变或遗传工程	13	2.15%
5	A47J	厨房用具；咖啡磨；香料磨；饮料制备装置	9	1.49%

从表3-20可以看出，泡菜类食品领域，A23B类所占比例最高，达到57.69%，即有关保存、催熟方面的专利申请量最大，这是泡菜类领域的重点技术研发方向。这一领域的技术内容主要包括利用紫外线-可见光频谱的泡菜冰箱的泡菜催熟控制系统，泡菜保存容器的磁悬浮结构，利用磁制冷材料和陶瓷容器的泡菜保存装置。其后是F25B类，占14.29%，表明泡菜冰箱方面的专利技术引导主流。其中，有关驱动控制方面的专利申请量比较大，主要技术内容包括泡菜冰箱的制冷控制方法、泡菜冰箱冷脉分配控制方法、防止泡菜冰箱主控器进水的结构等。之后是A23L类，占14.06%，其技术内容主要包括延长泡菜的保存性和果胶分离的方法、利用含硫蔬菜制造泡菜的方法、包含鹿茸及五加皮提取物的泡菜添加剂、用健康原材料（人参、沙参等）替代白菜等。此外，B65D类和A47J类分别占3.64%和2.12%。

从表3-21~表3-23可以看出，冷面、糕类、酱类食品领域，A23L类所占比例最高，均在80%以上。其申请内容主要涉及将国外或者其他领域已经公开的生理功能物质单纯地添加到食品中，或者添加韩药，或者采用健康食品原材料等方面的技术。

（4）朝鲜族传统食品领域韩国专利法律状态分析

表3-24列出了各类朝鲜族传统食品技术当前韩国专利法律状态情况。从中可以看出，在朝鲜族传统食品专利申请总量4117件中，323件（含补

肾汤类食品专利4件）处于未结案状态，占申请总量的7.85%。在已结专利申请中，获得授权的为1555件，占37.77%；被驳回的为1122件，占27.25%；专利权终止的为731件，占17.76%；视为撤回的为259件，占6.29%；视为放弃的为123件，占2.99%。

表 3-24　朝鲜族传统食品韩国专利法律状态　　　单位：件

法律状态	泡菜类申请量（占泡菜类申请总量的比重）	冷面类申请量（占冷面类申请总量的比重）	糕类申请量（占糕类申请总量的比重）	酱类申请量（占酱类申请总量的比重）	合　计（占总申请量的比重）
在审	181（6.86%）	17（7.39%）	69（10.78%）	52（8.60%）	323（7.85%）
授权	1094（41.47%）	69（30.00%）	189（29.53%）	203（33.55%）	1555（37.77%）
驳回	637（24.15%）	86（37.39%）	203（31.72%）	196（32.40%）	1122（27.25%）
终止	486（18.42%）	29（12.61%）	125（15.53%）	91（15.04%）	731（17.76%）
撤回	161（6.10%）	27（11.74%）	25（3.91%）	46（7.60%）	259（6.29%）
放弃	75（2.84%）	2（0.87%）	29（4.53%）	17（2.81%）	123（2.99%）
无效	4（0.15%）	0	0	0	4（0.10%）
合　计	2638（100%）	230（100%）	640（100%）	605（100%）	4117（100%）

就泡菜类食品专利而言，在已结专利申请量中，获得授权的为1094件，占泡菜专利申请量的41.47%；被驳回的次之，有637件，占泡菜专利申请总量的24.15%；专利权终止的有486件，占18.42%；视为撤回的有161件，占6.1%；视为放弃和无效的数量比较少，分别占2.84%和0.15%。表明在泡菜类食品专利申请中，由于企业申请比较多，撰写规范，因此审查员和申请人存在意见分歧的比率比较低，审查结果的走势比较明显。

就有关冷面类食品专利而言，在已结案件中，被驳回的数量最多，有86

件，占 37.39%；获得授权的专利为 69 件，占 30%；专利权终止的为 29 件，占 12.61%；视为撤回的为 27 件，占 11.74%；视为放弃的占 0.87%。

就有关糕类食品专利而言，在已结案件中，被驳回的有 203 件，占 31.72%；获得授权的为 189 件，占 29.53%；专利权终止的为 125 件，占 15.53%；视为放弃的为 29 件，占 4.53%；视为撤回的为 25 件，占 3.91%。

就有关酱类食品专利而言，在已结案件中，获得授权的为 203 件，占 33.55%；被驳回的为 196 件，占 32.40%；专利权终止的为 91 件，占 15.04%；视为撤回的为 46 件，占 7.60%；视为放弃的为 17 件，占 2.81%。

由此可见，上述 3 类朝鲜族食品专利申请中，由于个人申请比较多，可能存在技术缺乏创造性、新型性、实用性等，因此导致审查员和申请人存在意见分歧的比率比较高，被驳回的专利申请所占比重较高。

四、朝鲜族传统食品领域发展趋势预测

通过上述分析可知，有关朝鲜族传统食品的研究始于 20 世纪 80 年代，并在 2007 年左右达到高峰期，其技术水平已经比较成熟。根据朝鲜族传统食品的起源及发展，并结合该领域专利现状分析，本文预测了朝鲜族传统食品领域主要发展趋势。

（1）产品需求空间进一步扩大

朝鲜族传统食品，特别是朝鲜族泡菜不仅因其营养价值，而且因其被广泛传说具有可预防 SARS 等传染病及各种成人疾病而备受关注，正在成为全世界广泛流行的食品。特别是 2012 年我国人均 GDP 达到 6100 美元，在向消费型国家过渡，并且食品消费结构进入了加速调整和升级的重要阶段，导致我国食品工业发展空间巨大。据国内外有关专家预测，未来 5 ~ 10 年我国将是全球收入增长最快的国家之一，至少有 1 亿家庭、3 亿多人口进入年收入 1 万美元以上的行列，这将会形成巨大的食品消费市场，从而导致全社会对传统民族食品的消费需求也会增加。

（2）融合现代需求，产品需求趋于多样化

从专利分析中可以看到，朝鲜族传统食品随着饮食现代化的需求也在不断发生变化，新的制造方法不断得到开发。近几年利用红参、红薯、甲壳素、五加皮、海带、芦荟等各种功能性原料制造朝鲜族传统食品的技术，以及一些减肥泡菜、儿童用泡菜、低盐泡菜等以特定人群为对象的朝鲜族传统食品也开始得到研发并申请了专利。随着社会的发展及生活

水平的不断提高，符合饮食文化世界化、多样化特征的融合饮食将活跃市场。

（3）适应商品化需要，产品需求趋于高附加值化

随着对朝鲜族传统食品需求的持续增长，储存技术方面的专利申请量将继续增加。韩国企业在这一领域的研究已经非常深入，并且其专利布局极为广泛。预计将来全世界仍将保持在储存技术方面的强劲发展态势。同时，随着朝鲜族传统食品的普及，对味道好、保存性能好、高级化、高附加值化食品的需求将会增加，从而高附加值产品的技术开发势头将会增强。

（4）对我国朝鲜族传统食品领域发展的若干建议

研究表明，朝鲜族传统食品的技术研发于 20 世纪 90 年代中期走上快速发展的轨道，现已进入稳步发展阶段。其间，韩国企业加大对朝鲜族传统食品技术的研发投入，加强了技术创新，并形成严密的专利保护网络，表现出较强的技术研发优势和强烈的独占市场欲望。而我国在这一领域缺少核心技术，技术含量不高，专利保护力度不强，没有形成系统化的研发思路和规模。鉴于上述情况，本文对我国朝鲜族传统食品领域专利技术的发展提出了几点战略选择。

1. 专利创造战略

开拓产学研用联合发展的路子。经研究发现，我国朝鲜族传统食品专利申请中，大学、科研机构的专利申请量很少，并且无与企业联合申请专利的案例。这表明我国的大学和科研机构不仅在朝鲜族传统食品领域的技术研发能力实力比较薄弱，而且与企业之间的合作也不够密切。就当前发展现状而言，我国朝鲜族传统食品产业单靠企业自身力量开发专利技术不够现实。因此，有必要探索和开拓产学研用相结合的发展思路，通过行业加强合作，确定专利创造方向，实现共赢。

围绕基本专利技术，研发外围专利技术。经研究发现，目前，韩国在朝鲜族传统食品领域的研发实力比较强，而且已经形成专利布局。因此，我国企业在进行技术开发时，可以通过对现有基本专利技术进行充分研究，并结合本企业实际技术难题，研发与之配套的一些外围技术，并及时申请专利，取得保护，以遏制竞争对手的基本专利，赢得优势。

2. 专利运用战略

充分利用专利信息资源。经研究发现，目前，有关朝鲜族传统食品技

术在中国申请专利并公开的专利文献至少有 186 件，在韩国申请专利并公开的专利文献至少有 4117 件。运用这些专利文献可以了解朝鲜族传统食品领域的最新研发成果，或者某一特定技术的发展历史，某一关键技术的解决方案等，从而提高企业研发起点和水平，节约研究经费，缩短研发时间。同时，专利文献能及时反映朝鲜族传统食品技术在不同时期所处的法律状态，因此，企业在技术合作或技术引进过程中，或在遇到专利侵权纠纷时，首先要对专利权的有效性、时效性和地域性进行分析研究，以维护企业的合法权益。

充分利用失效专利技术。经研究发现，朝鲜族传统食品技术在我国的专利法律状态，失效专利占到了 53.22%。失效专利中，有些是成熟的技术，在市场竞争中还有潜能，有些只是受当时技术水平的限制，其效能未能充分发挥出来，但对许多中小企业来说仍有较好的经济价值和技术价值。因此，在技术研发过程中，可以采取模仿失效专利的策略，充分利用凝结于失效专利中的发明创造点和实用价值，并从中开发出新的技术。

3. 专利保护战略

加强防御措施，建立长效保护机制。21 世纪初以来，国外对朝鲜族传统食品进行专利申请或者对中国的传统资源进行商业性应用的事例频繁出现，除了韩国外，其他国家也开始涉足。例如，瑞士的耐雪丽食品公司研发类似于朝鲜族泡菜的食品制造方法，并就其技术向 14 个国家提出了专利申请。为了解决掠夺生物资源等行为，并且防止非法获得专利权，世界知识产权组织（WIPO）于 2003 年决定将各国的民间处方等传统知识资源作为专利审查的必要文献。对此，一些国家积极采取措施予以配合。比如，韩国将以韩药传统知识为主的 30 余万件文献制作成数据库，提供给世界知识产权组织，并通过专业网站向国内外普通用户提供免费检索服务。同时，韩国正在搜集和整理韩国泡菜、拌饭、传统酒、大酱、打糕等 3000 多种传统食品的考证材料及专利文献，并建立数据库。我国可以借鉴国外先进经验，建立长期机制，搜集、整理有关朝鲜族传统食品方面的流传信息以及专利信息，建立数据库，形成现有技术的证据，以防止外国企业获得相关专利，有利于推动我国传统食品产业实现国际化。

4. 专利管理战略

首先，建立企业专利管理机构，主要负责研究国内外有关企业的专利政策、法规，制定本企业的专利战略和专利管理规章制度；协调企业内部及企业与其他单位之间的专利事宜，深入企业管理全过程；搜集、分析和整理与本企业经营管理有关的专利信息，供企业决策层参考；监督侵犯本企业专利权的行为。其次，完善企业专利管理规章制度，建立发明创造保密制度、专利信息查新制度、发明创造奖励制度等，并且充分吸纳专业技术人才，建立综合性的后备智囊库，为企业研发专利，创造核心竞争力提供强有力基础。

五、结　语

本文利用中国国家知识产权局数据库和韩国知识产权局数据库对中韩两国专利动态进行了调查分析，列出了现阶段主要申请人和重点专利技术，分析了朝鲜族传统食品未来发展趋势，并对我国朝鲜族传统食品领域发展提出了建议，为政府决策、企业管理、科研机构技术研发提供了参考依据。但是，由于条件所限，本文将朝鲜族传统食品的调查对象限定在具有代表性的泡菜、冷面、糕类以及酱类等传统食品，未能对更多种类的朝鲜族传统食品进行全面分析。

总之，中国朝鲜族传统食品以独特的加工方法、风味、经济实用性和营养性受到国内外消费者的欢迎和青睐。只要开发具有中国特色的朝鲜族传统食品，实施有效的朝鲜族传统食品的知识产权战略，实现原料管理现代化、产品开发多样化、品牌高端化，满足现代人对时尚、便利的需求，朝鲜族传统食品必能迎来更加广阔的发展前景。

延边朝鲜族自治州企业专利战略研究[*]

当今世界，在科技、经济和综合国力竞争日益激烈的大环境下，专利制度作为激励创新、保护科技投入、优化科技资源配置、调节公共利益与技术垄断关系、维护市场竞争秩序的重要法律机制，在一个国家和地区经济社会发展和科技进步中的战略地位进一步增强，已成为世界各国发展高科技，增强国家综合竞争力的战略性措施。企业是市场的主体，是国家创新体系的重要组成部分，专利战略对企业科技优势与核心竞争力的提升有着重要的促进作用。

一、延边州专利申请量和授权量的状况及特点

根据国家知识产权局统计，截至 2009 年底，我国的专利申请总量为 4898473 件，其中，发明专利为 1138574 件，实用新型为 1991317 件，外观设计为 1768382 件；专利授权总量为 2643852 件，其中发明专利为 256367 件，实用新型为 1357209 件，外观设计为 1030276 件。同期，吉林省专利申请总量为 60872 件，其中，发明专利为 16409 件，实用新型为 34092 件，外观设计为 10371 件，位居全国第 17 位；专利授权总量为 31963 件，其中，发明专利为 4256 件，实用新型为 22291 件，外观设计为 5416 件，位居全国第 18 位。据延边州知识产权局初步统计，截至 2009 年底，延边州专利申请总量为 3283 件，其中，发明专利为 726 件，实用新型为 1968 件，外观设计为 589 件；专利授权总量为 2837 件，其中，发明专利为 487 件，实用新型为 1812 件，外观设计为 538 件。延边州专利申请总量占吉林省的 5.4%，专利授权量占全省的 8.88%（见表 4 - 1 ~ 表 4 - 4）。

---

* 本文为 2010 年延边州科技发展计划项目"延边朝鲜族自治州企业专利战略研究"成果之一。研究人员：齐春龙，金华，高松子，朴银姬，高斌，秦伟。

表 4-1   1985~2009 年延边州专利申请量及授权量   单位：件

年　度	专利申请量	专利授权量
1985~2004	2098	1776
2005	179	177
2006	223	190
2007	184	232
2008	265	188
2009	334	274
合　计	3283	2837

表 4-2   1985~2009 年吉林省及延边州专利权属情况   单位：件

	职务发明						非职务发明		合　计	
	企　业		大专院校		科研院所					
	申请量	比例	申请量	比例	申请量	比例	申请量	比例	申请量	比例
吉林省	10863	17.85	3735	6.14	4537	7.45	40937	67.3	60872	100%
延边州	590	18	59	1.8	53	1.6	2580	78.6	3283	100%

表 4-3   1985~2009 年延边州专利申请情况及各地区分布情况   单位：件

地　区	发明专利	实用新型	外观设计	合计	占全州比例
全　州	726	1968	589	3283	100%
延吉市	347	1111	296	1754	53.43%
图们市	26	94	28	148	4.51%
汪清县	25	106	22	153	4.66%
珲春市	54	151	27	232	7.07%
龙井市	42	139	45	226	6.88%
和龙市	30	53	27	110	3.35%
安图县	39	70	25	134	4.08%
敦化市	163	244	119	526	16.02%

表4-4　1985～2009年延边州与长春市、吉林市专利申请量比较　单位：件

	发明专利		实用新型		外观设计		合计	在吉林省位次
	申请量	比例	申请量	比例	申请量	比例		
延边	726	22.11%	1968	59.95%	589	17.94%	3283	3
长春	8461	34.26%	10794	43.24%	5438	22.02%	24693	1
吉林	1345	24.37%	3571	64.70%	603	10.93%	5519	2

从以上统计结果可以看出，延边州专利申请状况有以下几个特点：

第一，从中国专利法实施以来，延边州的发明专利申请和实用新型总体呈波浪式上升趋势，表明延边州技术创新能力和专利保护意识在逐步提高。

第二，吉林省与国内其他省份相比，专利申请数量较低，不仅在东北三省位居最后，而且落后于西部地区的陕西省。而延边州专利申请数量虽然呈逐年上升的态势，并且位居全省第三位，但与位居全省第一位、第二位的长春和吉林两市相比还有较大差距，尤其是发明专利申请量所占比重较少，以实用新型为主，表明延边州不仅专利申请量较少，而且专利申请质量也较低。

第三，1985～2009年，延边州专利申请以非职务专利申请为主，占全州专利申请总量的78.6%；职务专利申请占21.4%，其中，企业占18%，大专院校占1.8%，科研院所占1.6%。就吉林省的专利申请情况而言，非职务专利申请占全省专利申请总量的67.3%，职务专利申请占全省专利申请总量的32.7%，其中，企业占17.85%，大专院校占6.14%，科研院所占7.45%，机关团体占1.31%。表明延边州企业专利申请水平与全省平均水平持平，大专院校以及科研院所专利授权数量落后于全省平均水平。表明延边州绝大部分专利为个人申请，企事业单位申请专利数量少，专利申请缺乏动力；同时也表明延边州企事业单位的专利申请具有一定的上升空间，潜力很大。

第四，延边州的专利申请中，专利申请人主要分布在延吉市和敦化市。延吉市专利申请量所占比例为53.43%，敦化市为16.02%，其他6个县市占30.55%。

二、延边州企业专利状况

据2010年的统计数据，截至2009年底，延边州民营企业数量达到

8000 家，其中规模以上企业数量达到 800 家。

（一）企业申请专利情况

根据国家知识产权局网站公布的数据统计，1985 年 4 月 1 日至 2009 年底，延边州申请专利的企业数为 415 家，占企业总数的 5.18%，其中，申请 5 件以上专利的企业有 12 家，申请 10 件以上专利的企业有 5 家。

1985 年至 2009 年底，延边州企业专利申请量为 590 件，占全州专利申请总量的 18%。从产业形态看，延边州企业在医学方面的专利所占比例最高（81 件），占延边州企业专利申请总量的 13.73%；农业方面的专利为 22 件，占 3.73%。

（二）知识产权管理机制情况

2009 年初，延边州知识产权局对延边州内专利申请量较多的 25 家企业进行了问卷调查。其中，大型企业有 3 家，中小型企业有 18 家，规模以下企业（年销售收入在 500 万元以下的企业）有 4 家。在 25 家企业中，建立知识产权管理机构的有 2 家，占被调查企业总数的 8%；制定了专利管理制度的有 1 家，占被调查企业总数的 4%。多数企业的专利工作由办公室或技术部门兼管。

（三）专利信息资源的利用情况

被调查的 25 家企业中，有 23 家企业在技术开发活动中，对产品进行了专利文献检索，占调查企业总数的 92%；但是没有一家拥有专利信息库的企业。

（四）专利实施转化情况

2009 年初，延边州知识产权局对拥有专利的 174 家企业进行了问卷调查及统计。在调查过程中，获得调查数据的企业为 83 家，未获得调查数据的企业为 91 家，分别占调查企业总数的 47% 和 53%。未获得调查数据的企业中，有 62 家企业的专利权已经终止，有 2 家企业的专利权已经变更，有 27 家企业联系不上（见表 4-5）。

表 4-5　延边州企业专利实施状况

申请专利企业数/家		大型	中小型	规模以下	合计	其中高新技术企业数
	外商控股企业	—	8	6	14	2
	港澳台商控股企业	—	2	2	4	1
内资控股企业	国有控股	2	4	2	8	—
	集体控股	1	21	6	28	9
	私人控股	—	21	8	29	2
合　计		3	56	24	83	14

企业专利实施状况/件		未实施	仅自实施	仅许可他人实施	权利转让	合计
	外商控股企业	—	62	—	—	62
	港澳台商控股企业	—	19	—	—	19
内资控股企业	国有控股	—	18	—	—	18
	集体控股	16	142	4	2	164
	私人控股	6	116	—	—	122
合　计		22	357	4	2	385

获得调查数据的 83 家企业中,大型企业有 3 家,中小型企业有 56 家,规模以下企业(年销售收入在 500 万元以下的企业)有 24 家;就企业性质而言,外商控股企业有 14 家(其中高新技术企业占 2 家),港澳台商控股企业有 4 家(其中高新技术企业占 1 家),内资控股企业有 65 家,分别占 17%、5% 和 78%。内资控股企业中,国有控股企业有 8 家,集体控股企业有 28 家(其中高新技术企业占 9 家),私人控股企业有 29 家(其中高新技术企业占 2 家)。

调查显示:截至 2008 年 12 月 31 日,获得专利调查数据的延边州 83 家企业共拥有专利 385 项,其中,实施专利 363 项,未实施专利 22 项,分别占拥有专利数的 94% 和 6%。实施专利中,仅自实施专利 357 项,仅许可他人实施专利 4 项,专利权转让 2 项,分别占实施专利数的 98.3%、1.1% 和 0.6%。

并且,获得调查数据的 83 家企业拥有的 385 项专利中,发明专利占 48 项,实用新型占 96 项,外观设计占 241 项;而实施专利 363 项中,发明专利占 35 项,实用新型占 87 项,外观设计占 241 项。表明,获得调查数据的企业中，发明专利的实施率为73%，实用新型的实施率为91%，外观设计的实施率为100%。

另外，获得调查数据的83家企业中，外商控股企业、港澳台商控股企业以及内资企业中的国有控股企业的专利实施率均为100%；内资企业中的集体控股企业和私人控股企业的专利实施率分别为90%和95%。

以上数据表明，可获得调查数据的企业，申请专利的目的和方向比较明确，基本以市场需求为导向，以技术的保护和市场的占有为目的，因而专利技术自我实施率比较高。但未获得调查数据的企业中，大部分企业的专利权已经终止，而终止专利权的主要原因，一是缺乏资金，难以维护专利权；二是专利技术难以实施，无法获得经济效益。

三、制约延边州企业专利工作的主要因素分析

（一）专利意识淡薄

从调研情况看，我国实施专利制度虽然已有三十多年，但在延边州至今有90%以上的企业没有申请过专利。专利与企业的生存密切相关，但是延边州大部分企业没有丝毫的危机感和紧迫感。

究其原因，一是延边州大中型企业多为国有企业或国有企业转制企业，长期行政化的管理手段使企业市场竞争意识还不够强，企业还不能充分地从市场经济的角度去深刻认识专利的价值，尚未从战略高度系统地、前瞻性地审视专利的运营策略，甚至没有自主创新的意识，也不掌握必要的保护措施和知识，也不善于运用专利战略开拓市场。二是计划经济体制下形成的科研成果鉴定办法使科技人员的市场意识不强，同时专利制度的专业性、技术性、法律性等因素要求较高，也导致企业专利意识难以快速提高。企业专利意识淡薄，忽视无形资产管理，导致企业所拥有的宝贵的无形资产在无意中流失。企业专利意识淡薄，也导致企业发展战略定位不到位，只重视开发自然资源、发展传统产业，而忽视知识资源、文化资源、人力资源的重要性，导致缺乏后发优势。

（二）专利管理机制不健全

建立专利管理机制是提高企业资产管理水平，特别是无形资产管理水平的需要，是集中社会和企业的智力经营资源，挖掘专利人才资源适应企

业的发展和竞争的需要，是企业规避侵权风险的需要。

目前，延边州企业专利管理机制明显滞后于其他各项社会事业，成为延边州经济和社会管理体系中较短的一块"木板"。主要表现在：一是政策措施不到位。近几年来，国家相继出台了一系列鼓励自主创新和保护知识产权方面的法律法规，也相继出台了一些对发明人、设计人鼓励创新的政策，但是延边州企业还未贯彻落实。二是专利工作体系不够健全。大部分企业的知识产权工作处于无机构、无人员、无制度、无经费状态，尤其专利人才缺乏是严重制约企业管理水平和竞争力提高的主要因素。三是投入有限。对于专利事业的投入，包括政策扶持、人力、设施、资金等方面的投入都非常有限，与先进地区的差距很大。四是专利信息资源的利用率不高。大部分企业在技术开发过程中，不进行充分的专利信息检索，即使检索，也只是走形式，而很少对检索结果进行分析研究，从而失去专利信息检索的真正意义，导致重复研究，造成人员、资金的严重浪费。五是专利管理同企业技术开发、产品生产、市场营销等工作相脱节，有些企业即使申请了专利保护，其管理也还处于一种被动、无序、短期、低效的阶段。

（三）创新模式不适应发展需要

企业的技术创新是一项与市场密切相关的活动，企业必须在市场机制的激励下从事创新。而选择什么样的技术创新模式，是企业发展的关键问题。

现在，延边州的创新模式仍然属于"外力"推动型。提高自主创新能力的关键要靠市场主体的"内因"驱动。在市场经济体系的制度和游戏规则的机制规范内，企业作为市场主体，其内因不发挥作用，仅仅依靠各级党委、政府的"外力"推动，使自主创新、科技兴企、科技兴州只停留在口头上。比如：一些企业谈到专利成果转化难时，总是伸手向政府要钱，这种寻求"扶贫"式的帮助对于企业并非是好事。现在，国家有关部门对企业的扶持方式从原来直接的财力支持，逐步调整为营造更加客观公平和有利的竞争环境，强调企业的自主创新能力和自我发展能力。因此，企业应当从原来主要依赖政府支持转向更加自主、能动地寻求市场的帮助。只有开拓能力强的企业，其市场实践能力才会更强。

（四）企业自主创新能力不强

"十一五"时期我国经济社会发展的一个重要目标是形成一批拥有自

主知识产权和知名品牌、国际竞争力较强的优势企业。提高自主创新能力的关键是作为技术创新的主体的企业必须发挥作用。但是，目前延边州企业还没有真正成为全社会自主创新的主体，大多企业靠引进、仿制、组装、来料加工和生产低端产品维持生计。而且，从调查数据可以看出，延边州企业真正有高技术含量的发明专利申请量少，大多数申请了技术含量较低的实用新型专利。这意味着延边州真正有市场竞争力的企业和产品不多，发展后劲欠缺。

（五）专利实施与产业化率低

总体来看，延边州专利技术实施与产业化率低，且已成为一种宝贵资源的严重浪费。究其主要原因，一是专利技术欠成熟，真正有市场价值的专利仍然稀少。专利是市场的产物，申请专利就是为了技术的开发和应用，但延边州企业的一些科研项目在最初的研发选题上偏重技术与理论，较少考虑市场需求，并且产出的成果，往往只注重或停留在实验室试验成功、申请专利、发表论文等层面，造成了专利成果与市场脱节，专利申请陷入了"为专利而专利"的困境。专利申请与其应用脱节，导致专利授权后遭放弃的比例也比较高。二是专利转化的中介环节薄弱。投资风险大是专利项目转化面临的最大难题，而延边州的风险投资体系不完善，风险投资、优秀的专利中介人在延边州极其稀缺。风险投资追逐的最终目标是投资回报，当风险投资只看到风险而看不到收益时，必然会远离这个市场。

四、延边州企业专利战略的运用

根据延边州企业专利工作现状，借鉴国内外有效经验和理论❶，提出延边州企业可运用的专利战略。

（一）建立健全企业专利管理体系与运作机制

1. 建立企业专利管理机构

专利管理是企业经营活动中的一个重要组成部分，随着知识经济的兴起，企业的专利管理工作领域越来越宽，内容越来越多，任务越来越艰

---

❶ 吴贵生. 技术创新管理［M］. 北京：清华大学出版社，2009.

巨。完善以技术部门为主体的技术创新体系，建立健全专利管理体系，发挥其管理职能，是谋求和争取市场竞争优势的关键一环。因此，企业一定要建立完善的企业专利管理机构，并制定专利管理的各项规章制度。

根据延边州的实际情况，州内大中型企业可以设立独立的专利管理部门，直接隶属于企业决策机构或隶属于研究与开发部门，配备专职专利管理人员；小型企业可以设立独立的专利管理部门，或不设独立部门，而指定某一部门承担专利工作，配备专职人员或兼职人员管理专利工作；企业如果缺乏设立独立机构或配备专兼职人员的条件，也可以从专利中介机构具有执业资格的专业人员聘请专利顾问，帮助企业开展专利工作。

企业专利管理机构应履行以下主要任务：

（1）研究国内外有关企业专利政策、法规，制定本企业的专利战略和专利管理规章制度，促使企业的专利管理实现制度化。专利管理过程中，要全面了解与企业的生存有密切关系的各种情况，包括企业发展方向、企业竞争能力、企业产品在市场中的定位、企业的整体经营战略、竞争对手的状况等；要充分研究某一项发明创造的专利申请及保护策略，以及如何提高企业的专利地位等问题。

（2）协调企业内部及企业与其他单位之间的专利事宜，深入企业管理全过程。具体而言，企业专利管理机构要与直接产生发明创造的研究开发部门联系，为发现发明创造、组织进行发明创造提供建议；要与市场营销部门联系，及时了解企业专利产品是否适应市场需要，以及消费者对产品新功能的需求情况、对产品应当进行哪些方面的改进、新产品的市场规模等，并进一步掌握新的专利信息，再反馈给研究开发部，使之有目的地进行研究、开发工作；要与生产制造部门联系，了解掌握产品的制造能力、制造成本等数据，以为转让、许可专利技术寻求依据，并加工、分析所掌握的专利信息，为生产制造过程的改进提出建议；要与企业财务部门联系，对新技术的开发成本、市场收益进行分析，对申请专利的投入、产出作出分析，从经济上分析是否值得对某一项发明申请专利。

要设立对外专利工作联络员，加强与州知识产权局等各级专利工作管理部门的联系。

（3）搜集、分析和整理与本企业经营管理有关的专利信息，并作出相关结论，供企业决策层参考。要及时跟踪竞争对手的动态，研究竞争对手的技术状况和专利状况；进行专利侵权检索、专利查新检索，为研究开发部门的工作提供信息和研究方向，并为本企业专利申请文件的形成提供依据；要预计可能存在的涉及企业的专利侵权诉讼，研究本企业新开发的技术是否会构成对他人专利的侵权等。

（4）监督侵犯本企业专利权的行为。要通过电视、广播、报刊、网络及市场调查等所有途径和渠道，及时掌握对本企业专利的侵权行为，一旦发现有侵权嫌疑，就采取相应的措施，维护合法权益。

（5）宣传普及有关专利知识，提高企业领导和员工的专利意识，增强企业运用专利战略的能力和水平。

2. 建立企业专利管理规章制度

企业专利管理规章制度的内容包括专利管理的指导方针、基本政策；职工发明创造、申请专利的申报和审查制度、发明创造的保密制度、专利权属、侵权纠纷处理制度、专利信息利用制度、发明创造奖励制度、专利档案管理制度等。发明创造保密制度可以包括企业职工对企业汇报发明创造的义务、企业职工对企业的发明创造进行保密的义务、违反发明创造保密规定的责任、发明创造的保密措施等方面的内容；专利信息查新制度，要规定企业专利管理人员和研究开发人员，在研究项目立项前必须进行专利查新工作，并且对查新结果进行充分的研究分析，以避免重复研究可能造成的损失，降低侵犯他人专利权的可能性；发明创造奖励制度，至少应当包括发明创造的种类、不同发明创造的奖励方式、奖金报酬的数额和取得方式、对职务发明创造和非职务发明创造的处理等方面内容，并且应改革和完善企业科研评价制度，把专利实施与产业化工作纳入企业的评价考核指标体系。

3. 增强专利管理意识

企业的专利管理工作是一个开放的、复杂的动态管理系统，专利管理工作与企业整个生产经营活动的全过程密切相关。在市场经济的条件下，技术的创新与进步，必须依靠和运用知识产权制度来激励和保护。因此，企业要增强专利管理意识，争取从源头上做好专利保护工作。目前，延边州企业专利工作成效不够显著的主要问题就是专利意识薄弱。因此，必须对延边州企业领导和员工进行危机、紧迫意识教育和培训，尤其要极大提高企业领导的专利意识，争取从源头上做好专利保护工作。

（二）专利信息的开发和利用战略

利用专利信息资源，进行专利信息调查分析

专利信息主要以专利文献方式体现。专利文献汇集了极其丰富的科技信息，涉及的技术领域包括从原材料的取得和加工到各种产品及其制造方法，以及为制取各种产品所采用的专用设备的结构、材质、产品的用途等。企业要充分认识专利信息资源的作用，并利用这一资源进行具有针对性的调查和分析。专利信息的调查分析内容主要包括：

（1）技术动向调查：要通过对相关领域已有的和新的国内外有关专利及种类（发明专利、实用新型、外观设计）的调查和分析，判断技术水平和技术动向，预测技术发展方向和市场需求，为开发新技术的决策提供依据。

（2）法律状况调查：要了解某项技术是否属于专利技术及专利权所覆盖的范围、专利的有效期等，为技术开发和市场开发提供依据。

（3）专利保护区域调查：要了解专利在哪些国家得到批准和保护，为进出口贸易提供依据。

（4）监视调查：要对特定领域专利技术发展过程和特定竞争对手专利申请情况进行跟踪、监视，以了解技术发展动向，对竞争者进行分析，为制定技术战略和竞争策略提供依据。

由于延边州企业技术创新能力及水平比较低，因此运用专利信息的开发和利用战略对延边州企业显得尤为重要。

（三）专利技术的开发战略

1. 对技术和市场进行预测分析

通过上述专利调查，企业可以对技术和市场进行分析、预测。

（1）技术预测

技术成长规律表明，当一家企业的专利申请量多时，技术水平处于突破性阶段，而当专利申请量稀少时，常预示着技术已经成熟和将被替代。因此，企业专利工作人员要经常分析某个领域专利的时间分布，以帮助企业判断技术发展所处的阶段、技术成熟程度、技术被替代动向及未来技术的发展方向。

（2）市场预测

要通过对专利技术的内容、权利要求和申请区域分析，对新产品出现的可能性、新产品的主要市场区域分布、新产品对老产品的替代性影响、新产品的需求潜力进行预测。

（3）竞争对手预测

要通过对竞争对手专利的跟踪调查、分析，对竞争对手的技术发展水平和正开发的技术、市场意图和动向、专利网部署情况、技术和市场空隙、技术战略和市场战略进行预测，从而为本企业技术决策提供依据。

2. 选择技术开发方式

要通过对技术发展趋势、竞争对手情况和自身能力分析，选择拟开发的技术。在进行技术选择时，企业要对以下几个方面作出决策：

（1）基本专利技术和外围专利技术

在对技术状况和发展态势及企业能力分析的基础上，企业要确定是开发基本专利还是外围专利。

基本专利技术是指企业基于对未来发展方向的预测，为保持自己的新技术、新产品竞争优势，对核心技术或基础研究申请专利，取得保护的专利技术。一般来说，基本专利技术开发投入大、难度大、周期长，但赢得的竞争手段比较强劲。因此，对于拥有强劲的技术研究开发能力和雄厚资本的企业来说，首先获得基本专利是十分必要的。

外围专利技术是与基本专利相对的概念。是指围绕某项基本专利技术，开发一些与之配套的外围技术，并及时申请专利，取得保护的专利技术。外围专利有两种类型：第一种类型是拥有基本专利的一方，在自己的专利周围设置许多原理相同的小专利组成专利网，抵御他人对基本专利的进攻，就如同在技术战场上布下层层"地雷阵"，这一策略同样适用于技术力量雄厚的企业；第二种类型是在他人基本专利周围设置自己的专利网，以遏制竞争对手的基本专利。一般来说，外围专利技术开发难度小，投入少、周期短，但赢得的竞争手段比较有限。因此，技术开发能力相对薄弱，起点较低的企业可采用这种方式，以赢得优势。

（2）产品技术和工艺技术

根据专利调查结果，并通过分析产品技术发展阶段、工艺技术状况和企业自身优势，确定是开发产品技术还是工艺技术。

（3）竞争性技术与互补性技术

通过分析竞争对手和对手与自身的比较，确定与竞争者的关系，并进一步确定是选择竞争性技术以避开对方专利，还是开发互补性技术与对手进行交换，形成交叉许可局面。

（4）专利技术与非专利技术

专利技术与非专利技术（专有技术）各有特点。专利技术需要公开，但受法律保护，非专利技术不公开，在一定程度上受法律保护；前者有一定保护期，后者不受时间限制。企业要在分析专利授权情况、竞争对手动向、自身优势的基础上，结合企业经营策略，选择是开发专利技术，还是开发非专利技术。

（5）技术开发的规划

首先，要做时间上的规划。在很多情况下，就同一类技术有多家企业同时进行开发。在这种竞争环境下，率先申请专利者将获得专利保护，而其他企业的开发成果将功亏一篑。因此，专利技术开发要在技术发展动向预测、竞争对手预测的基础上做好开发时间规划，既要避免损失和竞争失利，又要切实可行。

其次，要对开发领域和进入地域进行规划。企业要在经营战略的指导下，经过对技术、市场和竞争对手的分析和预测，对拟开发的技术领域进行规划，并有步骤地在拟占领域进行系统的技术开发。同时，要根据拟开拓的目标市场，分析该市场所在国的专利制度特征，有计划地针对市场需要和法律制度进行技术开发。

（四）专利的申请战略

1. 进行专利申请决策

专利的申请决策是指企业对申请或不申请专利做出决策。

（1）申请专利

企业首先要明确申请专利的目的。当企业基于以下几种目的时，可以申请专利。第一，以自用为目的。当企业以自行实施，并在实施中取得垄断地位为目的时要申请专利。延边州的多数企业可采用这一策略。第二，以转让技术为目的。当企业的目的不在于自行实施，而是要实现通过专利保护手段保障技术转让时的权益时可申请专利。研究机构多采用这种做法，企业相对较少采用。第三，以削弱竞争对手优势为目的。当企业既不想自用，也不打算实施，只是为了防止竞争对手就同样的技术先申请专利而占领竞争的有利地位时，为了抑制和削弱对手的优势，企业可以申请专利。第四，以干扰竞争对手视线为目的。为了不让竞争对手了解和掌握本企业的发展意图，企业可以故意在主攻方向之外申请专利，以造成错觉。

（2）不申请专利

当企业出于以下考虑时，可以不申请专利。第一，避免公开暴露战略意图。申请了一件专利就意味着向全世界公布了该项技术信息。有时这样做会使企业战略意图过分暴露，为此，企业可以不申请专利，而将开发的技术以专有技术的方式加以保护。第二，需要延长技术保密的时间。专利保护的时间是有限的，发明专利权自申请日起 20 年，实用新型和外观设计专利权自申请日起 10 年。即使不申请专利，他人也难于破解其技术秘密时，可以不申请专利，以便该项技术可以长期得到保护而不受专利保护期的限制。第三，公开技术，使竞争对手专利无效。由于发明创造要获得专利权必须具备新颖性，如果企业认为自己开发的技术、产品没有必要取得专利权，但又担心其他企业取得这一技术的专利权将会给本企业带来威胁时，可以采取抢先公开技术内容的方式，使技术丧失新颖性，从而阻止竞争对手获得专利权。国际上一些企业，如美国的 IBM 公司就常采用这种战略，西方一些报刊也时常登载企业提供的一些技术文献，使他人申请有关专利的计划流产。

2. 专利申请内容

专利申请内容策略是指关于专利申请的技术内容的选择。

（1）全部申请和部分申请

有时为了防止他人利用专利说明书公开的技术内容进行仿冒，企业可以仅对技术的基本轮廓申请专利保护，而将技术核心内容或影响产品质量的关键技术作为技术秘密保留起来不予申请。

（2）系列申请和单项申请

一项技术往往需要相关技术配套才能有效发挥作用。企业在决定申请专利时，要决定是就单项技术申请专利还是包含配套技术的系列技术全部申请专利。主要考虑：①技术易于保密的程度。易于保密的技术，可不申请专利。②技术的重要程度。对竞争作用较为次要的技术可不申请专利。

（3）基本技术申请和外围技术申请

某一技术领域的基本技术或核心技术对企业的发展和竞争地位起决定性作用，就该项技术取得专利权（一般属于基本专利权），就等于占领了市场的制高点，掌握了主导权。因此，一般情况下，对这类技术应当申请专利保护。

外围技术可申请外围专利。因为取得外围专利权有利于与基本专利形成交叉许可的格局，使企业即使不掌握基本专利时也能取得部分主动权，因此，申请与不申请外围专利、申请哪些外围专利也是一项重要的决策。如果企业既掌握基本技术，又掌握外围技术，则要对全部申请和部分申请做出选择。

（4）在用技术申请和储备技术申请

企业不仅要对在用技术，即近期内将实施的技术申请专利，而且要对近期不拟采用、甚至将来是否采用也不明朗的技术，即储备技术也要申请专利，以备将来拓展技术和市场领域、产品更新换代之用。因此，企业需要对在用技术、储备技术是否申请专利以及申请什么内容做出决策。

3. 申请时间

在专利的申请时间上，企业要把握及时申请、提前申请和延迟申请等策略。

（1）及时申请。所谓及时申请策略是在技术开发完成后即行申请专利的策略。及时申请策略比较适合企业采用。

（2）提前申请。按照专利法的规定，只要具备专利"三性"，即"创造性、新颖性和实用性"就可以申请专利，并不要求所申请的技术完全成熟。这就存在一种可能：在技术未开发完成但基本轮廓已具备时即可申请专利。这样做可以起到抢先占领阵地的作用。在技术竞争激烈、时间至关重要的时候，企业要尽可能早地申请专利。

（3）延迟申请。延迟申请策略是在某项技术开发完成后不及时申请而推迟到某一时间再行申请的策略。由于专利保护期有限，过早申请专利会使实际实施保护期缩短。因此，企业可以对以下几种情况考虑延迟申请。第一，市场前景不明朗，且没有他人申请；第二，所申请保护的技术不成熟或配套技术不具备；第三，技术本身有局限，保护范围较窄，待进一步开发后扩大保护范围；第四，过早保护会妨碍技术交流，不利于进一步开发。

4. 申请地域

专利申请的地域策略是指利用专利权的地域性特点，对专利申请的国别进行选择的策略，因为专利权只有在申请专利的国家才有效。专利保护的区域应当和市场延伸的区域相一致。企业在选择专利申请区域时，应同时对拟开拓的市场进行预测和规划，做到"产品未到，专利先行"，为产品的市场进入开辟道路，提供保障。

企业选择申请国家的基本出发点是目标市场。比如，企业的某项专利所保护的产品拟打入韩国市场，那么就应在韩国申请专利；如果不打算进入其他国家市场，就没有必要在那些国家申请专利，以节约专利申请和维持费用。

（五）专利技术的引进与转让战略

1. 专利技术的引进

在引进专利技术之前，企业要对是否引进、引进什么进行选择和决策。要从技术必要性、可行性和经济合理性等方面进行分析，对是引进某项专利技术还是绕开专利自行开发技术做出选择，在有多种技术可供选择时，要进行比较，以求以较小的代价获得较好的技术和经济效果。引进专利技术过程中要特别注意对专利技术的法律状态进行审查，避免上当和损失。特别对以下几种情况要进行重点审查：

（1）拟引进技术是否申请和授权

对技术出让方拟出让的自称专利技术一定要进行专利检索，审查其是否已申请专利，是否已授权，是否在我国申请，同时还在哪些国家申请和获得授权。

（2）拟引进技术是否过期、失效

对已申请和授权的专利，要审查其是否失效。对已过期和因未维护等原因而失效的专利，则不应支付专利使用费。

（3）专利权是否属于技术转让方

一般情况下，技术转让者就是专利权人。但是也存在技术转让者所转让技术的专利权不属于他，或者被转让的技术是多项技术的组合，其中有些技术专利权不属于转让者。因此，在引进技术之前，一定要弄清楚专利技术的来源，避免"付了转让费而又侵犯了专利权人的权益"的情况发生。

2. 专利技术的转让

（1）专利技术的转让决策

企业要对是否出让专利技术、何时出让、出让给谁及许可范围做出决策。在做决策时，要重点考虑以下因素：

第一，出让专利是否构成对本企业的竞争威胁。若受让方在获得专利技术使用权后，市场将广泛扩展，会威胁本企业的地位和优势，就不能轻易出让。

第二，出让的技术是否是已实施和待实施的专利技术，如果企业未实施，将来也不打算实施，转让后，也不会给受让者造成巨大优势，不会威胁本企业竞争地位，则可以转让。

第三，专利的有效期：对于即将到期或剩余有效期限不长的专利技术，可实施转让，以收回部分开发费用。

第四，出让的收入：对于本企业已实施的专利和不实施的专利要分别对转让的经济性进行分析，尽可能部分或全部收回专利技术的开发成本。

（2）专利技术的收购与转让策略

专利技术的转让和收购可根据不同的目的采取不同的相应策略。

第一，为获取直接收入而有偿转让专利策略：专利有偿转让战略包括专利权有偿转让和专利有偿许可使用。在多数情况下，专利技术转让是为了获得转让收入。此时，应主要考虑转让收入总额、付费方式等因素。企业要寻找愿付转让费最高、付款条件最优厚的受让对象。

第二，为技术交换而转让专利。在这种情况下，企业出让专利技术的主要目的不是直接收入，而是与其他企业交换技术。例如，当甲企业实施专利技术需要使用乙企业专利技术，而乙企业实施其专利技术又需要使用甲企业专利技术时，甲、乙企业可采用"交叉许可"方式，进行技术交换，其中一方只要向另一方支付使用费差额即可。

第三，为获得垄断权而收购专利。专利收买的目的是企业自己不申请专利，而是花费较大的价钱从发明人或其他企业那里购买专利权达到独占市场或重新转让。在一定意义上，这是一种专利经营策略，经营者以较低的价格收购零散发明者的专利，然后进行组合或等待恰当的时机以高价售出，或者起诉侵权企业，获取高额赔偿。这种战略适合实力雄厚的企业使用。

第四，为变被动为主动而回输专利。企业引进他人专利后，可以在消化的基础上加以改进、创新，将创新后的技术申请专利再卖给或转让给原输出企业。这种策略可使企业从技术和市场上的被动地位转变为主动地位。例如，日本二战后以100亿美元的代价先后从欧美引进了36000多件专利技术更新企业的技术设备，创造了3000亿美元的经济效益。日本企业称，运用专利花25%的精力，可以获得100%的效果。更重要的是，日本企业引进技术后进行再开发工作，在改造的基础上再大量回输专利，从而成为举世瞩目的专利大国。

（六）专利技术的实施与利用战略

1. 专利技术的实施战略

（1）独立实施策略

这是一种企业独立实施自己的专利而不转让或不许可他人实施的策略。这样做有利于企业独占该技术领域和独占市场。企业对那些市场前景好的优秀专利技术可采用这种策略；在专利技术与专有技术配合良好、有利于保护成套技术形成独占垄断地位的情况下也可以采用这种策略。

（2）合作实施策略

这是两家或数家企业，企业和研究机构以合作、合资的方式实施专利的策略。采用这种策略可以实现优势互补，缩短实施周期，形成规模优势。一些拥有专利技术的大专院校、科研机构因缺乏资金和经营能力而难以自己实施专利，而企业，尤其是中小企业又缺乏技术，但能提供资金、设备、场地，二者结合实施专利可起到取长补短、相得益彰的效果。

2. 专利技术的利用战略

如果企业在某一领域内经营而又不愿意支付或付不起专利使用费，则可在一定范围内巧妙地采用专利技术而避免侵权。

（1）模仿专利技术策略

专利技术模仿战略利用的是专利的时间性、地域性等特性。将失效专利或在本地域内不能保护又失去优先权的专利、法律状态不稳定的专利实施有效仿制，以提升企业技术创新能力，其实质也是创新。

① 模仿失效专利。失效专利，是指因各种原因放弃专利权及专利申请权的专利及专利申请，其主要为失效的授权专利技术和失效的专利申请技术，但其凝结于专利之中的发明创造点不会自行消失，或者自行丧失实用价值。在这些失效专利中，有些技术是成熟的技术，在市场竞争中尚有巨大的潜能；有些技术由于当时技术水平的限制，效能未能充分发挥出来。据统计，目前世界上专利文献累计数已达 4000 万件，其中有效专利占 12% 左右，许多失效专利对许多中小型企业来说仍有很高的经济价值、技术价值，颇有开发价值。使用这些失效专利技术风险小、效益高，是一种既简捷又经济省力的途径。因此，对已失效的专利技术进行利用，并从中产生出新的技术，这是一种迅速提高企业研发水平的较有效的办法，尤其适用于制药行业和化工行业。

② 模仿国外专利。专利制度的公开性使得公众可以从公开渠道获取具有战略价值的各国专利技术文献，但是每年这些新技术专利至少有 85% 没有在中国申请保护。根据《巴黎公约》的"专利一国独立原则"，外国专利如果不另行在中国申请是不受中国专利法保护的，可以大胆仿造使用，只要不将仿制品外销到该有效专利的所在国；另外，发达国家的技术水平与中国的实际情况相比有 10～20 年的时差，发达工业国已经失效的专利也许正是我国的适用技术。但产品若出口，则须查明该项专利在目标市场所在国是否获得授权。

（2）等待专利权失效后再利用战略

当专利使用费高昂时，特别是对有价值的基本专利，如果专利权快到期或即将终止，企业可先做好实施准备，待该专利失效后立即实施。如果某项专利已到期或专利权已终止，则可无偿使用。

（3）回避绕道战略

如果某项技术的他人专利权已不可动摇，则可避开专利保护的技术内容，寻找或开发与该专利不抵触的替代技术，绕过所保护的专利，以达到既保证本企业发展的技术需要，又避免专利侵权的目的。

（4）专利许可战略

当无法绕过他人专利，且其专利权不可动摇时，则应取得合法使用权后才能使用相应的专利技术，一般是通过谈判、进行合理付费后方可获得使用权。企业为了避免过多付费，必须对拟转让的专利技术进行详细了解，对实施的范围、期限进行合理规划。在可能的条件下，开发与被转让的技术相配套的技术并申请专利，造成交叉许可局面，以减少专利使用的付费。

（5）用专利技术改造传统产业战略

用高技术改造传统产业是产业结构优化升级的主要途径，各传统产业内的企业也将高技术对本企业的改造作为企业保持市场竞争力的动力源泉。延边州的传统产业中，其工艺、制造方法等均比较落后，这些工艺技术多属公知技术，而适用于传统产业的生产过程的专利技术则是新的发明创造，它可以有效提升产品的质量和附加值。适用这一方案的主要有轻工业、服装行业及制药业。

（七）专利诉讼战略

专利诉讼战略是指企业利用法律赋予的专利保护权限，收集竞争对手专利侵权的可靠证据，及时向竞争对手提出警告，或向专利行政执法机关或司法机关提起诉讼，迫使对方停止侵权、支付侵权赔偿费，以达到及时维护自身合法权益的目的。实施专利诉讼战略不仅可以有效地打击竞争对手，确保自己的市场竞争优势，而且还可以从专利侵权赔偿中获取一笔可观的经济补偿。

1. 合理运用诉讼策略，实现利益最大化

企业作为专利权人，可能经常会发现自己的权利被他人侵犯；而企业作为市场经营者，又可能面临专利权人的侵权指控。一旦发生纠纷，首先，应当积极面对，而不能消极回避，应从各个方面做好准备工作，全方位衡量诉讼的利弊得失，选择适当的应对策略。其次，应确定整个专利诉讼核心问题，搜寻案件的突破点，争取在诉讼中占据有利地位。例如，一项发明专利从提出专利申请到授予专利权需要通过多次审查，而实用新型和外观设计一般是不进行实质审查的，企业可通过专利文献检索，利用竞争对手专利上的漏洞、缺陷或不符合专利条件的证据，运用专利法赋予的权限，启动专利权撤销程序或无效宣告请求程序，部分或全部取消对方的专利权，排除竞争者对本企业构成的威胁。这种战略既可以作为企业主动进攻的手段，也可以在企业遇到专利纠纷、受到专利侵权指控时，作为防御策略运用。再次，应将知识产权诉讼作为一个整体来看待，以诉讼为核心，辅以行政处理手段、媒体宣传等全面开展工作；最后，诉讼中应审时度势，有效利用洽谈磋商等非诉讼解决方式，避免出现两败俱伤的不利结局。此外，如果一旦遭遇大规模的诉讼，涉案企业还应积极争取同行业企业的支援，增强后援支持力量。

2. 充分利用中介机构的优势，获得专业化支持

专利工作的专业性很强，企业如果单独应付专利权问题，总会有些力不从心，尤其是在发生专利纠纷的时候更是如此。因此，企业在必要的时候需要向专利中介机构寻求帮助。中介机构可以为企业提供专业化指导，作为代理人直接参与专利纠纷和诉讼等。

五、推进延边州企业运用专利战略的措施

（一）优化企业技术创新机制，提高企业创造质量

企业要加强以市场为导向，增强市场竞争意识，提升企业的科技研发

能力，实现科技研发与专利协调发展。应制定宽松的资金投入政策，加大科技投入量，提高技术创新水平，促进专利技术尽快产业化。企业有更多的创新投入和创新活动，企业经营才能进入良性循环。政府行政管理部门应采取经济和行政的手段，引导大中型企业建立和完善企业的技术开发机构，形成既有自主开发实力又有技术创新动力的专业技术中心。

（二）强化企业知识产权战略意识，加快专利战略实施

以观念创新为先导，强化企业知识产权战略意识，切实增强企业对实施专利战略的重要性、紧迫性和市场强制性的认识。州及县市政府、各相关部门要把有关专利的法律法规、知识纳入企业教育工作计划，采用多种形式，加强对企业领导、员工的宣传和培训，积极营造尊重知识，鼓励发明创造的氛围和环境。并尽快培养一批精通专利业务、能够熟练处理国内外专利事务的管理人才，以适应市场经济和世界贸易组织相关规则的要求。加强对医药、食品、林产、能源、矿产、IT 产业等延边州支柱和优势产业的专利战略研究，引导企业加强对相关技术、产品、产业的专利研究，帮助企业选择创新的重点方向和目标，培育和形成新的科技优势，并将其尽快转变成知识产权优势。在推进企业专利战略过程中，应重点突破，协作互动，以技术创新为手段，以观念创新为前提，以机制创新为动力，以环境创新为保障，实行技术专家、经济分析家和法律专家相结合，专利信息分析、产品创新和营销创新相结合的推进模式。

（三）构建企业专利综合管理体系，提高企业专利管理水平和运用专利制度的能力

加强企业专利管理工作，完善企业专利管理工作考核指标体系，提高企业专利工作的显示度和支撑力。发挥企业专利管理部门的职能作用，探索和完善专利战略的导向机制、职务发明的激励机制、信息资源的共享机制和专利保护的监察机制。

（四）建设企业专利信息服务平台，实现专利信息共享

建立各行业专利信息共享数据库，加强统计分析和市场预测，跟踪监督竞争对手，并建立各行业企业间专利信息通报共享制度，促进专利信息资源的共通共享，提高专利信息资源的利用率和利用水平，以利于各行业企业及时了解和把握各行业科技前沿最新发展动向及专利保护情况，对可

能遇到的专利障碍和技术壁垒及时提出预警。

（五）充分发挥政府的职能作用，营造激励创新的环境

发挥政府资金的杠杆作用，支持和鼓励企业加大对技术创新的投入，引导企业逐步提高研发投入比重；支持和鼓励企业设立专利专项资金，以支持专利的获得、专利的实施和奖励有关人员。同时，提高政府用于支持企业技术研发的资金比例，安排专项资金用于企业已获专利授权研发项目进行专利技术产业化。

积极组织制定相关配套政策，支持企业专利技术成果的转化，缓解中小企业融资瓶颈；与相关部门积极协调，探索银行制定完善的知识产权质押融资贷款业务管理办法，在控制风险的前提下加大知识产权质押贷款的发放力度。

重点培育知识产权优势企业，抓好专利试点企业和专利技术参与分配的试点。州科技部门要加大知识产权导向力度，提高科技计划创新成果取得专利的数量和质量，并把自主知识产权的创造和拥有量，作为企业发展及创新产品评价的重要标准。

（六）加大专利保护力度，营造良好的经济秩序

州知识产权局要严格按照专利法赋予的行政执法职能，与州公安局等部门联合行动，及时依法处理专利纠纷，严厉查处假冒专利和冒充专利行为，有效遏制侵犯专利权的违法犯罪活动，维护企业专利权人的合法权益。

（七）完善专利中介服务体系，增强服务能力

知识产权中介服务贯穿于知识产权从创造到产业化的全过程，知识产权的创造、保护、实施、运用、商业化都需要社会中介机构的服务支撑。大力发展专利中介服务机构对促进专利技术成果转化为现实生产力，充分实现专利技术的价值，为企业创造更高的经济、社会效益具有重要的作用。因此，要进一步完善延边州专利中介服务体系建设，完善对专利中介服务机构的监管手段，加强专利代理人才的引进和培训工作，培养一支专利成果转化与推广人才队伍。

（八）加强国际交流与合作，促进双边贸易和投资

充分利用延边州得天独厚的地域、资源、语言优势，加强企业同日

本、韩国、朝鲜、俄罗斯等国家企业的合作深度与广度，启迪思路，开阔视野，解决与专利有关的热点和难点问题。通过人员互访、学术交流、信息沟通、业务切磋等方式，学习国外先进经验，介绍我国知识产权、招商引资、法律法规等相关政策，促进双边贸易和投资工作活跃开展。

区域性专利技术转化服务平台建设的研究*

——基于长吉图区域中韩专利技术转化服务平台的建设

专利技术转化服务平台是专利成果转化为现实生产力的桥梁和纽带，是国家创新体系的重要组成部分。专利技术转化服务平台建设是我国从政策和制度上力推的一项重要举措，旨在提高专利创造、运用、保护和管理水平，实现专利的经济价值和社会效益，促进技术创新。例如，2008 年 6 月国务院颁布的《国家知识产权战略纲要》，将专利技术展示交易平台建设作为实施知识产权战略振兴国家经济发展的一项重要内容；2010 年 10 月，国家知识产权局发布的《全国专利事业发展战略（2011～2020 年）》，提出加强专利技术转化平台建设；2015 年 1 月，国家知识产权局下发的《全国专利信息公共服务指南》，进一步明确要建设以国家、区域和地区三级架构为支撑的专利技术转化服务体系等，充分体现了专利技术转化服务平台建设的重要性。其中，区域性专利技术转化服务以其独有的优势和特点，对促进区域经济社会发展和科技创新具有突出作用，因此，探索推进区域战略联盟，加强高效、专业、便捷的区域性专利技术转化服务平台建设，以有针对性地满足社会需求具有重要意义。

一、我国专利技术转化服务平台的现状

我国现有专利技术转化服务平台模式种类较多，根据其辐射范围和功

* 本文是吉林省科学技术厅计划项目"长吉图区域中韩专利技术转化服务平台"（项目编号：20121611）研究成果之一。发表在《现代情报》2016 年第 7 期。作者：高斌，金华，高松子，宋金泉。

能定位，大体可以分为全国性专利技术转化服务平台、区域性专利技术转化服务平台和地区性专利技术转化服务平台 3 种类型。

（一） 全国性专利技术转化服务平台

全国性专利技术转化服务平台是国家级专利信息服务机构通过整合和利用各种专利数据资源，向区域性专利技术转化服务平台和地方性专利技术转化服务平台提供专利数据支持的系统。其运作主要由政府牵头，联合各有关单位提供政策支持，同时利用政府公信力，整合高校、科研院所、中介服务机构等的资源，发挥专利技术展示交易中心的核心作用，实现各类信息、技术资源的有效流动。其服务功能全面，涵盖专利技术展示交易的全流程，服务对象辐射全国，并照顾各种服务对象的普遍需求。比如，中国技术交易所是经国务院批准设立，由科技部、国家知识产权局、中国科学院和北京市人民政府联合共建的国家级技术交易服务机构，是国家知识产权局选定的"国家专利技术（北京）展示交易中心"❶。该所依托全国一流的科研院所、国家级自主创新示范区等，选择贯彻落实国家知识产权战略，借助国家知识产权局和其他各部委的政策落实相对便利的优势，突出国际化特色，聚拢境内外各类技术供需资源，建立面向全球、服务全国的各类技术交易全过程服务体系，形成辐射全国的专利市场服务网络，为技术转化参与各方提供服务。

但是从目前情况来看，全国性专利技术转化服务平台信息量过大，难以针对某个区域或地方的特色提供效率高、成本低、专业性强的专利技术转化服务。

（二） 地区性专利技术转化服务平台

地区性专利技术转化服务平台主要是利用当地资源优势，在政府的支持下，将自身掌握的信息资源、专家资源以及有效的组织架构运用到专利技术项目的收集、推广上，从而实现专利技术转化项目的规模化。其信息数据主要选取自国家和区域专利信息服务平台，面向本行政区，延伸至区、县行政末梢提供服务，可以紧密地结合地方经济社会发展需求及地方资源优势等建立专利技术转化服务数据库，提供符合地方特点、更加适合

---

❶ 中国技术交易所 ［EB/OL］. ［2016 - 11 - 30］. http：//us. ctex. cn/article/aboutus/introduction/.

特定服务对象的专利信息。比如，宁波市知识产权转化交易平台❶，以解决宁波市中小企业技术资金需求旺盛、高校科研院所成果转化率低、知识产权质押融资难三大问题为目标，功能上集知识产权转让、许可、融资及产业化等服务于一体，促进当地专利等主要知识产权成果转化。

但是随着地方经济的深度融合和一体化发展，地区性专利技术转化服务平台的服务范围略显狭窄，对当下广泛倡导的增强经济流动性和资源开放式获取信息的支持能力和力度不足。

（三）区域性专利技术转化服务平台

区域性专利技术转化服务平台是围绕区域特色产业和经济发展，集聚专利信息资源，提供专利技术转化支持的服务系统。与上述全国性和地方性专利技术转化平台相比，区域性专利技术转化服务平台具有如下几个方面特点：

第一，区域性专利技术转化服务平台一般以整合区域内专利资源为基础，以满足区域内企业、科研院所等创新主体和市场主体的专利信息需求为导向，以服务区域经济发展方式转变和产业结构调整为着力点，提供全方位、多层次的专利信息服务。

第二，区域性专利信息服务平台上接全国性专利技术转化服务平台，可根据区域性需求选取专利数据资源；下接各地方专利技术转化服务平台，可以更加快捷、直接获取一线专利供需信息，可以将地方挖掘的专业化、服务对象特定化的专利信息应用吸纳到自身建设中，并可在资源合理空间范围内发挥专利信息的初选、过滤、订制、扩大传播等作用，有利于提高专利技术转化成功率、降低供需双方沟通的成本。

第三，区域性专利技术转化服务平台运行机制更加灵活，地方政府对其建设更具驾驭力，更易构建专利技术转化资源共享机制，并共享相关扶持政策等，从而可以在更加合理、适当的资源范围及服务范围内发挥其辐射和带动作用，有效满足特定服务对象对技术和经济融合发展以及开放式信息服务的需求。

下面，结合长吉图区域中韩专利技术转化服务平台建设，重点探讨区域性专利技术转化服务平台建设模式。

---

❶ 宁波市知识产权服务平台［EB/OL］．［2016–11–30］．http：//www.nbpis.com/.

二、长吉图区域中韩专利技术转化服务平台的建设

（一）长吉图区域中韩专利技术转化服务平台的建设背景

当前区域经济发展不平衡，竞争出现了多元化格局，区域经济发展中竞争的焦点已集中在科技创新领域，区域科技创新能力正在日益成为一个地区经济获取竞争优势的决定性因素。随着国家《中国图们江区域合作开发规划纲要——以长吉图为开发开放先导区》的实施，长吉图区域（吉林省的长春市、吉林市部分地区和延边州）利用得天独厚的地缘、人文、资源优势，加快合作开发开放的步伐，为培育技术创新能力和推动战略性新兴产业发展创造了良好环境。但是，这一区域专利运用和产业化水平相对低下，专利技术市场发展相对滞后，专利成果转化能力不足，极大地影响了科技创新成效。为了扭转这种局面，有必要利用长吉图开发开放先导区的集群效应，特别是与韩国地理位置相邻、文化习俗相近、科技创新资源互补的优势，建设由中韩两种语言构成的长吉图区域中韩专利技术转化服务平台，以有针对性地吸引和整合中韩两国专利技术资源，加快知识流动，扩大交流机会，畅通交易渠道，提高转化效率，促进专利技术转化和专利技术转移。

（二）长吉图区域中韩专利技术转化服务平台的功能及其运作模式

长吉图区域中韩专利转化服务平台是综合性服务系统。该平台通过线上构建由中韩两种语言构成的专利技术交易展示网站、线下建立专利产品展示交易大厅、横向组织举办专利技术转移大会等运作模式实现专利信息展示、专利供求信息发布及管理、专利信息检索、专利技术交易、相关法律咨询等功能，以立体化传播、国际化交易方式，面向长吉图区域专利信息用户提供服务，体现了可满足公众对高效、低成本转化和转移专利技术的需求特点。

1. 构建专利技术交易展示网站

当今处于信息时代，依靠互联网技术在线实现实时信息展示、信息发布、信息检索，并进行技术预对接等功能是建立专利技术转化服务平台的基础和有效途径。长吉图区域中韩专利技术转化服务平台借鉴国内外先进

经验，建立了由中韩两种语言构成的"长吉图区域中韩专利技术交易展示网"。在该网站上，一是设立了专利信息展示模块，以已有的各级各类专利信息平台为基础，围绕本区域科技、经济和社会发展当前需求和未来发展需要，有针对性地整合、汇集、过滤、筛选专利技术产品信息进行展示；二是设立了专利项目发布模块，用于发布依托长春市、吉林市、延边州科技局联合建立的长吉图科技合作组织和韩国相关机构面向长吉图区域及韩国企业和发明人征集的专利供需项目；三是设立了会员模块，使信息用户可通过注册帐号，并经授权在网站发布专利供求信息；四是设立了互动模块，为用户在线进行沟通、预对接、监督、投诉提供工具；五是设立了站内搜索模块，供用户进行定向搜索，提升用户感受度；六是设立了咨询模块，为用户提供法律、交易等咨询服务。

2. 建立专利产品展示交易中心

在线上建设专利技术交易展示网站的基础上，提供线下专利技术转化服务显得十分重要。长吉图区域中韩专利技术转化服务平台根据专利展示及交易形式多样化、公众需求、用户集聚度以及服务能力等特点和条件，依托中介机构，设立了常设专利技术展示交易中心。其主要功能是组织构建和发展长吉图区域产学研专利技术转化协作成员网，建立专业化的专利信息集散机制；以实物演示、影像等更加直观的效果推介专利项目；为专利技术交易转让创造深入对接的条件；提供面对面的专利咨询服务；组织开展各种专利技术的展示、推介、对接和交易活动；管理和完善专利技术交易展示网站，从而实现互联网线上服务与线下展示交易中心的有效对接。

3. 举办专利技术转移大会

专利技术转移大会是实现专利技术转移转化的重要渠道。通过举办专利技术转移大会，可以进一步强化科研机构、企业和技术转移机构的合作机制，对促成专利技术转移转化具有重要作用。为落实国家长吉图开发开放先导区发展战略，长吉图科技合作组织自2011年以来每年组织举办长吉图区域中韩技术转移大会。长吉图区域中韩专利技术交易展示中心借助这一平台，一方面积极组织有合作意向的专利项目参加大会，为其对接和合作牵线搭桥；另一方面，深入大会了解和掌握专利需求，进一步搜集参会项目中的新的专利技术，并将其补充到网站和常设展示交易中心，提供后续综合服务，促进转化，以此实现线上网站、线下展厅、转移大会三者的良性互动。

三、区域性专利技术转化服务平台建设存在的问题

区域性专利转化服务平台建设虽然以其独到的优势和亮点得到重视，但是至今还没有真正活跃起来。究其原因主要有以下几点：

（一）区域定位特点不尽凸显

随着我国经济社会的发展，不同领域和不同区域对专利技术转化的需求普遍呈现持续增长和多层次、多样化的特征，同时也呈现需求订制化、特性化的趋势。但是，我国区域性专利技术转化服务平台，其区域性特点还不够突出，未能充分体现紧紧围绕本区域科技、经济发展需求与专利技术市场互动，并有针对性地为特定对象提供服务的功能，从而导致其效用弱化、利用率不高。

（二）区域联合、共享机制不够完善

区域性专利转化服务平台建设需要开放、联合、共享的发展理念，高效率地构建能够稳定支撑和促进区域创新发展的专利技术转化保障体系。但是，我国区域性专利技术转化服务平台建设还没有真正利用好地方政府对其建设具有较强驾驭力的优势，仍缺乏可保证区域内相关地区、部门和机构长期合作、统筹运作、共享成果的良好机制和体制，基本上还处于各类机构独自实行自己的运作方式和发展目标，缺乏长久的业务协作，从而无法有效实现区域内资源共享，难以形成发展合力，导致其发展不够稳定，难以做大做强。

（三）区域核心服务能力较弱

区域性专利转化服务平台一般包括面向本区域公众的专利技术和产品信息发布和交易、融资服务、政策法律咨询、信息查询、技术支撑等功能。但是，我国多数区域性专利技术转化服务平台受人才、资金等条件的限制，主要提供专利技术供求信息项目发布、专利信息查询、资料检索等浅层次的服务，而社会需求较大的专利技术评估、专利技术交易保险、专利技术融资等方面的服务功能欠佳，导致平台运作效率低，服务质量下降，无法真正发挥应有的作用。

（四）区域专利技术储备资源的对接率不高

区域性专利转化服务平台的信息多来源于搜集和征集等渠道，主要供专利技术的需求方和供应方对接。但是，一方面，目前存储于专利项目库内或发布的供应方信息大多还处于实验性阶段，没有进入中试及生产环节，导致交易较难；另一方面，存储专利技术项目中非职务专利占一定比例，而作为专利技术主要需求方的企业认为非职务专利相对于职务专利技术成熟度欠佳，技术含量不高，且缺少对非职务专利成果转化的优惠政策，从而影响交易。同时，由于技术和管理手段比较滞后，尚未做到有针对性地提供适合于专利交易双方的对称信息，因而不能很好地实现专利供需双方的有效对接。

四、加快区域性专利技术转化服务平台建设的关键要素

（一）准确把握区域优势，突出专业性和特有性

准确把握独特的区域定位是发挥区域性专利技术转化服务平台作用、实现针对性实效服务的重要前提。区域性专利技术转化服务平台要始终把握增强区域自主创新能力和促进成果转化的主线，突出区域产业特点，加强统筹协调，以整合和共享区域优势资源为核心加以建设和完善，以逐步形成其独有的专业化特点。比如，广西、云南等省区作为中国对接东盟的"桥头堡"，可建设"中国－东盟专利技术转移平台"❶，突出和强化产业共性技术转移的功能；吉林省则可利用长吉图开发开放先导区的集群效应，特别是与韩国地理位置相邻、文化习俗相近、科技创新资源互补的优势，建设"中韩专利技术转化服务平台"，形成可满足区域发展特殊需求的专业化专利信息资源体系，从而在完备的基本功能的基础上，确保资源和服务内容更加集中与有针对性，管理更加规范，使相关信息搜寻成本更加低廉。

（二）建立区域资源共享及联合服务体系和机制，形成合力

建立科学、合理的区域资源共享及联合服务体系是成功建设和长期运

---

❶ 胡华，梁光琦，苏浩. 中国－东盟技术难以平台建设及发展模式研究［J］. 东南亚纵横，2015（5）：8－10.

作平台的基础。从区域专利技术转化服务平台功能来看，服务内容涵盖专利创造、运用、保护和管理全领域，完成其功能需要涉及各地区政府相关部门、科研机构、高等院校、中介机构、企业等多种类型机构和团体。特别是专利技术交易不仅是产权交易或技术交易中的一部分，而且专利的无形性使价值定位十分困难，从而需要建立强大的支持系统。因此，深刻认识建立跨地区、跨部门、跨行业联盟的重要性和价值，推进资源共享、服务联合、能力整合的区域联盟建设十分重要，并且建立联盟成员单位相应的分工协作机制，构建共同的目标，协同努力是有效保证平台建设质量、提升整体服务能力和水平的最有效途径。比如，由延边州科技局、长春市科技局、吉林市科技局联合成立的长吉图区域科技合作组织是"长吉图区域中韩专利技术转化服务平台"建设的核心力量。该组织在吉林省科技厅的协调下，通过建立长吉图区域专利信息资源共享机制、合作单位间定期沟通和协作机制及采取轮值主席等管理模式，明确牵头单位和组织成员单位的职责及分工，加强合作，使本区域专利技术转化成效最大化。

（三）完善核心服务效能，提高服务成效

充分发挥区域特有的专业性，提高包括经济性在内的整体服务效能，提升服务水平和质量是区域性专利技术转化服务平台可持续发展的核心。区域性专利技术转化服务平台建设是周期较长、涉及面广的系统工程，要统筹规划，分步实施。在保证完备的基本功能的基础上，既要考虑满足当前的需要，也要考虑未来发展的需要，做好前瞻性文化构筑；既要及时搜集地区一线供求信息，又要充分挖掘国家平台、部门或其他区域平台的资源，深化信息筛选和再加工力度，扩大建设专业数据库等；特别是要加大对专利经纪人等人才的培养力度，拓展核心业务，通过吸纳有实力的投资机构等加入区域联盟，利用质押贷款、风险投资等多元途径，帮助专利成功实现转化，并让风险评估机构介入专利评估，对专利技术转化前景进行科学评估，减少专利技术转化的难度等，及时为专利交易双方排忧解难，从而使其整体效能发挥到最大。

（四）推动建立政策支持体系，建立良好的运行环境

专利技术的转化服务需要良好的运行环境。因此，应积极推动政府职能部门建立健全相关机制，以鼓励、促进和管理好专利成果转化过程。比如，应建立健全支持高端人才从事专利技术转化工作的激励机制，加强专

利技术转化服务队伍建设；建立区域专利技术转化规范化机构的认定和考核机制，培育信誉良好、行为规范、服务能力强的专利技术转化机构，并设立专项资金，对其服务行为进行补贴，引导和支持其提高服务能力和水平；加大对非职务专利成果的扶持力度，使非职务专利成果转化能够享受与职务专利成果转化相同的待遇，促进非职务专利成果转化。

五、结　语

区域性专利技术转化服务平台是科技与经济相结合的载体，也是技术创新与专利战略融合的重要运作机制。它对于有效配置技术创新资源，促进专利的流转，实现专利的经济和社会效益具有重要意义。区域性专利技术转化服务平台建设要把握好社会需求，准确定位、规模适度，突出优势、创新运作，最大限度地提高创新的整体效能和效用。

加强口岸城市专业市场的知识产权保护工作
——以吉林省为观察样本*

专业市场是以现货批发为主，集中交易某一类商品或者若干类具有较强互补性或替代性商品的交易场所，具有交易多、商品可选择性强、批发零售兼顾、信息交换迅速等特点。❶ 专业市场处于商品生产环节末端、流通环节前端，在现代商品交易中具有重要地位。近年来，随着经济全球化进程的不断加快和知识经济的快速发展，我国的专业市场，特别是口岸城市专业市场正由传统封闭型市场向创新开放型流通中心转变，绝大部分专业市场面临着调整定位的现实挑战。口岸城市专业市场内的知识产权侵权假冒问题，不仅严重影响专业市场的品牌形象，制约市场的转型升级，而且直接影响国际声誉，因此，各方对于加强专业市场知识产权保护工作的呼声日益强烈。为加强口岸城市专业市场知识产权保护工作能力，本文以吉林省内口岸城市作为观察样本，对其专业市场知识产权保护工作做了有益探索，并通过调查分析研究口岸城市知识产权工作现状，归纳出了口岸城市专业市场知识产权保护环境的突出特点、普遍存在的问题，基于此提出了具有针对性的改进措施。

一、吉林省口岸城市专业市场知识产权保护状况研究

（一）吉林省口岸城市专业市场发展概况

吉林省现有 30 个口岸、通道和临时过货点，其中国家一类口岸 6 个，

* 本文是国家知识产权局保护协调司"知识产权保护能力提升项目"课题的部分研究成果。发表在《知识产权》期刊 2014 年第 4 期。作者：高斌，宋金泉，金华，高松子。

❶ 国家知识产权局保护协调司. 专业市场知识产权保护工作手册 [EB/OL]. [2016 – 11 – 30]. http：//www. nipso. cn/UploadFiles/专业市场知识产权保护工作手册. pdf.

国家二类口岸9个，原地方二类口岸3个，公务通道1个，另有11个临时过货点。边境口岸分布在中朝、中俄边境一线，即延边朝鲜族自治州和通化市、白山市境内；内陆、内河口岸分布在长春市、吉林市和白城市境内。❶

经过多年发展，吉林省口岸形成边境口岸多、口岸各管理部门涉外工作频繁的显著特点。特别是1992年3月9日，国务院批准吉林省延边州珲春市作为进一步对外开放的边境城市，同时批准设立珲春边境经济合作区。现在，珲春市已经成为日本、韩国和北美国家通向中国东北及亚欧大陆最便捷的国际通道和国际客货海陆联运的最佳结合点。鉴于吉林省各类口岸通道和临时过货点主要分布在吉林省延边州境内，占全省口岸总数的83%，本文将调查研究样本选择主要放在延边州内。

改革开放使口岸地区成为最富有活力的开发开放经济带。吉林省各边境口岸所在县（市）依托口岸积极开展边境贸易和旅游，围绕各专业市场形成人流、物流、资源流交汇的核心区域，形成了一定规模的口岸经济。珲春市依托对俄罗斯的开发开放优势，积极构筑中俄互市贸易区，两国边境居民可以往来购物易货，享受免关税等多种待遇。受俄罗斯远东居民消费需求带动，珲春市内形成俄罗斯一条街、东方轻工大市场等一批特色鲜明，集中对外贸易的市场核心区，不断拉动珲春的货物外销和经济增长。借助口岸经济的带动力量，口岸腹地经济和专业市场也得到较大发展。延边州首府延吉市商业繁荣发展并形成区域集聚：以延吉百货大楼、延边新合作连锁超市（原延边国贸）、延吉千盛购物广场为龙头的商业企业发展迅速，商业品牌逐渐得到消费者的广泛认可；延边乐佰家居、延边大千家居和延吉市北大建材市场以高、中、低三档专业市场划分，备受消费者的青睐；延吉市中关电子科技大厦、汽车交易市场和陶瓷市场等以产品专营独领风骚。长期以来，这些以专业市场为核心的商业集聚区，以稳定的人群流量和成熟的商圈价值备受投资者的追捧。

（二）口岸城市专业市场知识产权保护工作调研情况

1. 调研样本的选择

在调研样本选择上，以延边地区工商系统截至2012年末的注册信息为基础，根据经营范围、营业面积、经营户数等基本数据信息，口岸城市边

---

❶ 吉林省商务厅. 吉林省口岸发展情况（2008年）［EB/OL］. ［2016 – 11 – 30］. http：//www. mofcom. gov. cn/aarticle/difang/jilin/200805/20080505525692. html.

贸特点、经营规模与影响力、知识产权侵权易发性以及口岸城市与腹地依托关系等口岸城市市场要素，筛选出 20 家重点专业市场作为主要调查研究样本。

依据"需要保护力度 + 知识产权类型 + 所属行业领域"的"二级归口分类"分类标准，着重根据专业市场出现的知识产权问题聚合的情况，即集中反映在某一或某几种知识产权类型上的现象，对上述 20 家市场进行盖然性归类和细分，并统计制成《吉林省口岸城市重点专业市场名录》，具体如表 6 – 1 所示。

表 6 – 1　吉林省口岸城市重点专业市场名录

一级分类	二级归口分类		专业市场名称	数量/个
	知识产权类型	行业领域		
需要加强知识产权保护和管理的专业市场	专利 + 商标	建筑装饰材料	珲春盛通建材批发市场、延边乐佰家居、延边大千家居广场、延吉市北大建材市场	4
		电子通信	延吉市中关电子科技大厦	1
		综合	珲春市盛博商都有限公司、珲春绿都东北亚国际边贸城、珲春东市场、延边成宝国际商务大厦	4
	商标	小商品	中俄互市贸易市场、延吉小商品市场、韩国商品批发中心	3
		纺织服装	珲春东方轻工大市场	1
	版权	图书出版	延边民族图书大厦	1
部分需要知识产权保护和管理的专业市场	专利 + 商标	建筑装饰材料	珲春大元商务有限公司石材出口交易市场、延边商业集团延吉市五金陶瓷批发市场	2
	专利 + 商标	综合	延吉百货大楼、延边新合作连锁超市、延吉千盛购物广场	3
	新品种 + 地理标志	农贸市场	延吉万源农副产品批发市场	1

如表 6 – 1 所示，选择的 20 个专业市场中，需要加强知识产权保护和管理的专业市场共 14 个，主要集中在专利、商标和版权等知识产权易受侵

犯的建筑装饰材料、通信器材、综合市场、小商品、纺织服装以及图书出版领域；部分需要知识产权保护和管理的专业市场共 6 个，主要集中在专利、商标以及新品种和地理标志等知识产权较易受侵犯的建筑装饰材料、综合市场以及农贸市场领域。

2. 调研数据采集方式和途径

调研数据的收集，主要使用参照国家知识产权局《专业市场知识产权保护工作手册》中的相关文本，结合本地实际制定的《专业市场知识产权保护工作调查问卷》和《专业市场知识产权保护工作实地调研提纲》，调查问卷中的调查项目涵盖专业市场基本情况、入驻专业市场商户知识产权产出情况、专业市场知识产权保护工作情况等信息。调查对象主要为专业市场主办方，为了更全面地了解和掌握口岸城市专业市场的特点和知识产权保护现状，将调研对象范围扩大至政府部门、协会或商会类、企业组织类和中介服务机构等，并针对各类对象的特点，细化书面调研内容，以有效提高调研工作的靶向性和针对性。

在实际调研过程中，采用问卷调查和实地调研相结合的方式，详细了解市场主办方制定有关知识产权保护方面的规章制度及其执行情况，探究市场开展知识产权保护方面存在的困难和问题，征求对政府的服务期待等，同时全面了解与市场有关的政府部门、各行业协会、中介机构在市场知识产权保护工作中的作用等，并听取相关的工作经验及建议。

3. 口岸城市专业市场知识产权保护工作现状

根据调查问卷反馈情况及实地调研情况，吉林省口岸城市专业市场知识产权保护工作现状如下。

（1）商户知识产权产出情况

调查问卷结果显示，在 20 个专业市场中，除 1 家市场提交商标注册量、有效注册商标量等信息外，其他专业市场均未提交各类知识产权统计信息。原因是市场主办方对知识产权工作缺乏认识，疏于管理，没有统计有关知识产权数据。

（2）知识产权保护工作的机制与管理

关于知识产权保护管理机制。市场以营利为目的，因此大多数市场比较注重商品质量、品牌建设、对外形象等，故建立了一些内部的商品索证、商品质量监督等管理制度和措施。但是从目前情况来看，专门的知识产权保护管理机制在大多数专业市场内还没有形成，知识产权的日常管理和保护工作只是零散、随机地安排在市场内某个兼职部门。

关于知识产权保护机制。大多数专业市场的知识产权保护机制呈现松散的结构特征，没有达到机制层面的要求。目前专业市场知识产权保护方面较有代表性的做法，一是市场主办方安排专职巡查员进行日常品牌监督和清查，以防止侵犯商标权等行为；二是在日常管理中运行惩处经销伪劣商品行为、年度合同授权等管理制度保护知识产权；三是部分综合类市场实行市场统一管理的模式，由市场管理方统一安排所有柜台的管理人员与事项，统一进行采购和销售，以避免出现品牌等知识产权管理上的诸多混乱现象。

关于知识产权保护服务供给机制。知识产权保护服务供给机制包括知识产权公共服务平台搭建、知识产权保护业务指导、知识产权纠纷解决、知识产权宣传培训以及知识产权维权援助及预警机制等多方面内容。从目前的专业市场知识产权保护工作现状来看，除知识产权宣传培训在部分市场能够简易且浅度开展外，其他几项供给机制几乎空白。

（3）相关机构在专业市场知识产权保护工作中的作用

① 政府部门发挥管理和引导作用

从对专利、商标、版权、海关等 9 个有关知识产权行政管理部门的实地调研情况来看，在现代市场经济条件下，政府行政部门主要发挥管理和引导作用，调查显示，政府部门发挥主导作用的占 30%，发挥引导作用的占 70%。并且各部门结合自身职能开展各类专业市场知识产权执法维权工作，制定和出台知识产权保护相关制度与扶持政策，开展宣传及培训等工作。

② 协会或商会发挥沟通、自律、监督等作用

根据对与专业市场关系密切的个体劳动者协会、消费者协会、IT 行业协会等 5 个协会或商会组织的实地调研结果，在有关知识产权工作中，个私协会承担着组织个体、私营企业经营者学习国家知识产权法律法规，组织企业进行自我管理，开展文明经营、优质服务活动，提供法律咨询与服务等职责。如延吉市个私协会指导建筑装饰材料专业市场，组建由商户代表与市场主办方共同参与的"市场理事会"，负责市场的知识产权宣传、培训和管理工作，并组建"品牌宣传联盟"，以零散商户共同出资筹建品牌宣传组织的方式，实现品牌的建设和推广；珲春市个私协会组织专业市场建立品牌运营中心，形成以品牌代理和加盟为主体的发展模式，开展订单生产和交易，同时在各专业市场设立专门联络员，对专业市场的品牌和

诚信建设进行监督和沟通；工商联 IT 行业商会与当地知识产权执法部门联合，加强实体货源检查，规范市场运营，从自身行业管理和服务职能出发，要求 IT 行业确保产品的知识产权合法性，严禁经营者违反规定研发、生产和销售违反知识产权管理规定的产品，有效遏制了知识产权违法行为。

③ 中介服务机构发挥桥梁纽带作用

根据对 4 家专利商标代理机构、知识产权咨询公司等专业化中介服务机构的实地调研结果，知识产权中介服务机构为专业市场提供知识产权信息咨询、知识产权信息推送、专利技术推介、知识产权信息应用培训、知识产权申请代理、知识产权侵权诉讼等方面服务，成为专业市场知识产权工作的服务和顾问团队及专业市场与市场需求方之间的沟通桥梁。

4. 知识产权保护工作存在的问题及归因分析

吉林省口岸城市专业市场在知识产权保护工作方面存在从组织架构到体制机制的诸多问题。

（1）知识产权保护工作机构、人员、经费缺乏

大多数专业市场在知识产权保护工作方面，处于"三无"状态，即无机构、无人员、无经费。即使管理较为规范的专业市场，也大多停留在由兼职机构或人员负责知识产权工作，知识产权工作只作为补充主要工作的一部分而存在。专门机构的缺乏，使整个专业市场的知识产权保护工作缺少一个核心，使知识产权管理工作没有目标导向性，处于无序状态，影响市场整体营运效能的发挥；专业知识产权管理人员的缺乏成为具体操作性层面的缺憾，并且大多数管理人员缺乏知识产权管理和保护方面的专业知识和素养，对涉及知识产权的产品只是从表面进行管理，而无法挖掘其深层次价值；特别是经费的紧缺，限制了知识产权发挥核心竞争力的应有作用。

（2）知识产权保护工作体制机制不健全

大多数专业市场知识产权保护工作机制尚未健全和理顺。吉林省口岸城市专业市场在知识产权保护协调机制、知识产权保护联动执法机制以及知识产权保护服务供给机制方面尚处于初始阶段。就统计情况来看，专门的知识产权保护协调机制或联动执法机制在大多数专业市场内还是空白的，市场内知识产权的日常管理和保护很少被触发。比如，常用的"市场巡查员制度"在大多数专业市场中处于线性运作状态，分楼层、分片区或

分部门的市场管理巡查人员负责市场的日常运营监管，但是当他们发现诸如假冒品牌等问题，并依据层级制度上报到上一级管理部门时，因无专人管理而被搁置或延误，远未形成联动执法或保护的局面。

知识产权保护服务供给机制也在专业市场众多不重要的事务末端低位徘徊着。专业市场对知识产权公共服务平台建设、知识产权保护业务指导、知识产权纠纷解决、知识产权宣传培训以及知识产权维权援助及预警机制等建设要么漠不关心，要么力不从心，导致自管理人员到商户都很少能接触到知识产权方面的知识和信息。

（3）管理人员以及商户知识产权保护意识普遍淡薄

大多数专业市场的管理人员和商户，对知识产权工作缺乏了解，对知识产权保护工作的意义和重要性缺乏认识。主要表现在：第一，对知识产权工作不甚了解同时伴有抵触心理，甚至把知识产权工作当作负担。这种现象普遍存在于普通的管理者或专业市场营业人员群体中。第二，尽管一直在做知识产权保护方面的工作，却没有意识到自己的工作属于知识产权工作范畴。这种现象集中体现在一些高级管理人员群体之中。第三，对与己有关的知识产权问题表现出兴趣并持支持的态度，对于其他问题则不关心或不愿配合，这些人员多数为市场内的经营商户。第四，据专业市场相关行政管理部门、协会或商会以及知识产权中介机构反映，几乎没有专业市场的管理人员或商户会主动向其咨询有关知识产权方面的问题，也很少寻求知识产权方面的协助。

无论表象如何，上述问题都表明了专业市场管理人员和商户的知识产权意识欠缺，处于一种自发的利己状态。这些问题的形成，与我国社会经济高速发展所带来的残酷竞争与公众知识产权知识和保护意识远不到位所形成的反差有直接关系。

（4）专业市场知识产权保护工作整体难度大

专业市场知识产权保护工作整体推进难度大，这一点与专业市场的自身特质及其营运特点密切相关。专业市场是汇聚当地庞大的人流、物流、信息流而形成的产物。专业市场内除却人员庞杂难于管理之外，商品数量巨大、品牌款式繁多，商品高仿水平日益提高，同时，商户和商品的流动性大，对知识产权侵权认定和追诉形成不利影响，从而加大了知识产权保护的难度。同时，知识产权工作基础薄弱、能力和水平有限的专业市场面对繁重的知识产权信息管理等工作显得力不从心、无处下手。因此，一些自身定位不高、战略规划不明确的专业市场宁愿保持现状，忽视知识产权工作，也不愿触发潜在的、庞杂的知识产权问题。

专业市场不愿意触发市场内积弊已久的知识产权问题的又一个重要考量是自身的经营业绩问题。如果市场内知识产权问题泛滥，则不需外力就足以致使市场倒闭；如果市场内的知识产权问题维持在一定水平，即某些领域或某些商品存在知识产权问题，但又不足以对市场运营造成毁灭性打击，那么市场主办方可能更愿意默认这些情况的存在，以保证正常的摊位租赁率，从而保证市场的正常营运和创收能力。

这些隐形抗力，既是专业市场知识产权保护工作方面存在的深层次问题，同时也在很大程度上制约着专业市场知识产权保护工作的开展。

二、吉林省口岸城市专业市场知识产权工作环境特点

通过上述调查研究，本文梳理了吉林省口岸城市专业市场知识产权工作的环境特点。

（一）口岸网络形成商品多渠道注入，知识产权信息甄别难度大

吉林省现有30个口岸、通道和临时过货点，形成进出口的多点交织网络。对外经贸物流的频繁，加之进口商品供应源的多样化，使进口商品知识产权信息的甄别难度大大提高。

（二）口岸城市与周边国家民俗特征相近，易产生仿制贴牌供需市场

吉林省口岸城市与韩国等周边国家民俗特性相近，生活方式趋同，喜欢相互追随邻国的商品流行趋势，形成巨大的消费需求，因此易于在口岸城市形成外贸进出口商品的仿制和非法贴牌市场。如吉林省延边州对于韩国的厨具、服装类等商品的追随趋势明显，每年有大量韩国商品进入延边州的各类专业市场内，同时也有很多国内商品通过这里流出国门。由于当地存在巨大的供需市场，加之缺乏知识产权意识及知识产权保护机制不够健全，易于在口岸城市形成外贸进出口商品仿制、贴牌生产消费基地和市场，从而对当地的知识产权保护形成挑战。

（三）外商品牌代理销售区域集中，但未形成规范且系统的知识产权管理体系

在口岸城市外贸进出口商品易于形成集聚，并会集中在某类或某些主

要专业市场内，形成一些知名、具有商圈影响力的外贸进口商品汇集地，这种市场集聚力和商圈影响力，吸引众多进口品牌商品代理和销售商汇聚于此。在知识产权保护方面，它们基于相互竞争的考虑，会为了彼此的利益以及防止"劣币驱逐良币"等考量，通过相互监督等方式，逼迫知识产权存在瑕疵的商品不断退出市场，从而保证口岸城市专业市场商品的纯洁性。这种方式在一定程度上形成了知识产权保护约束力，但是，这种商户间的自律行为，在没有规范且系统的管理体制下，也易于形成对侵权行为的相互默认，为切实做好知识产权保护工作带来困难。

（四）知识产权保护工作环境复杂

口岸城市所处的地域环境、少数民族特征、经贸特色以及专业市场营运特点等因素，造就了口岸城市专业市场知识产权问题的复杂性。仅就知识产权执法工作来说，无论是把守国门第一关的海关，还是负责知识产权行政执法的知识产权局、工商行政管理局、版权局，其执法人员既要精通知识产权基本知识，还要熟悉当地的风土人情及少数民族语言，又要懂得国际规则等，因此，与其他地区相比，知识产权执法环境更复杂，执法难度更大，执法成本更高，对规范化管理的要求更高，对执法人员和跨部门合作的需求更迫切。

三、对加强口岸城市专业市场知识产权保护工作的建议

（一）加大政府扶持力度，提升知识产权工作能力和水平

我国口岸城市知识产权保护工作起步晚、基础弱，要取得大的发展，需要进行长期而艰苦的努力。因此，中央和地方各级政府在现有的基础上，应加大对口岸城市专业市场知识产权工作的支持力度，特别是在机构建立、人员扩充、制度建设、服务体系形成等方面给予大力扶持，推动口岸城市专业市场提高知识产权意识，提高工作效率，使各项工作真正见到成效。

（二）建立各部门间横向、纵向协作机制，提高知识产权保护工作效能

针对口岸城市专业市场知识产权保护工作问题复杂，违法行为监管难

度较大等问题，应建立专利、商标、版权、海关及公安等横向部门间的协作机制，充分发挥各部门的优势和力量，实现资源共享，最大限度地提高知识产权保护工作的效能。同时，针对专业市场知识产权保护工作基础薄弱、工作难以落实的状况，应建立知识产权管理部门与专业市场的纵向协作实施机制，通过签署协议，推进深度合作，引导和调动专业市场的工作积极性和主动性，使专业市场既成为知识产权保护工作的受益者，又成为知识产权保护工作的主体。

（三）推动知识产权保护示范专业市场培育工程，实现以点带面

专业市场是利益驱动主体。对于看不到短期利益的行为，专业市场会更多地选择观望。因此，应通过开展口岸城市专业市场示范带动工程，让一部分市场因保护知识产权而率先受益，从而带动更多市场主动参与，逐步实现专业市场的知识产权工作正规化。可通过出台国家层面的对示范专业市场的激励机制，对知识产权保护工作有需求、基础好、积极性高的专业市场重点进行深度培育，从政治上给予荣誉，从经济上给予扶持，促进"争做诚信守法好商户、创设经营规范无假货好市场"的良好风气。

（四）引导、鼓励多种社会力量参与专业市场知识产权保护工作

在口岸城市专业市场知识产权保护工作中，行业协会、商会、中介机构的独特优势和作用不容忽视。应进一步重视商协会、中介机构和消费者在口岸城市专业市场知识产权保护工作中的作用，制定政策措施，鼓励商协会成立知识产权保护联盟，推动商协会制定和完善关于专业市场知识产权保护的各类规章制度，发挥自我组织、自我管理的自我约束力，建立相互监督的有效机制；鼓励各类中介机构通过广泛的业务咨询与代理等，将知识产权保护和战略管理的内容及理念传播给受众；鼓励消费者积极参与维权宣传、保护等工作，建立激励制度，对于举报侵权信息的应给予奖励，通过这些"支点"带动社会整体知识产权保护意识的提高。

吉林省知识产权保护规范化市场培育工作的探索与实践[*]

——以延边州培育工作为样本

为贯彻落实十八大、十八届三中全会精神，深入实施国家知识产权战略，大力加强商品流通领域知识产权保护工作，提升市场主体保护意识和管理能力，国家知识产权局于 2014 年正式开展知识产权保护规范化市场培育工作，并于当年确定 65 家市场作为第一批国家级知识产权保护规范化市场培育对象❶。延边州的延吉百货大楼股份有限公司、延吉市中关电子科技大厦有限公司、延边乐佰家居经营有限公司名列其中。上述三家市场具有延边州的独特地理区位，处于对外经贸的前沿，边贸窗口作用突出；涵盖综合市场、通信器材、家居等行业领域，所涉及的知识产权类型包括专利、商标、版权等，无论其所属行业还是其经营规模、经营模式及经营效果均在本地区具有一定的代表性和影响力。

延边州知识产权局在国家知识产权局的统一安排部署、在吉林省知识产权局的具体指导下，在 2013 年开展口岸城市专业市场知识产权保护工作的基础上，从 2014 年 6 月开始以培育 3 个知识产权保护规范化市场为抓手，细化和完善实施方案，扎实、有序地推进各项工作，推动延边州专业市场知识产权保护工作纵深发展，在实施知识产权保护规范化市场培育工作方面做了有益的探索和实践，并编制和汇集专业市场知识产权保护工作

---

* 本文是国家知识产权局保护协调司"国家级知识产权保护规范化市场培育工作"项目的部分成果。作者：潘文涛，仲崇玉，高斌，金华，高松子，朴银姬，秦伟，邵博雅，刘超，宋金泉。

❶　关于确定第一批国家级知识产权保护规范化培育市场并启动培育工作的通知（国知办函协字〔2014〕212 号）。

的相关文书表格、参考示例或范本，从而为提升专业市场知识产权保护工作规范化能力提供参考和借鉴。

一、知识产权保护规范化市场培育工作实践

（一）拓展工作思路，创新工作方法，助推培育工作顺利开展

1. 制订切实可行的培育方案和计划，构建合理工作模式

为确保知识产权保护规范化市场培育工作实施效果和提高实施效率，根据延边州 3 个培育市场的特点，制订了《延边州国家级知识产权保护规范化市场培育方案》。该方案，一是确定三大重点工作和三大常规工作任务。三大重点工作任务包括：制定本地区的知识产权保护规范化市场认定标准、流程；研发市场内商户知识产权信息收集系统，建立市场间知识产权信息共享机制；总结边贸口岸类市场的知识产权保护模式。三大常规工作任务包括：指导培育市场不断完善和建立知识产权保护工作机制和管理制度；推动市场提升知识产权保护管理能力；加大宣传培训力度，增强各方知识产权保护意识。二是建立有效工作机制。首先，建立政产研相结合的"二三四一"型研究团队，即建立由省、州两级知识产权局，三个专业市场，四个横向职能部门，一个软件研发公司构成的项目组，在国家知识产权局的统一领导下，吉林省知识产权局监督指导、延边州知识产权局负责落实，三个培育市场具体操作，延边州工商行政管理局、延边州新闻出版局、延边州公安局、延吉海关四个行政职能部门全力配合，延吉市创想软件开发有限公司积极参与，确保优质、高效、按时完成各项工作任务。其次，建立严格的管理机制。以季度为计划期，制订项目阶段计划，工作具体到人，并建立良好的沟通机制，保证项目组各成员单位之间沟通顺畅。三是提出具体工作措施和实施计划。以季度为时间段对总体任务进行分解细化，明确项目组各成员单位的任务、分工和做法，以合理、科学、规范的组织、管理方式，为顺利完成各项任务、实现目标提供支持。

2. 加强与知识产权管理各部门的横向协作，联合攻关

延边州知识产权局与延边州工商行政管理局、延边州新闻出版局、延吉海关、延边州公安局联合制定《关于建立协作配合机制—共同加强知识

产权保护工作的意见》，就建立协作平台、加强服务引导、提升市场知识产权保护能力、共同开展宣传培训等方面内容作出规定，并形成部门合力，为顺利开展培育工作提供了保障。

3. 建立与培育市场的协作机制，促进培育工作落到实处

一是宣传动员。在项目实施初期，延边州知识产权局深入 3 家培育市场，对开展知识产权保护规范化市场培育工作的意义、重要性及其作用进行宣传，并对知识产权保护规范化市场培育工作的各项政策、要求、目标、具体实施办法等进行说明，激发市场主办方的工作热情，增强工作自信心。二是签署业务合作协议。2014 年 12 月，延边州知识产权局分别与 3 家培育市场签署《知识产权保护规范化市场培育工作合作协议》和《业务委托合同书》，确定合作目标、合作内容，细化培育工作中各方应承担的具体任务、责任和义务，并将经费落实到位。同时，由吉林省知识产权局制作"国家级知识产权保护规范化重点培育单位"牌匾授予 3 家市场，增强了市场的责任感和荣誉感。三是建立工作联络机制。为保证培育工作主管部门与培育市场的联系渠道畅通、沟通及时，建立《延边州知识产权保护规范化市场培育工作联络员制度》，明确联络员职责，确保培育工作各环节无梗塞。

4. 开展调研活动，为有效推进培育工作提供借鉴

一是开展省外调研，学习先进经验。吉林省知识产权局和新疆维吾尔自治区知识产权局联合组成调研团赴上海市知识产权局、江苏省知识产权局和湖南省知识产权局进行调研，听取三地知识产权局负责人及优秀企业代表所做的有关专业市场知识产权保护工作方面的经验介绍，挖掘了先进地区的成功做法，掌握了大量有益信息。二是对本地市场进行调研，把握现状。培育期间，吉林省知识产权局和延边州知识产权局多次深入培育市场进行实地调研，详细了解市场开展培育工作现状，掌握第一手信息，为更加合理、高效地开展培育工作提供了依据。

5. 及时研讨各阶段工作情况，确保后续培育工作优质开展

定期组织召开知识产权保护规范化市场培育工作座谈会和工作研讨会，总结当前阶段知识产权保护规范化市场培育工作的开展情况，提出下阶段工作计划，列出存在的问题及困难，交流体会感想。

（二）抓住重点，突破难点，认真完成重点工作

1. 制定完成《吉林省知识产权保护规范化市场认定标准》《吉林省知识产权保护规范化市场认定管理办法》及认定流程图

通过搜集、整理、研究国内外相关资料及国家知识产权局《知识产权保护规范化市场培育指南》《专业市场知识产权保护工作手册》等相关材料，制定完成《吉林省知识产权保护规范化市场认定管理办法（讨论稿）》及认定流程，根据国家知识产权局制定的《知识产权保护规范化市场认定标准》，编制《吉林省知识产权保护规范化市场认定标准（讨论稿）》（见图 7-1）。

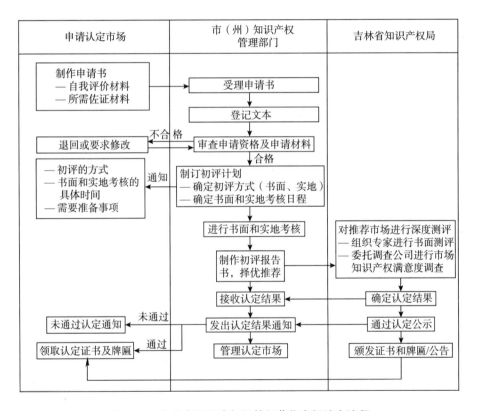

图 7-1 吉林省知识产权保护规范化市场认定流程

2. 研发完成《吉林省专业市场知识产权信息管理（共享）系统》

经过反复听取培育市场及相关专家的意见、建议，2015 年 12 月制订完成"吉林省专业市场知识产权信息管理（共享）系统建设实施方案"。基于该方案，开发完成了《吉林省专业市场知识产权信息管理（共享）系

统》，并完成了《吉林省专业市场知识产权信息管理（共享）系统》技术报告。该信息管理系统经3家培育市场测试应用，基本实现了信息管理系统预期功能，达到了预期目标。

（三）围绕"规范化"打造亮点，扎实推进常规工作

（1）指导市场建立和运行知识产权保护体系

一是指导市场制订工作计划。根据国家知识产权局《知识产权保护规范化市场培育指南》要求，指导3家培育市场结合自身实际制定《知识产权保护规范化市场培育工作计划》，明确工作目标、主要任务、工作机制、资源配置、具体措施和时间进度等，以确保市场按时、按量、优质地完成任务。

二是指导市场加强制度建设。指导市场制定和完善《市场知识产权保护办法》，形成内部工作方法和指引；制定并细化了《知识产权商品索证制度》《知识产权商品备案制度》《知识产权商品检查制度》《市场知识产权纠纷处理办法》《市场商户知识产权档案管理制度》《市场知识产权侵权信息收集和公开制度》《市场知识产权诚信奖惩制度》《市场知识产权诚信积分制度》《市场先行赔付制度》9项制度，形成了从商品进货、日常检查到售后保障监督与侵权处理的制度体系。指导市场主办方与本市场内商户签订《经营商户知识产权承诺书》，并在基本合同中增加有关知识产权内容。

三是指导市场运行日常工作机制。指导市场按照《知识产权商品索证制度》，对入场商品进行审核，并填写《知识产权商品备案表》。指导市场按照《知识产权商品检查制度》，对入场商品进行巡查或不定期抽查，并填写《市场知识产权商品检查情况表》和《市场知识产权商品检查记录表》，记录执行巡查情况。指导市场建立健全相关举报投诉机制，在市场内设立举报投诉箱，以电子屏或展板的形式公开举报投诉电话等，并编制《市场知识产权侵权举报投诉请求书》，以供市场有举报投诉时，登记并存档。指导市场按照《市场知识产权纠纷处理办法》解决日常纠纷，明确纠纷处理机构及纠纷处理流程，鼓励市场与州知识产权维权援助中心合作解决知识产权纠纷，通过《市场先行赔付制度》，解决知识产权纠纷，并将处理结果记入统一编制的《市场知识产权侵权举报投诉处理表》和《市场知识产权诚信档案表》，供市场就知识产权诚信信息进行登记和备案，并录入管理系统。指导市场运行信息公开机制，通过制度上墙、电子屏等方

式将涉及知识产权保护的各项制度对外公开；指导市场按照信息公开机制，收集并在显要位置公开知识产权商品信息、商户诚信经营信息以及举报投诉处理结果等信息，为此，统一编制《假冒专利、商标处罚案件信息公开表》《专利、商标、版权侵权纠纷处理案件信息公开表》，以规范市场收集和公开知识产权商品信息及举报投诉处理结果等信息的行为。指导市场运行知识产权诚信奖惩机制，指导市场编制《开展"知识产权诚信商户"评选活动方案》《知识产权诚信柜台标准》，推动市场开展"知识产权诚信商户"评选活动或其他相关活动，并通过为知识产权诚信柜台挂牌、通过电子屏或其他方式公开诚信商户名单等方式营造宣传、积极向上的氛围。同时，指导市场在已经举办多年的"诚信商户""党员示范柜台"等先进评选标准中加入知识产权相关要求，作为评优的必要条件，扩大知识产权的影响力。

（2）推动市场提升知识产权保护能力

一是指导市场制定和落实方案。指导3家培育市场对本市场内进驻商品进行摸底排查和调研，了解和掌握本市场内商品情况，为此，统一编制《商户知识产权信息调查表》和《商户知识产权纠纷信息调查表》。二是指导市场建立知识产权工作机制。根据《市场知识产权保护办法》建立知识产权保护办公室，明确工作职能和工作职责；指导市场成立知识产权规范化市场培育工作领导小组，由市场主要负责人任组长，并配备了专职、兼职知识产权工作人员；指导市场通过聘请专家等方式引进知识产权相关人才，目前，3家市场均聘请知识产权专业顾问和法律顾问，为市场知识产权工作排忧解难。三是指导市场落实知识产权工作经费。延边州知识产权局向培育市场提供经费支持，同时引导市场将知识产权宣传培训等方面专项经费纳入市场内部整体预算中，专款专用改变了市场知识产权工作缺经费的局面。四是指导市场主办方为商户提供知识产权服务。通过对市场主办方进行知识产权基础知识培训、专利检索培训等方式，使市场主办方能够为商户提供知识产权咨询和答疑解惑。为了规范市场主办方知识产权服务行为，统一编制《市场知识产权保护办公室接待咨询来访人员登记表》，记录知识产权开展咨询工作情况，为后续工作提供参考。

（3）推动市场提升知识产权保护意识

一是编制宣传材料。2014年，编制《延边州专业市场知识产权知识手册》及宣传单；2016年，结合开展知识产权保护规范化市场培育工作，在系统地收集和整理有关法律、行政法规、司法解释、部委规章的基础上，对国务院、各部委、吉林省及延边州发布的有关知识产权政策进行了梳理，印发了1000套《知识产权（专利）法律法规政策汇编》和《专利行政执法工作指南汇编》。二是指导和组织市场开展宣传活动。指导培育市场根据本市场实际，针对不同群体制订宣传工作方案和计划，每年向3家培育市场发放文件、宣传标语、宣传视频、宣传画、宣传手册、宣传单等，安排和部署知识产权宣传活动，规范市场知识产权宣传工作。指导和组织市场利用"3·15国际消费者权益日""知识产权宣传周""中国专利周"等纪念日和活动日，紧紧围绕宣传主题开展有针对性的宣传活动，通过电子屏播放宣传标语和宣传视频、张贴宣传画、向商户发放宣传资料、建立微信群等方式在商场大力宣传知识产权相关知识，营造尊重和保护知识产权、诚实守信、遵纪守法的良好氛围。三是指导和组织市场开展培训活动。指导培育市场根据本市场实际，针对不同群体制订培训工作方案，指导市场通过举办知识产权专题讲座、在市场培训内容中纳入知识产权课程、在新入职职员培训课程中增设知识产权课程、在早会工作部署中增加知识产权预警、组织参加省州各级知识产权培训班等方式，对管理人员和商户进行培训，极大提高了他们的知识产权意识，为加强市场知识产权培训工作探索和积累了有益经验。特别是，组织举办"延边州国家级知识产权保护规范化市场培育工作实务培训班"、延边州"企业知识产权管理规范贯标工作培训班"，极大提升了市场对知识产权管理规范的认识。四是结合全州培训工作，强化对市场主办方知识产权工作人员的培训力度。将对市场的培训与全州整体知识产权培训工作融合在一起，组织举办各类综合培训班时均邀请3家培育市场的知识产权工作负责人或业务人员参加，进一步增强了市场的各级领导和工作人员的知识产权意识和知识产权工作管理能力。

（四）积极开展执法维权工作，营造良好法治环境

1. 开展专利行政执法专项检查活动

在培育期间，根据国家知识产权局的总体部署，以专业市场为重点，制定全州专利行政执法工作要点，开展打击侵犯知识产权和制售假冒伪劣商品专项行动。延边州知识产权局深入3家培育市场及其他商贸活动热点区域对电子通信、医药、服装、食品等领域商品进行检查，共检查食品、药品、医疗器械、日用品、家电等领域200余件商品。

2. 加强执法基础建设，夯实工作基础

在培育期间，中国（吉林）知识产权维权援助中心和中国（吉林）知识产权维权援助中心延边分中心成立，并同步开通"12330"知识产权维权援助与举报投诉公益服务热线；"延边州知识产权信息网"（www.zl2000.com.cn）全面改版，增设专利侵权行为举报专栏等，拓宽了知识产权权利人的维权援助渠道，从而完善了专利案件举报投诉受理机制。同时，加强了专利行政执法队伍建设，延边州现有具有国家知识产权局颁发的专利行政执法证的执法人员 26 名，较 2014 年开展培育工作之前增加了 18 名。

（五）项目实施特点及突出亮点

延边州知识产权保护规范化市场培育工作特点和亮点：

一是创新项目实施组织体系。采用"一二三四"工作实施阵型，工作任务分工、人员配置、业务分配、时间进度安排等层次清楚、职责明确，且监督到位，从而保证合作、协调、高效地推进各项任务，确保了各项工作如期完成。

二是抓住"规范化"这一特点，根据专业市场的实际需求，独创性地建立和完善了一系列符合专业市场知识产权工作特点的制度，并研究编制专业市场知识产权保护工作操作文书表格范本，为全面推广知识产权保护工作规范化模式进行了探索并提供了参考。

三是研究制定《吉林省知识产权保护规范化市场认定标准》《吉林省知识产权保护规范化市场认定管理办法》及认定流程。《吉林省知识产权保护规范化市场认定管理办法》研究过程中的部分成果被国家知识产权局制定的《知识产权保护规范化市场认定管理办法》和《知识产权保护规范化市场认定标准》所采纳。

四是独创性地研发完成《吉林省专业市场知识产权信息管理（共享）系统》。该系统集商户信息、知识产权基本信息、知识产权保护信用信息、知识产权工作信息系统为一体，具备信息收集、检索、统计、汇总、输出及知识产权到期预警提示等功能，通过网络实现系统综合管理和资源共享。该系统既适用于市场内部商品、知识产权信息管理，也适用于知识产权工作管理机构统一管理市场知识产权工作，为我国建设市场知识产权综合管理平台，提升市场知识产权工作管理水平作出了有益探索并提供了借鉴。

五是将知识产权规范化市场培育工作密切融入整个地区知识产权工作

当中，相互推动，形成良性循环。

六是进一步加大知识产权工作在全社会的影响力，吉林省知识产权保护规范化市场培育工作频繁在国家及吉林省各新闻媒体报道，极大地提高了知识产权工作的影响力，显示出了培育工作的带动效果。特别是 2014 年 7 月 19 日《中国知识产权报》发表题为"延边规范严谨，倾力确保公平执法"的专题报道，对延边州知识产权局处理知识产权案件能力、水平、态度给予充分肯定。2015 年，延边州知识产权局被国家知识产权局和公安部授予"全国知识产权系统执法工作成绩突出集体"称号，被国家知识产权局授予"全国知识产权系统人才培训工作先进集体"称号；其中有一人入选全国"百千万知识产权人才工程百名高层次人才"；2016 年，有一人被评选为"全国专利系统先进工作者"。

（六）项目实施结果

延边州的延吉市中关科技电子大厦有限公司、延吉百货大楼有限公司和延边乐佰家居有限公司 3 家培育市场经吉林省知识产权局初评推荐，国家知识产权局组织专家评审，并结合国家知识产权局委托社会第三方机构开展的规范化市场知识产权保护满意度调查结果计算出的测评总分均在 80 分以上，并以在全国排名第三位、第九位、第二十位的优异成绩被确定为第一批国家级知识产权保护规范化市场❶。

二、专业市场知识产权保护工作相关文书表格范本或参考示例

（一）专业市场知识产权制度范本（示例）

1. 市场知识产权保护办法范本

市场知识产权保护办法

第一条 为塑造流通领域市场诚实经商的管理理念，增强知识产权保

---

❶ 国家知识产权局办公室关于确定第一批国家级知识产权保护规范化市场的通知［EB/OL］.（2016 - 12 - 26）［2016 - 12 - 30］. http：//www. sipo. gov. cn/tz/gz/201611/t20161124 _ 1303184. html.

护意识，营造公平竞争秩序，提升市场品牌形象，根据有关知识产权法律法规，制定本办法。

第二条 ××市场的知识产权保护按照政府引导、××市场主办方负责、市场内商家自律的原则开展各项工作。工作目标是：树立商家保护知识产权的形象，让生产制造商"供货安心"、广大消费者"购物放心"、入场商家"销售开心"。在维护知识产权人和消费者的合法权益的同时，实现生产、流通和消费三者间利益的共赢。

第三条 ××市场设立市场知识产权保护办公室（以下简称"保护办公室"）。××市场的主要领导担任保护办公室主任，保护办公室要吸收来自市场管理、售后回访服务等部门的人员，要明确管理职责，落实工作经费。

第四条 保护办公室的管理职责如下：要加强与知识产权管理部门之间的工作联动，共同解决市场所面临的知识产权问题；要建立健全市场准入制度等知识产权相关规章制度；要积极开展针对市场内商户、消费者的知识产权宣传和培训，营造良好的知识产权保护氛围。

第五条 保护办公室要建立与政府知识产权管理部门之间的工作联动协调机制。保护办公室要及时向知识产权管理部门汇报市场内的知识产权保护相关情况，以便及时获得所需的工作指导、信息查询和法律支持等服务，保证知识产权工作的顺利开展。

第六条 保护办公室要在市知识产权局的指导下，把好商户入场关；制定《知识产权索证制度》，要求商户入场时签订《经营商户知识产权承诺书》，将知识产权诚信记录作为市场准入的考虑因素之一；要求商户入场时填报《品牌知识产权备案表》，及时掌握各家上述的知识产权信息，建立市场内商品的知识产权数据库（纸质和电子数据库）。

第七条 保护办公室要在市知识产权局的指导下，加强对相关商品的日常知识产权检查监管，建立《市场知识产权商品检查制度》；通过日常的监督管理检查，及时发现问题，解决问题，避免引发重大知识产权纠纷。

第八条 保护办公室要在市知识产权局的指导下，建立纠纷投诉受理和处理制度；在保护办公室内部成立专门的机构或委派专职人员，制定《市场知识产权（专利）纠纷处理办法》，明确知识产权纠纷受理条件，明确纠纷处理程序，记录商户所发生的知识产权纠纷；如市场主办方无法自行解决的，应利用与知识产权管理部门之间的工作联动协调机制，及时通知地方知识产权主管部门来处理。

第九条 建立市场知识产权保护信息收集和公开机制；建立市场知识

产权保护信息收集和公开机制；对市场内知识产权相关信息（知识产权拥有情况、知识产权纠纷情况）进行收集和录入；在市场内开展"榜上有名"活动，做好知识产权相关信息的公开，实现"公开知识产权商品状况、公开商户诚信信息、公开侵权行为处理结果"。通过工作联动协调机制，及时将商户知识产权保护信用信息报送地方知识产权管理部门。

第十条 保护办公室要在市知识产权局的指导下，建立商户知识产权诚信档案；通过严格做好上述"控制准入、日常检查、纠纷处理、信息公开"等环节工作，重点记录商户经营商品涉及的知识产权类型、商户诚信经营情况以及侵权纠纷发生处理情况；及时了解各商户的知识产权信用情况。

第十一条 保护办公室要在市知识产权局的指导下，建立知识产权诚信奖惩（侵权退出）制度；加强日常监管，对知识产权保护状况良好的商户通过"榜上有名"、颁发"知识产权示范店铺"称号等方式给予表彰和奖励；对不诚信经营商户通过"列入黑名单""取消示范或相关政策支持"等方式给予警告和惩戒，对情节严重的商户要求其退出市场等。

第十二条 保护办公室要积极开展知识产权宣传教育；针对市场商户及消费者等不同对象，开展多种形式知识产权普及宣传和教育培训，提高其知识产权意识，营造良好的知识产权保护氛围。

第十三条 本规定的解释权归××市场。

第十四条 本办法自××年××月××日起生效。

附件：××市场知识产权保护办公室成员名单

资料来源：国家知识产权局保护协调司，《专业市场知识产权保护工作手册》，2014年2月。

2. 经营商户知识产权承诺书范本

经营商户知识产权承诺书

本单位对××市场特作如下承诺：

1. 不生产、不许诺销售和销售假冒专利、侵犯他人专利权产品。

2. 不生产、不许诺销售和销售侵犯注册商标权的商品。

3. 不生产、不许诺销售和销售侵犯著作权的商品。

4. 若有违反上述承诺的行为，将承担相应责任及法律后果。

5. 本人承诺严格遵守市场管理制度，诚信经营，坚决维护市场正常经营秩序，确保消费者权益不受侵犯。

6. 若其他进驻商家投诉我单位违反以上承诺，我单位同意按照《××市场知识产权保护办法》的有关规定解决相应知识产权纠纷。

注：该承诺书一式两份，市场知识产权管理部门和承诺人各执一份。

××市场知识产权管理部门　　　　承诺方（签章）

代　表　人：　　　　　　　　　　代　表　人：

　　年 月 日　　　　　　　　　　　年 月 日

资料来源：国家知识产权局保护协调司，《专业市场知识产权保护工作手册》，2014 年 2 月。

3. 市场知识产权索证制度示例

市场知识产权索证制度

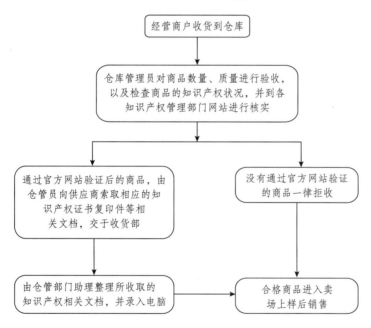

资料来源：国家知识产权局保护协调司，《专业市场知识产权保护工作手册》，2014 年 2 月。

4. 市场知识产权商品备案制度参考示例

市场知识产权商品备案制度

第一条（总则）为了规范本公司的经营秩序，有效打击假冒伪劣商品，维护广大经营者和消费者的正当权益，制定本制度。

第二条（适用范围）本制度所称知识产权商品，是指在本公司商场内出售并在国家知识产权法律保护范围内的商品。任何人未得到授权和许可不得擅自生产和销售。

第三条（备案对象）凡在本公司商场内从事经营活动的商户均应遵守本制度。

第四条（备案管理）本公司知识产权保护工作办公室负责本公司知识产权商品登记备案管理工作，并发放登记备案书。

第五条（备案内容）备案包括以下内容：

（一）由申报备案商户（以下简称备案商户）提供商品基本信息、商户基本信息，并定期提供商品的出货情况；

（二）由备案商户提供商品知识产权状况（附件2）。

第六条　（提交文件）登记备案需提交以下材料：

（一）备案商户营业执照（商户签章确认与原件一致的复印件）；

（二）备案商品相应的知识产权证书（专利证书、专利许可转让文本、商标注册证书、商标许可转让文本、著作权登记证书等）。

第七条（对备案商品的管理）对备案商品实施定期检查制度。申报商户应承诺对备案商品进行定期检查，以及时发现备案商品可能存在的知识产权保护方面的问题。备案商户定期检查结果应及时报送知识产权保护办公室。已办理登记备案的知识产权商品，有法律状态等变更时，须及时到知识产权保护办公室办理变更手续。

第八条（商品整改）备案商品定期检查存在知识产权方面问题的，申报备案的商户应立即停止销售，采取积极措施查收流通环节所有违法商品，认真进行整改，并将整改情况及时报知识产权保护办公室。未经整改合格的，不得继续上市销售。

第九条（商品监管）知识产权保护办公室对经备案的商品，实施定期抽查制度。对未备案的商品，知识产权保护办公室应加强巡查监管，对可能有知识产权问题的商品，加强监督抽查。

第十条（罚则）经检查涉嫌违法的商品，未经整改合格进入商场销售的，按照《专利法》《商标法》和《著作权法》等有关法律法规规定进行处理。

5. 市场知识产权商品检查制度示例

知识产权商品检查制度

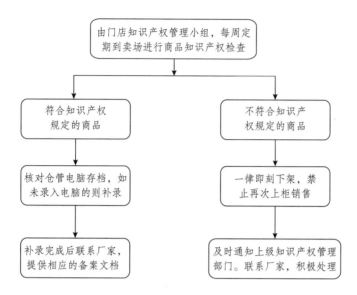

资料来源：国家知识产权局保护协调司，《专业市场知识产权保护工作手册》，2014 年 2 月。

6. 市场知识产权纠纷处理办法范本

市场知识产权纠纷处理办法

第一条　为营造公平竞争秩序，特制定本办法。本办法适用于发生在××市场内的涉嫌侵犯知识产权（包括专利权、商标权、著作权等）的投诉及处理。

第二条　××市场成立知识产权保护办公室（以下简称"保护办公室"）负责接受并调解进驻商家之间的涉嫌知识产权侵权投诉纠纷，并协助有关知识产权管理部门或司法部门执法。

第三条　投诉人可通过拨打市场内的举报投诉电话、向举报投诉箱递交材料、向保护办公室提交《投诉请求书》等形式开展举报投诉。

投诉人也可以直接请求××局进行调处或到××法院起诉。

第四条　涉嫌知识产权侵权的投诉应有明确的投诉请求和具体事实、理由。

第五条　投诉人向保护办公室投诉专利侵权的，应当提供以下材料复印件，并核对原件：

（一）投诉书。列明被投诉人、被投诉人地址、侵权事实、投诉要求、法律依据以及投诉人姓名或名称、地址、联系电话、投诉日期、代理人相关文件。

（二）专利权人身份证明。

（三）专利证书、专利授权公告文本，专利法律状态证明。

投诉人是专利实施许可合同的被许可人的，需提交专利许可合同及被许可人的身份证明；是专利权的合法继承人的，需提交专利权合法继承的证明文件。投诉人是外国人或中国港、澳、台地区的，提交相应的公证认证证明材料。

第六条　投诉人向保护办公室投诉商标侵权的，应当提供以下材料复印件，并核对原件：

（一）投诉书。列明被投诉人、被投诉人地址、侵权事实、投诉要求、法律依据以及投诉人姓名或名称、地址、联系电话、投诉日期、代理人相关文件。

（二）营业执照。交复印件的需原发照机关加盖公章。

（三）商标注册证。交复印件的需经商标所有人所在地的县级以上工商行政管理机关加盖公章。

（四）侵权证据。包括侵权实物、商标标识、有关票据或照片等。

第七条　委托他人代理投诉的，应提交授权委托书（原件）及代理人身份证，并写明具体授权事宜，并由权利人签章。

第八条　有下列情形之一的，保护办公室对投诉请求不予受理：

（一）被投诉人不明确的；

（二）所投诉的侵权事实不清楚的；

（三）所提供的投诉书要求材料不齐全，并在三天内未补齐的；

（四）所主张的专利权或商标权尚存在权属纠纷的；

（五）投诉人就同一事实已向人民法院提起民事诉讼的；

（六）超出本级知识产权管理机关区域管辖范围的；

（七）其他法律法规规定影响知识产权法律稳定性的情形。

第九条　保护办公室受理投诉后及时通报并组织工作人员参与投诉调解，必要时可请求市知识产权局进行指导。

第十条　保护办公室到涉嫌侵权的进驻商家商铺进行现场调查时，进驻商家应当予以配合。

保护办公室可根据掌握的相关事实，组织双方当事人进行调解，经调解达成和解的，双方应签订书面和解协议并按其执行。

第十一条　双方拒绝调解、调解未达成一致意见或拒绝执行和解协议，××市场协助将相关事实材料移交××知识产权局进行行政处理。

第十二条　因投诉人提交虚假投诉材料或其他不实投诉给被投诉人造成损失的，应当承担相应的法律责任。

第十三条　被投诉人有下列情形之一，且情节严重的，××市场可取消其进驻资格：

（一）对保护办公室工作人员的知识产权纠纷处理工作拒绝配合、态度恶劣且情节严重的；

（二）有生效的司法判决或行政处理决定认定销售或许诺销售商品侵权的。

第十四条　本办法的解释权归××市场。

第十五条　本办法自××年××月××日起生效。

资料来源：国家知识产权局保护协调司，《专业市场知识产权保护工作手册》，2014年2月。

7. 市场知识产权档案管理制度示例

市场知识产权档案管理制度

为有效保护和利用知识产权档案，充分发挥相关资料在公司知识产权工作中的作用，特制定本办法。

一、职责

市场知识产权保护办公室负责专利、商标、版权、软件登记等相关知识产权资料的档案管理工作。

二、主要内容

（一）知识产权文档收集与管理的范畴

1. 知识产权涉及的领域涵盖专利、商标、版权、软件登记等多个方面，具有类型多样、权利获得及有效期时间跨度大等特点。知识产权文档的收集与管理应遵循知识产权活动的规律与特点，贯穿于知识产权活动的全过程。

2. 针对知识产权权利获得过程中直接证据及证据链完整性特点，知识产权文档的收集与管理范畴应涵盖知识产权在创造、运用、保护和管理等过程环节形成的有保护价值的所有文件资料，包括文字、图片、视频、音频材料等。

（二）知识产权文档的形成与归档

1. 归档的文件材料应完整、准确、系统，文件和载体材料应能耐久保存，文件材料整理符合规范。

2. 凡是专利、商标、版权、软件等知识产权形成的文件材料，包括视频、音频材料须在商户入驻商场时形成专项组卷、归档。图片、视频、音频等材料应附有详细的文字说明。

3. 商户要确保所提交的知识产权文档资料具有真实性和完整性。档案管理部门负责审核商户提交的文档资料。

4. 电子形式的知识产权文档资料，要制成纸质文档与原电子材料一同归档，并使两者建立互联。由档案管理部门统一刻制成电子文档存储载体。

5. 按规定需移交其他部门或外部单位的档案，需确保交接手续完整，以便需要时查阅，并注意保留备份。

（三）知识产权档案的分类与组卷

1. 分类原则：将档案按商户提交材料的不同年度分开，同类型、同年度的归在一起。同一商品跨年度的档案统一归在最初建立档案的年度。

2. 组卷方法：根据内容按商品单独组卷，可按时间顺序装订，也可为便于再利用采取不装订直接按类装盒的办法。

（四）知识产权档案的销毁

档案管理部门应根据知识产权档案的内容，定期对档案进行审查，并对确无保存价值的档案材料编制清册，提出处理意见，经相关部门和公司分管知识产权的领导审批后可销毁。

（五）知识产权档案的查阅与借用

1. 查阅知识产权档案，应办理查阅登记手续。

2. 借用知识产权档案，应办理借用登记手续，需同时经档案管理部门负责人、借用及被借用部门负责人批准。

3. 外单位可有限制性地查阅相关知识产权档案，一律凭单位介绍信。经档案管理部门负责人、公司主管领导批准后，方可办理查阅手续，不得带离查阅现场。

4. 查阅、借用人对文档资料应妥善保管，不得在档案文件上勾划、圈点、涂改、随意拆散及抽页等。

5. 收回档案时应详细检查，当面点清。

三、附则

1. 知识产权档案管理部门应设立兼职档案管理员，其职责是：熟悉相关知识产权业务范围，保证本部门管理档案的完整、准确和系统；定期对文档资料进行整理组卷；对本部门人员负有归档业务指导责任；对有保密要求的文件资料按规定按保密条例处理。

2. 本管理制度自××年××月××日起执行。

8. 市场知识产权诚信信息收集和公开制度示例

市场知识产权诚信信息收集和公开制度

为了保障获取知识产权保护信息，规范知识产权诚信信息收集和公开工作，促进××市场知识产权保护工作稳步健康发展，结合市场实际，制定本制度。

一、收集和公开目标及原则

知识产权诚信信息收集及公开以形成行为规范、公正透明的知识产权管理体制为目标；以全面真实、及时、便民为原则，为建设知识产权保护规范化市场提供制度保障。

二、收集和公开对象

本制度所称知识产权诚信信息，是指入驻本商场的商户在经营过程中产生的有关知识产权侵权行为及其处理结果等信息。

三、收集和公开内容

下列内容应当收集并向商户或者消费者公开：

（1）作出处罚决定的假冒专利、假冒商标案件，公开内容应当包括：处罚决定书文号；案件名称；违法企业名称或自然人姓名；违法企业组织机构代码；法定代表人姓名；主要违法事实；行政处罚的种类和依据；处罚的履行方式和期限；作出处罚决定的机关名称和日期。

（2）认定侵权事实成立、作出处理决定或判决的专利侵权纠纷、商标侵权纠纷、版权纠纷案件，公开内容应当包括：处理决定书文号；案件名称；违法企业名称或自然人姓名；违法企业组织机构代码；法定代表人姓名；主要违法事实；处理的种类和依据；处理措施的履行方式和期限；作出处理决定的机关名称和日期。

（3）认定事实成立、作出处理决定的专利其他纠纷、商标一般违法案件及其他知识产权相关案件，公开内容应当包括：处理决定书文号；案件名称；违法企业名称或自然人姓名；违法企业组织机构代码；法定代表人姓名；主要违法事实；处理的种类和依据；处理措施的履行方式和期限；作出处理决定的机关名称和日期。

（4）公开的假冒专利、假冒商标行为处罚决定等因行政复议、行政诉讼等而发生变更或撤销的，应当及时公开相关信息。公开的专利侵权纠纷、商标侵权纠纷、版权纠纷处理决定因行政诉讼等而发生变更或撤销的，应当及时公开相关信息。

四、公开时限

对于假冒专利、假冒商标行为处罚案件，自作出处罚决定之日起20个工作日内公开相关信息；因行政复议或行政诉讼等而发生变更或撤销的，要在处罚决定变更或撤销之日起20个工作日内公开有关变更或撤销的信息。

对于认定侵权事实成立、作出处理决定的专利、商标、版权侵权纠纷案件，自作出行政处理决定或法院判决之日起20个工作日内公开相关信息；因行政诉讼发生变更或撤销的，要在处理决定变更或撤销之日起20个工作日内，公开有关变更或撤销的信息。

五、公开方式

（1）知识产权保护工作办公室主要通过公告栏、电子显示屏、单位网站、微信等便于公众知晓的方式予以公开。

（2）公开的具体内容和格式依照假冒专利行政处罚案件信息公开表（见附件1）、专利侵权纠纷处理案件信息公开表（见附件2）。

六、管理监督

（1）市场知识产权保护工作办公室负责日常管理及对公开的知识产权诚信信息可能引起的社会关注进行解释和回应。

（2）公开的知识产权诚信相关信息，不得涉及商业秘密、技术秘密以及自然人住所、肖像、电话号码、财产状况等个人隐私。但是，经被公开人同意公开或者认为不公开可能对公共利益造成重大影响的，可以予以公开，并将公开的内容和理由书面通知被公开人。

（3）公开的知识产权诚信信息，须在公开前与案件处理机关进行沟通、确认，保证所公开的信息准确一致。

七、附则

本制度自××年××月××日起实施。

9. 市场知识产权诚信积分制度设计参考

市场知识产权诚信积分制度

一、严重违规

年度总分30分，视不同情节扣除不同分数，分数为零时清退出场。具体扣分标准如下：

（一）30 分/次

1. 出售侵权假冒商品且情节特别严重的：

（1）经司法机关或行政部门认定侵权事实成立，手段恶劣、数额巨大或后果严重的。

（2）经司法机关或行政部门认定侵权事实成立，达到刑事立案标准的。

2. 被媒体曝光或者其他商户举报，情节恶劣，数额巨大达到刑事立案标准的。

（二）15 分/次

1. 出售侵权假冒商品且情节严重的：

（1）经司法机关或行政部门认定侵权事实成立，但尚不构成手段恶劣、数额巨大或后果严重的。

（2）经司法机关或行政部门认定侵权事实成立，但尚未达到刑事立案标准的。

（3）商户明示店内全部或大部分商品均为侵权假冒商品的。

（4）店内售出的涉嫌侵权假冒商品威胁人身安全的。

2. 行政机关日常巡检或专项行动中查出的侵权假冒行为，尚不构成情节严重的。

3. 再次发生出售侵权假冒商品行为，被认定侵权事实成立，尚不构成情节严重的。

（三）10 分/次

1. 出售侵权假冒商品情节较轻的：

（1）经司法机关或行政部门认定侵权事实成立，但情节较轻的。

（2）商品售出后，商户自认为侵权假冒商品的，尚不构成恶劣影响的。

（3）商品售出后，经鉴定为侵权假冒商品的，尚不构成恶劣影响的。

2. 出售侵权假冒商品，经司法机关或行政部门认定侵权事实成立，虽情节较为严重，但及时采取措施停止侵权，弥补权利人和消费者损失的。

（四）5 分/次

1. 商户间接承认或告知店内存在涉嫌侵权假冒商品的，如商品中存在高仿、A 货等信息。

二、一般违规

年度总分 20 分，视不同情节扣除不同分数，与商户信用等级挂钩，决定商户能否享受相应的优惠或奖励制度。具体扣分标准如下：

1. 商户在商品宣传或其他场合不当使用他人知识产权的。（4 分/次）

2. 出售商品中涉嫌不当使用他人知识产权的，如专利标注不正确等。（3 分/次）

3. 商品中使用的知识产权信息造成消费者混淆、误认或造成不正当竞争的。（2 分/次）

4. 其他涉嫌不当使用知识产权信息的。（2 分/次）

资料来源：国家知识产权局保护协调司，《专业市场知识产权保护工作手册》，2014 年 2 月。

10. 市场知识产权诚信奖惩制度示例

市场知识产权诚信奖惩制度

为规范××市场内商户经济行为，加强市场知识产权保护工作，形成"尊重知识产权，争做诚信守法好商户、创设经营法范无假货好园区"的良好风气，营造健康有序的市场环境，特制定知识产权诚信奖惩制度。

一、奖励诚信

（一）充分发挥市场激励作用，开展知识产权守信评比。定期开展"知识产权诚信商户"等系列评比活动，被评为"知识产权诚信商户"的商家，按有关文件规定，由相关部门授予荣誉称号、发放荣誉牌匾或锦旗等，享受相关政策扶持和资金支持，其产品或合法经营活动得到优先推介，并运用市场信息平台公开守信信息，以便社会各界随时查询，扩大影响。

（二）市场行政措施更多地向守信商户倾斜，并将其确定为重点扶持对象，对在经营中遇到的困难重点加以扶持，为其提供更多的便利及市场机会。

二、惩戒失信

市场知识产权保护办公室联合知识产权相关行政管理部门，对不诚信经营商户给予警告和惩戒。

（一）商户出现违法、违约、失信行为，但未造成不良后果的，进行通报批评。

（二）商户出现违法、违约、失信行为，造成一定影响的，给予警告；获得"知识产权诚信商户"的商户出现违法、违约、失信行为，造成一定影响的，没收"知识产权诚信商户"荣誉称号和牌匾，取消相关政策扶持或资金支持。

（三）商户出现违法、违约、失信行为，造成严重后果的，将其列入"黑名单"或进行退市处理。情节严重的，依法移送司法机关处理。

（四）商户出现违法行为和严重失信行为的，要利用市场和行业信息平台公示"黑名单"，性质恶劣、危害严重的违法行为在更大范围公众媒体曝光。

该制度自公布之日起实施，具体由市场知识产权保护办公室负责解释。

11. 市场知识产权保护工作联络员制度示例

市场知识产权保护工作联络员制度

第一条 为加强市场知识产权保护工作协调，保证市场与当地知识产权行政管理部门等外部机构间的联系渠道畅通、联络及时，特制定本制度。

第二条 市场知识产权保护工作联络员（以下简称"联络员"）负有以下职责：

（一）全面、准确地掌握本市场的知识产权保护工作动态和工作进展情况，及时向知识产权行政管理部门上报相关信息。

（二）与知识产权行政管理部门保持日常联络，做好有关知识产权重要文件、通知及会议精神的上传下达工作。

（三）协助知识产权行政管理部门开展市场内有关知识产权的调研、执法等工作，并认真提供有关统计数据、资料等。

（四）接受社会公众对市场内知识产权侵权行为的举报投诉，做好原始记录，并负责向相关知识产权行政管理机构报告、移送。

（五）按时参加知识产权行政管理部门组织的联络员工作会议，并按要求准备和提交会议相关材料。

（六）积极参加知识产权行政管理部门组织的学习、考察和培训等活动。

（七）完成本市场及知识产权行政管理部门交办的其他有关知识产权工作任务。

第三条　联络员由具体负责知识产权工作的业务人员担任，并报知识产权行政管理部门备案。

第四条　联络员应保持相对稳定。联络员发生变动时，应及时调整、补充，并报相关知识产权行政管理部门备案。

第五条　充分认识知识产权工作的重要性，积极为联络员工作提供有利条件。

第六条　本制度自公布之日起实行。

（二）专业市场知识产权保护工作用表参考示例

表1　商品知识产权信息备案表

专利技术		
专利权/转让/许可使用	有　效　期	备　注
	年　月　日　—　年　月　日	
	年　月　日　—　年　月　日	
	年　月　日　—　年　月　日	
	年　月　日　—　年　月　日	
	年　月　日　—　年　月　日	
商　标		
商标/转让/许可使用	有　效　期	备　注
	年　月　日　—　年　月　日	
	年　月　日　—　年　月　日	
	年　月　日　—　年　月　日	
	年　月　日　—　年　月　日	
	年　月　日　—　年　月　日	
著作权及其他		
登记信息/出版合同/转让合同	有　效　期	备　注
	年　月　日　—　年　月　日	
	年　月　日　—　年　月　日	
	年　月　日　—　年　月　日	
	年　月　日　—　年　月　日	

请同时提供电子版、复印件（红章）附后。

表2　市场知识产权商品检查情况登记表

编　　号	
检查部门	
检查人员	
检查时间	
检查方式	□ 巡查　　　　□ 抽查
被检查商户名称	
商户联系方式	
检查商品及数量	
存在问题	
处理结果	
被检查人签字	签字：　　　　　　　　　　　　年　月　日
检查人签字	签字：　　　　　　　　　　　　年　月　日

表3　市场知识产权商品检查情况记录表

检查方式：□巡查　　　□抽查

序号	检查时间	检查单位	检查人员	被检查商户名称	检查产品及数量	存在问题	处理决定	被检查人签字
1								
2								
3								
4								
5								
6								
7								
8								
9								

表4 市场知识产权侵权举报投诉请求书

<table>
<tr><td rowspan="6">举报投诉人</td><td>姓名或名称</td><td></td><td>身份证号或
营业执照编号</td><td></td></tr>
<tr><td>通信地址</td><td></td><td>电子信箱</td><td></td></tr>
<tr><td>电话</td><td></td><td>邮编</td><td></td></tr>
<tr><td>代理人姓名</td><td></td><td>机构名称</td><td></td></tr>
<tr><td>地址</td><td></td><td>电子信箱</td><td></td></tr>
<tr><td>电话</td><td></td><td>邮编</td><td></td></tr>
<tr><td rowspan="3">被投诉人</td><td>姓名或名称</td><td colspan="3"></td></tr>
<tr><td>通信地址</td><td></td><td>邮编</td><td></td></tr>
<tr><td>电话</td><td></td><td>电子信箱</td><td></td></tr>
<tr><td>举报投诉类型</td><td colspan="3">□投诉　　　　□举报　　　　□咨询</td></tr>
<tr><td>涉及知识产权
类　　型</td><td colspan="3">□专利　　　　　□商标　　　　□版权
□植物新品种　　□商业秘密　　□地理标志
□其他</td></tr>
<tr><td>举报投诉人
提供的相关材料</td><td colspan="3">□营业执照复印件（举报投诉人为单位）
□身份证明（投诉人为个人）
□代理人身份证、授权委托书原件（委托他人代理投诉）
□专利许可合同及被许可人的身份证明（投诉人是专利实施
　许可合同的被许可人）
□专利证书、专利授权公告文本、专利法律状态证明
□商标注册证
□案件相关证据材料
□其他相关材料</td></tr>
<tr><td colspan="4">侵权事实：

投诉要求：

法律依据：

</td></tr>
<tr><td colspan="4">投诉人签章：

　　　　　　　　　　　　　　　　　　　　　　　年　　月　　日</td></tr>
</table>

表5 市场知识产权侵权举报投诉处理情况

举报投诉人	姓名或名称		身份证号或营业执照编号	
	通信地址		电子信箱	
	电话		邮编	
	代理人姓名		机构名称	
	地址		电子信箱	
	电话		邮编	
被投诉人	姓名或名称			
	通信地址		邮编	
	电话		电子信箱	
举报投诉类型	□投诉　　　　　□举报　　　　　□咨询			
涉及知识产权类型	□专利　　　　□商标　　　　□版权 □植物新品种　　□商业秘密　　□地理标志 □其他			
举报投诉人提供的相关材料	□营业执照复印件（举报投诉人为单位） □身份证明（投诉人为个人） □代理人身份证、授权委托书原件（委托他人代理投诉） □专利许可合同及被许可人的身份证明（投诉人是专利实施许可合同的被许可人） □专利证书、专利授权公告文本、专利法律状态证明 □商标注册证 □案件相关证据材料 □其他相关材料			
投诉要求： 处理结果： 				
办案人员签章： 　　　　　　　　　　　　　　　年　月　日				
负责人签章： 　　　　　　　　　　　　　　　年　月　日				

表 6　市场知识产权诚信信息收集表

立 案 信 息	
立案日期	
案件来源	□举报　□12330 投诉　□12315 投诉　□12390 投诉　□12360 投诉 □行政机关检查　□起诉到法院　□其他
案件名称	
案件类型	□专利（□假冒专利　□侵权纠纷　□其他纠纷） □商标（□假冒商标　□商标侵权　□商标一般违法） □版权（□图书侵权盗版　□音像侵权盗版　□软件侵权盗版　□网络侵权盗版） 其他
涉案号码	专利号　商标注册证号　著作权登记号　其他
请求人/投诉人名称	身份证号/组织机构代码
请求人/投诉人类型	□企业　□事业单位　□大学　□民间团体　□个人
请求人/投诉人联系电话	电子信箱
请求人/投诉人联系地址	邮　编
被请求人/被投诉人名称	身份证号/组织机构代码
被请求人/被投诉人类型	□企业　□事业单位　□大学　□民间团体　□个人
被请求人/被投诉人联系电话	电子信箱
被请求人/被投诉人联系地址	邮　编

续表

	结案信息
案件处理机关名称	
所属部门	□专利部门 □工商部门 □版权部门 □文化部门 □司法部门 □市场知识产权工作部门
结案方式	□调解 □处罚（处罚商品件数： 件；罚没金额： 元） □作出处理决定（□违法行为成立 □违法行为不成立） □移送司法机关（移送人数： 人） □撤诉 □驳回 □其他
执行情况	□法定期限内完成执行 □法定期限内未执行
案情概述（300字以内）	

表7 市场假冒（专利、商标）处罚案件信息公开表

序号	处罚决定书文号	案件名称	违法企业名称或违法自然人姓名	违法企业组织机构代码	法定代表人姓名	主要违法事实	行政处罚的种类和依据	行政处罚的履行方式和期限	作出处罚决定的机关名称和日期	备注
1										
2										
3										
……										

表 8　市场知识产权侵权纠纷处理案件信息公开表

序号	处理决定书文号	案件名称	违法企业名称或违法自然人姓名	违法企业组织机构代码	法定代表人姓名	主要违法事实	行政处理的种类和依据	行政处理的履行方式和期限	作出处理决定的机关名称和日期	备注
1										
2										
3										
……										

表9 商户知识产权诚信档案表

专业市场商户知识产权诚信档案是反映专业市场中商户的知识产权保护信用状况的信息文件,包括商户在生产、经营等方面涉及的知识产权侵权行为及与其相关的行政处罚、司法判决、仲裁裁决以及强制执行等信息。由专业市场知识产权办公室存档备查。

商户名称:_____

营业地址:_____联系人及职务:_____

电　　话:_____邮　箱:_____

一、商户的基本情况

1. 入场时间:_____ 2. 营业性质:_____

3. 经营范围:_____

　 主要产品:_____

4. 在市场同行业中的地位:_____

5. 所获荣誉的名称及颁发部门、时间:_____

6. 知识产权管理人员:□无知识产权管理工作人员;□有知识产权管理工作人员,有____人。

7. 生产、销售专利产品专利号数:____个,其中发明专利:____个;生产、销售注册商标商品商标数:____个,其中中国驰名商标:____个,省著名商标:____个。

二、商户知识产权保护信用信息情况

1. ××××年以来投诉举报及处理情况

被12330等举报热线投诉涉嫌知识产权侵权的共____次,后续处理中内部调解____次,转入行政管理部门____次,进入司法程序____次。

2. ××××年以来收到行政执法处理情况

(1)受到专利行政处罚共____次,侵犯知识产权名称及专利号/注册号为_____。

(2)受到工商行政处罚共____次,侵犯知识产权名称及专利号/注册号为_____。

(3)受到版权行政处罚共____次,侵犯知识产权名称及专利号/注册号为_____。

(4)受到文化行政处罚共____次,侵犯知识产权名称及专利号/注册号为_____。

(5)受到其他部门行政处罚共____次,侵犯知识产权名称及专利号/注册号为_____。

(6)受到知识产权行政机关的调解、决定执行情况,法定期限内完成执行的共____次,法定期限内未执行的共____次。

3. ××××年以来司法保护情况

（1）商户因知识产权侵权起诉和被诉情况

起诉侵权共____次，侵犯知识产权名称及专利号/注册号为_____。

被诉侵权共____次，侵犯知识产权名称及专利号/注册号为_____。

（2）受到司法机关的调解、判决和仲裁机关裁决的执行情况

法定期限内完成执行的共_____次，侵犯知识产权名称及专利号/注册号为_____。

法定期限内未执行的共_____次，侵犯知识产权名称及专利号/注册号为_____。

表10　市场知保办接待咨询来访人员登记表

来访人员情况				
姓名		性别		年龄	
单位			职务（职称）	
联系地址			邮政编码	
联系电话			E-mail	
咨询内容				
接待人员	签名：　　　　　　　　　　　年　月　日			
处理情况				
	处理人：（签字）　　　　　　年　月　日			
领导意见	签字：　　　　　　　　　　　年　月　日			

包装机械领域专利战略研究[*]

一、引　言

随着社会的快速发展，商品经济的繁荣和人民生活水平的不断提高，商品包装越来越受到人们的重视。目前，无论是食品还是生活用品，甚至于大件的家居用品都需要包装，包装已经成为潮流，包装机械也随之蓬勃发展。有数据显示，到 2014 年，全球包装行业市场规模达到 6770 亿美元，❶ 其增长速度明显高于全球经济增速。另据中国机械工业联合会的调查统计，我国包装机械行业每年保持 16% 左右的增长，这是因为包装行业作为国民经济许多领域的配套产业，它的技术进步和配套服务能够为其他行业带来深刻的影响。但是，在包装机械方面，国内设备水平与国外设备相比，有很大差距，而且我国包装市场仍过度依赖进口设备。出现这种局面的原因在于我国的包装机械企业数量多、规模小、科技含量低，只有大约 5% 的国内包装机械企业拥有全套包装系统的生产能力。❷

目前，世界包装机械市场已显露出竞争激烈的态势，且竞争愈演愈烈。这种竞争体现出的最大特点是高新技术和技术创新作用越来越显著。在这种形势下，我国包装机械领域必须增强创新机制和吸引人才的能力，研发出具有自主知识产权的新成果，形成自己的优势，建立差异化的市场竞争体系。这就需要我们进行相关专利战略研究，为制定包装机械专利战

* 本文为吉林省科技发展计划项目"包装机械领域专利战略研究"（项目编号：20140312016ZG）研究成果之一。研究人员：高斌，金华，高松子，朴银姬，秦伟，邵博雅，刘超，宋金泉，韩伟，周永刚，吴青龙。

❶ 2014 年全球包装行业市场规模达到 6770 亿美元［EB/OL］.（2015 - 09 - 11）［2016 - 11 - 30］. http://www.chyxx.com/industry/201509/343812.

❷ 赵霞. 包装机械行业发展的未来［J］. 机械工业标准化与质量，2012（10）：7 - 9.

略提供依据，推动企业在激烈的市场竞争中取得主动权，促使企业争得更大的经济利益。

二、包装机械行业发展状况

（一）包装机械概念和分类

1. 包装机械概念

包装机械是指能完成全部或部分产品和商品包装过程的机械。包装过程包括填充、裹包、封口等主要工序，以及与其相关的前后工序，如清洗、堆码和拆卸等。此外，包装还包括计量或在包装件上盖印等工序。包装机械由包装材料的整理和供送系统、被包装物品的计量和供送系统、主传送系统、包装执行机构、成品输出机构、动力机与传动系统、控制系统等组成。使用机械包装产品可大幅提高生产率，改善劳动条件，减轻劳动强度，降低产品成本，节约储运费用，适应大规模生产的需要，并满足清洁卫生的要求。

2. 包装机械分类

包装机械有多种分类方法。按功能可分为单功能包装机和多功能包装机；按使用目的可分为内包装机和外包装机；按包装品种可分为专用包装机和通用包装机；按自动化水平分为半自动机和全自动机；按产品状态分为液体、块状、散粒体包装机；按包装行业分为食品、日用化学、纺织品；按包装材料分类，则有纸制品包装机、金属罐头包装机、玻璃瓶包装机、塑料包装机等。可以说，上述分类方法各有其片面性和局限性。包装机械的科学分类方法，必须解释包装以及包装机械的特点，以利于包装机械的生产、使用、维修、管理和科学技术的发展，而且是包装机械产品系列化、部件通用化、零件标准化的基础。目前，国内外包装机械的分类方法主要有如下几种。

（1）国外包装机械分类方法

德国对包装机械的定义为："完成包装工序的机器，包含主要包装工序，如：充填、裹包、关闭、封口以及为使包装便于运输、贮存和销售而进行的前后工序，成型机、竖立机以及其他主要包装工序密切配合进行前后相关的机器均为包装机械，但不包括制造包装及包装辅助物的机器。"

日本的标准与德国的类似，但在其他国家把制瓶机、制罐机、制塑机等包装制造机与包装加工的机器，如包装印刷机、烫金机等也列入包装机械内。

（2）国内包装机械分类方法

根据《包装机械分类与型号编制方法》（GB/T 7311—2008），按照包装机械主要功能的不同对包装机械进行分类，常见包装机械分类为：充填机械、灌装机械、封口机械、裹包机械、多功能包装机械、贴标机械、清洗机械、干燥机械、杀菌机械、捆扎机械、集装机械、辅助包装机械及其他包装机械十三大类。

包装机械最大的用户是食品工业，电子、化工、化肥、化妆品、制药等行业对包装机械的需求量也很大。目前我国包装机械的市场领域比例大约是：食品工业28%、饮料工业15%、医药工业18%、烟草工业3%、化妆品工业4%，石油及日用化学工业15%、其他工业17%。❶ 包装机械作为专业性机械，除了普通机械的一般要求外，还包括外表美观、传动装置紧凑、运转平稳、精度高、生产效率高等要求。

（二）国内外包装机械的发展现状

1. 国外包装机械的发展现状

目前，国际包装机械市场竞争激烈，包装机械发展的总体趋势趋于高速、高效、高质量。发展重点是能耗低，结构紧凑，占地空间小，效率高，外观造型适应环境和操作人员心理需求、环保需求等。近些年来，发达国家一方面为满足现代商品包装多样化的需求，发展多品种、小批量的通用包装技术及设备，同时不断应用先进技术，发展和开发应用高新技术的现代化专用型包装机械。国外包装机械的发展体现了现代化先进包装机械的高新技术，特别是科技与经济发达的美国、德国、意大利和日本等国家生产的包装机械及设备，随着科技和商品经济的发展其技术处于国际领先地位。

（1）美国包装机械发展现状

美国是包装机械发展历史较为悠久的国家，包装机械的产量居世界之首，其产值也名列世界各国之前，被称为包装机械大国。美国的包装机械

---

❶ 陈建民. 我国包装机械行业发展现状［J］. 机械工业标准化与质量，2012（4）：25 – 28.

设备更新速度较快，其包装机械工业的主要用户分为食品产业和非食品产业。美国的包装工业建立涵盖包装材料、包装工艺、包装机械的完整工业系统，而自动化技术也逐渐加入包装机械的制造中，使其逐渐走向现代先进的包装系统。美国现阶段的各个包装企业主要关注的发展方向是，针对包装材料、包装设备等方面开发国际市场具有特色的包装设备，促使包装机械向自动化、高效率化、节能化方向发展。

（2）德国包装机械发展现状

德国的包装机械在全球占有十分重要的地位，约占世界总产值的1/5，其出口额占世界市场总额约30%。❶德国包装机械的优势在于计量、制造、技术性能方面，主要关注如何提高工艺流程的自动化程度，如何设计出柔性、灵活性优异的设备，如何普遍使用计算机仿真设计技术。德国包装机械设计的原则是通过市场分析，为大型企业提供包装机械服务，按照用户需求进行产品设计，从而有效提升市场竞争力。

（3）意大利包装机械发展现状

意大利是世界第四大包装机械生产国。近几年意大利包装机械的生产值与出口量逐渐增长，位于世界前列。目前，在欧洲，意大利的包装机械占了整个欧洲包装机械销售市场的25%，是仅次于德国的第二大包装机械销售国。在美国，意大利占了市场份额的19%；❷同时也是中国香港、中国台湾、印度和土耳其等地区的第一大供应商。意大利包装机械的优势是性能强、美观程度高、价格合理，主要使用方向是食品行业，例如糖果包装机、茶叶包装机、灌装机等。

（4）日本包装机械发展现状

自20世纪60年代以来，日本对包装机械的需求猛增，生产得到迅速发展，目前已处于世界包装机械工业的领先地位，包装机械销售额位居全球第二，仅次于美国。2014年，日本包装机械产值达到4008亿日元，2015年增加到4200亿日元，增幅为4.79%。2014年，日本包装机械生产企业有418家，其中专业企业243家，兼业企业175家。日本包装机械生产企业多是中小型企业，职工不足50人的企业占企业总数的近2/3，资本不足5亿日元的企业占总数的近七成。❸日本将包装机械分为三类，即小包装及内包装、外包装和打包机械、配套机器。日本的食品包装机械虽然

---

❶❷ 赵霞. 国外包装机械的发展现状［J］. 机械工业标准化与质量，2012（10）：10－12.

❸ 陈镜波. 日本包装机械产值增长［J］. 今日印刷，2016（3）：59.

以中小单机为主，但设备体积小、精度高、易于安装、操作方便、自动化程度也较高。食品包装是日本包装机械的最大应用领域，食品包装机械产值占其包装机械总产值的一半以上。

2. 我国包装机械发展现状

美国、德国、意大利与日本是目前包装机械行业的领头羊，它们的技术水平因为研发及使用早于我国数年，对我国包装机械企业来说有压倒性的优势。改革开放以来，随着经济发展和市场经济的需求，我国包装机械得到了高速发展。20 世纪 90 年代包装机械平均增速达 20% 以上，比中国机械工业的增速高出 4.7%。尽管这样，我国与发达国家包装机械行业的产品和技术相比仍然具有差距，主要表现在以下几个方面。

一是企业规模小，专业化程度低。我国包装机械企业 80% 以上属于中小企业，地域分布分散，规模小，生产集中程度低，技术装备落后，资金缺乏。❶ 因此，大都无力进行装备和工艺技术改造，也无力生产技术含量高的产品和研发新产品。同时，我国包装机械企业的专业化程度低，57% 的包装机械企业是兼业生产。❷ 我国包装机械行业长期走"多品种、小批量"的发展之路，导致产品多而不专，缺乏技术含量。另外，从产品构成来看，我国包装机械生产主要集中在卷烟、饮料、轻工业等方面，而在冶金工业、化学工业、建材工业、制糖业以及粮食加工业等方面的重袋包装机械产品很少。原因是，重袋包装机械对自动化程度要求高，涉及机械、电气、电子、仪表、计算机、传感器以及气液等方面的专业技术，专业性强，科技含量高，需要投入的研制经费多。因此，我国这些方面的专业包装机械厂家较少。

二是产品技术含量不高，成套装备依赖进口。目前国内对包装机械需求量的 60% ~ 70%，尤其是技术含量高的成套装备还严重依赖进口。❸ 主要原因是：第一，我国包装机械企业生产的品种局限性较大，大多局限于轻工行业，且多属于低技术含量产品，高技术附加值、高生产率的产品少；通用机械多，特殊要求、特殊物料加工及包装的机械少。第二，重视机械本身的生产，忽视配套附件及软件的生产，从而使机械本身丧失了许多可应用的功能。第三，设备的可靠性、稳定性差，工作寿命短。这主要是因为我国包装机械企业缺乏机、电、液、气基础元件的可靠性标准或执

---

❶❷❸　戴宏民，戴佩燕，周均. 中国包装机械发展的成就及问题［J］. 包装学报，2012 (1)：61 – 65.

行标准定得过低，致使元件性能不稳定，从而影响了包装机械的可靠性；另外，我国的材质及金相热处理技术也相对较低。

三是设计方法落后，创新开发能力薄弱。目前，我国包装机械行业内高端制造企业的制造能力并不差，欠缺的是设计能力，设计以测绘仿制为主，形成了没有参照物就不能设计的现象。由于测绘仿制只重视外观，而缺乏相关软件的支持，故仿制产品缺乏以软件为特征的技术含量，从而使产品的技术性能和市场竞争力大大降低，导致我国包装机械产业的高端技术和大型装备仍依靠从国外进口。反之，包装机械跨国公司和高端企业，除了专业化生产外，大都在以软件为特征的无形资本方面下功夫，从而大大提高了其产品的技术性能和市场竞争力。我国包装机械创新开发能力薄弱的原因除长期采用测绘仿制的设计方式外，还与研发经费的投入不足有关。我国多数企业投入的研发经费仅占销售额的 1%，而包装机械强国企业的研发经费却高达 8% ~ 10%，两者差距明显。❶

三、包装机械领域专利状况分析

（一）专利技术分析样本构成

1. 数据库的选择

本文拟通过对全球及中国包装机械专利信息进行分析，解读专利信息，挖掘本质问题，构建专利战略。为此，本文采用国家知识产权局专利检索系统和专利信息服务平台（CNIPR）作为主要检索数据库，对国内外包装机械领域的专利信息进行检索并整理、计算、分析数据。

2. 检索策略和检索范围

（1）全球专利信息检索策略和范围

为了了解包装机械领域全球专利申请态势，同时便于分析和比较世界各国包装机械技术的专利申请保护情况，基于 PCT 国际申请在一定程度上能够反映一个国家或地区的科技创新、产业发展趋势，本文采用国家知识产权局专利检索和分析系统中的世界知识产权组织（WIPO）数据库作为包装机械领域全球专利申请信息数据库，以 PCT 专利申请数据为主要分析

❶ 戴宏民，戴佩燕，周均. 中国包装机械发展的成就及问题 [J]. 包装学报，2012（1）：61 – 65.

样本进行了专利分析（见表 8 - 1）。

表 8 - 1　全球包装机械专利检索范围及检索式

	国家	数据库	检索文献	检索期间
检索范围	全球	WIPO	公开文献	1978. 1—2016. 8. 30
检索词	英文	PACKING, PACKAGING		
	中文	包装机械、包装设备、包装装置		
国际分类号	B65B	包装物件或物料的机械，装置或设备，或方法		
检索式	组合	(B65B) and (packing or packaging)		
检索结果	检索出然后配合去重处理以及手工去噪，得到有关包装机械领域的相关发明和实用新型专利文献 1091 件			

PCT 专利申请是依照《专利合作条约》（Patent Cooperation Treaty，PCT）向 WIPO 提出的专利申请。PCT 于 1978 年 1 月 24 日生效，该条约提供了关于在缔约国申请专利的统一程序。1994 年 1 月 1 日，中国正式成为 PCT 成员国，中国国家知识产权局成为 PCT 的受理局、国际检索单位和国际初步审查单位。

本文结合主题词和国际专利分类号进行检索，并经过去重、筛选后，得到专利分析样本数据 1091 条。

（2）中国专利信息检索策略和范围

本文采用国家知识产权局专利检索系统（Pss - system）和专利信息服务平台（CNIPR）作为包装机械领域中国专利申请信息检索数据库，以检索到的专利申请数据作为主要专利分析样本。结合主题词和国际专利分类号进行检索，并经过去重、筛选后，得到专利分析样本数据 4696 件（见表 8 - 2）。

表 8 - 2　中国包装机械专利检索范围及检索式

	国家	数据库	检索文献	检索期间
检索范围	中国	Pss - system、CNIPR	公开文献	1985. 4. 1—2016. 8. 30
检索词	英文	PACKING, PACKAGING		
	中文	包装机械、包装设备、包装装置		
国际分类号	B65B	包装物件或物料的机械，装置或设备，或方法		
检索式	组合	(B65B) and (包装机械 or 包装设备 or 包装装置)		
检索结果	检索出然后配合去重处理以及手工去噪，得到有关包装机械领域的相关发明和实用新型专利文献 4696 件			

（二）包装机械领域专利状况分析

1. 全球包装机械专利信息分析

（1）全球包装机械专利申请总体态势分析

① 专利申请趋势分析

图 8-1 显示了全球包装机械领域各年度 PCT 专利申请情况。由此图可以看出，包装机械领域 PCT 专利申请大致经历了三个阶段。

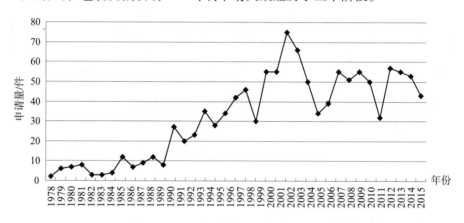

图 8-1　全球包装机械领域 PCT 专利申请年度趋势

第一阶段是 1978～1990 年，起步阶段。PCT 于 1978 年 1 月 24 日生效。1978 年 8 月 5 日德国的福克公司向 WIPO 提出第一件与包装机械相关的专利申请。之后的 13 年间，专利申请量保持在 1～12 件的水平，数量少而稳定。

第二阶段是 1991～2003 年，快速发展阶段。随着社会经济的发展，包装产业迅猛发展，推动包装机械行业迈上新的台阶。1991 年以来，随着将微电子技术成功地应用于包装机械的控制，全球包装机械专利的申请量呈现快速增长势头，每年达 20 件以上，并且于 2002 年达到最高峰 57 件，显示出良好势头。

第三阶段是 2004 年至今，成熟发展阶段。经过几年的快速发展，包装机械行业趋于成熟，导致专利申请量在保持发展势头不变的基础上缓慢进行调整。

② 专利申请区域分布分析

专利区域分布分析是指在所采集的专利分析样本数据库中，根据专利申请人专利优先权国家对专利申请量进行的统计和分析。

如图 8 - 2 所示，全球范围内包装机械领域的专利申请主要分布在美国、德国、意大利、日本，专利申请量分别为 203 件、151 件、111 件和 90 件。这四国专利申请量总和为 555 件，占总数的 51%，显示出强大的技术研发实力和占有国际市场的强烈欲望。专利实力的显示与四国在世界包装机械行业发展中所发挥的领头羊作用相一致，表明属于世界包装机械领域第一集团的美国、德国、意大利、日本，基本控制了包装机械领域的技术市场，是全球主要的竞争之地。

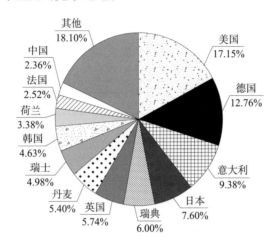

图 8 - 2　全球包装机械专利申请区域分布

中国专利申请量仅为 28 件，所占比例为 2.36%，名列第 12 位。表明中国技术储备不足，水平相对落后，特别是保护知识产权、占领国际市场的意识薄弱。

从几个主要国家专利申请趋势来看，如表 8 - 3 所示，各国包装机械专利国际申请的起点各不相同，但是主要申请国家的发展趋势大体相同。德国是最早申请包装机械 PCT 专利的国家之一，1978 年首次申请相关专利 1 件，之后逐步增加，1999 年增加到 11 件，2014 年达到申请高峰。美国于 1984 年提出首件包装机械 PCT 专利申请，持续 8 年保持申请量 1～3 件的状态后，1991 年陡增至 9 件，2000～2003 年达到申请高峰。日本于 1990 年首次提出 PCT 专利申请，2006 年开始呈增长趋势，到 2008 年达到高峰 15 件。意大利于 1991 年首次提出包装机械 PCT 专利申请 2 件，比德国晚了 13 年，到 2012 年其申请量增加到 12 件，之后持续平稳发展。这表明，德国和意大利近几年随着新产品开发速度的不断加快，包装机械专利申请量保持高增长。而日本和美国则凭借优异的技术基础，较早地进行专利布局，从而在包装机械领域积累了优势。

表 8-3　全球包装机械领域主要国家 PCT 专利申请趋势　　　单位：件

年份	美国	德国	意大利	日本	韩国	中国
1978	—	1	—	—	—	—
1979	—	—	—	—	—	—
1980	—	—	—	—	—	—
1981	—	—	—	—	—	—
1982	—	—	—	—	—	—
1983	—	—	—	—	—	—
1984	1	1	—	—	—	—
1985	—	2	—	—	—	—
1986	1	3	—	—	—	—
1987	1	—	—	—	—	—
1988	2	3	—	—	—	—
1989	2	—	—	—	—	—
1990	2	2	—	1	—	—
1991	9	3	2	—	—	—
1992	6	1	6	—	—	—
1993	5	4	1	2	—	—
1994	9	5	—	4	—	—
1995	9	3	—	—	—	—
1996	10	1	—	—	—	—
1997	6	8	3	1	—	—
1998	7	5	1	1	3	—
1999	5	10	3	6	—	—
2000	17	5	3	4	2	—
2001	15	6	9	3	1	—
2002	16	8	4	1	2	—
2003	12	11	4	4	6	—
2004	8	4	3	2	4	—
2005	5	3	3	1	2	—
2006	8	1	2	7	5	1
2007	8	5	5	10	4	1
2008	4	6	2	15	4	1
2009	7	6	8	9	1	4

续表

年份	美国	德国	意大利	日本	韩国	中国
2010	7	9	9	2	1	—
2011	3	4	2	2	2	3
2012	4	12	12	4	7	7
2013	4	6	12	2	8	5
2014	4	11	14	2	—	2
2015	5	1	3	7	7	4
2016	1	1	1	—	—	—
合计	203	151	112	90	55	28

我国包装机械的 PCT 专利申请起步较晚，2006 年第一次提出 1 件 PCT
专利申请。随着社会及市场经济的发展，我国包装机械研究发展加快，
2012 年包装机械 PCT 专利申请量达到 7 件，超越美国。

随着中国、韩国等国家的专利申请量稳步增长，近年来包装机械领域
的全球技术格局正发生变化。

（2）全球包装机械专利主要申请人分析

① 主要申请人构成分析

据统计，在本文专利分析样本数据中，专利申请人有 1895 位。本文对
专利申请量排前十名的主要申请人进行了分析（见表 8 - 4）。

表 8 - 4　全球包装机械领域主要专利申请人构成情况

序号	申请人	区域	申请量/件	比例
1	吉第联合股份公司	意大利	33	3.02%
2	利乐拉瓦尔集团及财务有限公司	瑞士	24	2.20%
3	罗伯特·博世有限公司	德国	21	1.92%
4	石田株式会社	日本	19	1.74%
5	福克公司	德国	11	1.01%
6	FREE - FLOW 包装机械有限公司	美国	9	0.82%
7	哈佛波克公司	德国	8	0.73%
8	莫林斯有限公司	英国	8	0.73%
9	兰帕克公司	美国	7	0.64%
10	汤山制作所株式会社	日本	6	0.55%
合　计			146	13.38%

表 8 - 4 列出了专利申请量排在前十位的专利申请人、专利申请数量及该申请人的申请量占该所属技术领域专利申请总量的比例。如表 8 - 4 所示，专利申请量排在前十位的申请人中，德国企业有 3 家，表现出了德国在包装机械领域的优势；日本和美国企业各有 2 家，意大利、瑞士和英国的企业各有 1 家。意大利虽然只有吉第联合股份公司进入前十位，但是该企业的申请量排第一位，显示出了强大的技术研发实力和专利保护能力。专利申请量排在前十位的申请人的申请量占申请总量的 13.38%。

相比较而言，中国包装机械 PCT 专利申请人实力较弱，特别是企业的申请量极少。据统计，只有杭州永创智能设备有限公司、广东海川智能机器股份有限公司、广东粤东机械实业有限公司和上海天龙包装机械有限公司申请了 PCT 专利，并且该 4 家企业的申请量累计为 6 件。这表明我国包装机械领域占领国际市场的意识薄弱。

② 主要申请人申请趋势分析

表 8 - 5 列出了专利申请量排名前十位的专利申请人年度专利申请情况。由此表可以看出，专利申请量排名第一位的意大利的吉第联合股份公司的专利申请主要集中在 2012 ~ 2014 年，3 年累计申请了 19 件，占该公司申请总量的 57.6%，表明这一期间该公司进行了新技术开发、新产品上市，处于加速拓展国际市场阶段。专利申请量排名第二位的瑞士利乐拉瓦尔集团及财务有限公司 2010 年前专利申请量较多，之后 3 年未申请专利，表明对国际市场的关注度退化，无新产品上市。排名第三位和第四位的德国罗伯特·博世有限公司和日本石田株式会社则有规律地分阶段申请专利。德国罗伯特·博世有限公司 1986 年以来以每年 1 件的申请量持续多年后，2010 年出现一次峰值（4 件），表明 2010 年该公司加大了研发投入，进入技术加快发展阶段；而日本石田株式会社的技术高速发展期出现在 2007 年和 2008 年，两年申请量占该公司申请总量的 47.4%，之后进入平稳发展阶段，2015 年再次出现高峰。美国的 FREE - FLOW 包装机械有限公司于 2010 年之后无专利申请，特别是英国的莫林斯有限公司于 2000 年之后便无专利申请，表明这些企业逐渐淡出包装机械国际市场。

表 8-5　全球包装机械领域主要专利申请人申请量年度趋势　单位：件

序号	申请人	年份	申请量	总计
1	吉第联合股份公司	2001	3	33
		2002	1	
		2003	3	
		2005	2	
		2007	1	
		2009	2	
		2012	6	
		2013	6	
		2014	7	
		2015	2	
2	利乐拉瓦尔集团及财务有限公司	1997	2	24
		1998	2	
		1999	3	
		2000	1	
		2001	3	
		2003	1	
		2004	1	
		2005	2	
		2007	2	
		2009	4	
		2010	2	
		2014	1	
3	罗伯特·博世有限公司	1986	1	21
		1994	1	
		1997	2	
		1998	1	
		1999	1	
		2000	1	
		2002	1	
		2003	1	

续表

序号	申请人	年份	申请量	总计
3	罗伯特·博世有限公司	2005	1	21
		2007	1	
		2010	4	
		2012	2	
		2013	1	
		2014	3	
4	石田株式会社	2003	2	19
		2007	5	
		2008	4	
		2009	1	
		2012	1	
		2013	1	
		2014	1	
		2015	4	
5	福克公司	1978	1	11
		1998	1	
		1999	1	
		2002	2	
		2003	1	
		2005	1	
		2009	1	
		2012	1	
		2013	2	
6	FREE – FLOW 包装机械有限公司	2000	2	9
		2001	2	
		2003	1	
		2004	1	
		2005	1	
		2007	1	
		2009	1	

续表

序号	申请人	年份	申请量	总计
7	哈佛波克公司	2008	1	8
		2009	2	
		2011	1	
		2012	2	
		2014	2	
8	莫林斯有限公司	1995	1	7
		1996	1	
		1997	1	
		1998	3	
		2000	1	
9	兰帕克公司	1995	1	7
		1998	1	
		2000	1	
		2005	1	
		2009	2	
		2014	1	
10	汤山制作所株式会社	2006	1	6
		2007	1	
		2008	1	
		2009	1	
		2010	2	

③ 主要申请人相对研发实力分析

表 8-6 列出了专利申请量排名前十位申请人主要涉及的技术领域，以及申请人的专利申请量占该技术领域全部专利申请量的比例。

表 8-6　全球包装机械专利主要申请人相对研发实力

申请人	技术领域	申请量/件	比　例
吉第联合股份公司	B65B	31	1.41%
	B65D	12	2.88%
	B65G	3	1.30%
	B31B	2	2.24%

续表

申请人	技术领域	申请量/年	比　例
利乐拉瓦尔集团及财务有限公司	B65B	21	0.95%
	A23L	4	6.66%
	B65D	4	0.96%
	B65G	3	1.30%
	B32B	2	3.92%
	B29C	1	1.51%
	B31B	1	1.12%
罗伯特·博世有限公司	B65B	21	0.95%
	B29C	7	10.60%
	B31B	2	2.24%
	B65G	2	0.86%
	A61J	1	1.53%
	B65D	1	0.24%
石田株式会社	B65B	19	0.86%
	B65G	5	2.17%
	B31B	2	2.24%
	B65D	2	0.48%
福克公司	B65B	10	0.45%
	B31B	2	2.24%
	B65D	1	0.24%
	B65G	1	0.43%
汤山制作所株式会社	B65B	6	0.27%
	A61J	5	7.69%
FREE－FLOW 包装机械有限公司	B65B	9	0.41%
	B65D	1	0.24%
哈佛波克公司	B65B	8	0.36%
	B29C	1	1.51%
	B65D	1	0.24%
莫林斯有限公司	B65B	5	0.22%
	B65G	3	1.30%
	B65H	1	2.17%
兰帕克公司	B65B	7	0.31%
	B65D	1	0.24%

通过表 8-4 和表 8-6 可以看出。第一，所有申请人均涉及 B65B 类（包装物件或物料的机械，装置或设备，或方法研究）。其中吉第联合股份公司相关专利申请量最多，申请量为 31 件，占该领域全部申请量的 1.41%；其后是利乐拉瓦尔集团及财务有限公司和罗伯特·博世有限公司，申请量均为 21 件，分别占 0.95%；石田株式会社申请量为 19 件，占 0.86%。表明在这一领域吉第联合股份公司的研发实力最强，是主导力量之一。

第二，部分申请人在其他领域具有独特的专业能力和研发实力。比如，利乐拉瓦尔集团及财务有限公司在 A23L（食品、食料或非酒精饮料的制备或处理）技术方面具有优势，占 6.66%，表明该公司在食品包装机械方面的技术实力较强；罗伯特·博世有限公司在 B29C（塑料的成型或连接；塑性状态物质的一般成型；已成型产品的后处理）方面的专利申请量所占比例较大，为 10.60%，表明该公司在塑料包装机械方面的技术实力较强。

④ 主要申请人技术重心分析

为了通过申请人在各技术领域中的专利申请情况，了解和掌握申请人的主攻领域及研究重点，本文对主要申请人的专利申请技术领域进行了统计和分析，并根据计算公式：技术重心指数 = 申请人某一技术领域的申请量/本专项该申请人所有技术领域的申请量，得出前十位主要申请人的技术重心指数，如表 8-7 所示。表明主要申请人技术重心均主要集中在 B65B 类（包装物件或物料的机械/装置或设备或方法）研究上。同时部分涉及"用于物件或物料贮存或运输的容器，如袋、桶、瓶子、箱盒、罐头、纸板箱、板条箱、圆桶、罐、槽、料仓、运输容器；所用的附件、封口或配件；包装元件；包装件""运输或贮存装置""纸盒、纸板箱、信封或纸袋的制作"等领域。

表 8-7 全球包装机械专利主要申请人技术重心指数　　单位：件

申请人	技术领域	申请量	比例	总计
吉第联合股份有限公司	B65B	31	64.58%	48
	B65D	12	25.00%	
	B65G	3	6.25%	
	B31B	2	4.17%	

续表

申请人	技术领域	申请量	比例	总计
罗伯特·博世有限公司	B65B	21	61.77%	34
	B29C	7	20.59%	
	B31B	2	5.88%	
	B65G	2	5.88%	
	A61J	1	2.94%	
	B65D	1	2.94%	
利乐拉瓦尔集团及财务有限公司	B65B	21	61.77%	34
	A23L	4	11.76%	
	B65D	4	11.76%	
	B65G	3	8.83%	
	B29C	1	2.94%	
	B31B	1	2.94%	
石田株式会社	B65B	19	67.86%	28
	B65G	5	17.86%	
	B31B	2	7.14%	
	B65D	2	7.14%	
福克公司	B65B	10	71.43%	14
	B31B	2	14.29%	
	B65D	1	7.14%	
	B65G	1	7.14%	
汤山制作所株式会社	B65B	6	54.55%	11
	A61J	5	45.45%	
FREE – FLOW 包装机械有限公司	B65B	9	90.00%	10
	B65D	1	10.00%	
哈佛波克公司	B65B	8	80.00%	10
	B29C	1	10.00%	
	B65D	1	10.00%	
莫林斯有限公司	B65B	5	55.56%	9
	B65G	3	33.33%	
	B65H	1	11.11%	
兰帕克公司	B65B	7	87.50%	8
	B65D	1	12.50%	

为了更具体地了解主要申请人的技术研究重点，按国际专利分类号大组，对排名第一位的吉第联合股份公司技术实力作了进一步深入分析。结果表明，该公司涉及专利分类号 B65B 19、B65D 85 的专利申请量达到 22 件和 11 件，其技术指标分别达到 43.1% 和 21.6%。表明该公司技术重心在用于包装易于因磨损或受压而损坏的棒形或管状物件，如纸烟、雪茄烟、空心面、细条定心面、麦秆吸管、电焊条及专门适用于特殊物件或物料的容器、包装元件或包装件的机械、设备或装置的技术市场。该公司提供将成对的带包装香烟组包装到带铰链盖的包装盒中的方法、生产过滤嘴香烟的机器、一种烟草包装机等。

⑤ 主要申请人合作分析

随着包装机械向着光机电一体化、多元化方向发展，合作发展、合作申请专利已经成为世界潮流。据统计，如表 8-8 所示，在主要申请人中，意大利的吉第联合股份公司合作专利申请有 9 件，合作人次达 17 人；瑞士的利乐拉瓦尔集团及财务有限公司合作专利申请为 18 件，合作人次达 30 人；德国的罗伯特·博世有限公司合作专利申请为 12 件，合作人次达 31 人；日本的石田株式会社合作专利申请为 13 件，合作人次达 25 人。并且每家公司至少与 3 个合作者进行 3 次以上的合作，合作者有企业、大学、个人。这表明包装机械领域专利申请人重视技术合作，建立了广泛的专利技术联盟。

表 8-8　全球包装机械领域主要专利申请人合作申请专利情况

申请人	申请量/件	合作申请量/件	合作者数量/位
吉第联合股份公司	33	9	17
利乐拉瓦尔集团及财务有限公司	24	18	30
罗伯特·博世有限公司	21	12	31
石田株式会社	19	13	25
FREE-FLOW 包装机械有限公司	9	4	9
哈佛波克公司	8	5	11
莫林斯有限公司	8	7	20
汤山制作所株式会社	6	6	15

（3）全球包装机械专利技术领域分析

据统计，本文专利分析样本数据中，相关技术领域涉及国际专利分类号 8 个部、51 个大类、112 个小类。

① 技术领域构成分析

图 8 – 3 列出了全球包装机械专利技术领域分布。表 8 – 9 列出了所涉及技术领域的技术内容、每个技术领域拥有的专利数量及其占包装机械领域专利申请总量百分比。由此可见，B65B 领域的专利申请量最多，申请量为 1052 件，占 58.73%。同时涉及的研发领域还有：B65D 领域的申请量为 197 件，占 11.28%；B65G 领域的申请量为 96 件，占 5.5%。表明包装机械技术研发除 B65B 领域外，还与其他领域密切相关。

表 8 – 9　全球包装机械领域 IPC 小类技术领域构成情况　　　单位：件

技术领域	技术内容	申请量	比例
B65B	包装物件或物料的机械，装置或设备，或方法；启封	1052	58.73%
B65D	用于物件或物料贮存或运输的容器，如袋、桶、瓶子、箱盒、罐头、纸板箱、板条箱、圆桶、罐、槽、料仓、运输容器；所用的附件、封口或配件；包装元件；包装件	197	11.28%
B65G	运输或贮存装置，例如装载或倾斜用输送机；车间输送机系统；气动管道输送机	96	5.50%
B31B	纸盒、纸板箱、信封或纸袋的制作	37	2.12%
B29C	塑料的成型或连接；塑性状态物质的一般成型；已成型产品的后处理	31	1.77%
A23L	食品、食料或非酒精饮料；它们的制备或处理，例如烹调、营养品质的改进、物理处理	24	1.37%
A61J	专用于医学或医药目的的容器；专用于把药品制成特殊的物理或服用形式的装置或方法；喂饲食物或口服药物的器具；婴儿橡皮奶头；收集唾液的器具	24	1.37%
B65H	搬运薄的或细丝状材料，如薄板、条材、缆索	24	1.37%

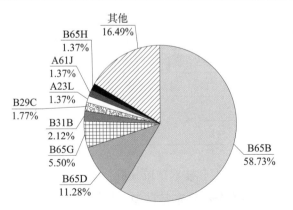

图 8 – 3　全球包装机械专利技术领域分布

如表 8 – 10 所示，按 IPC 大组分布情况来看，在 B65B 类领域中，B65B 25 类的专利申请量最多，为 116 件，这表明农产品包装、食品包装、纸张及衣物包装机械领域为热点研发领域；其次为 B65B 5 类专利申请量为 95 件，这表明容器或贮器等方面的包装机械研发也备受关注；B65B 57 类的申请量呈增加趋势。

表 8 – 10　全球包装机械领域 B65B 类下各大组技术领域分布情况　单位：件

技术领域	技术内容	申请量
B65B 25	包装农业或园艺产品；包装薄片或特殊形状的肉、奶酪或其他塑性或发黏的制品；包装纸张或类似薄片物品、信封或报纸；包装衣着；包装打算在包装件内烹饪的食品，如鱼片；包装环形物件，如轮胎	116
B65B 35	要包装物件的供给、送进、排列或定向	96
B65B 5	用容器或贮器，如袋、包、匣、纸板箱、铁盒、罐包装单个物件	95
B65B 51	密封或紧固包装件的折叠口或封口的装置或方法	91
B65B 31	在特殊气氛或气体条件下包装物件或物料；将喷射剂加到气雾剂容器内	88
B65B 43	与包装有关的容器或贮器的成型、供料、开启或装配	86
B65B 61	对薄片、坯件、带条、捆扎材料、容器或包装件进行操作的辅助装置	77
B65B 19	包装易于因磨损或受压而损坏的棒形或管状物件，如纸烟、雪茄烟、空心面、细条定心面、麦秆吸管、电焊条	77
B65B 11	用挠性材料的薄带、薄片或半成品包裹，如部分或全部封装，物件或大量材料	73
B65B 1	将流动性固体材料，例如粉末、颗粒或松散的纤维材料、大量的松散小物件包装在单个容器或贮器中，如袋、包、箱盒、纸板箱、罐头、罐	67
B65B 55	与包装有关的保存、防护或净化包装件或装入物	50
B65B 57	自动控制、检验、报警或安全装置	46
B65B 13	捆扎物件	28

从具体研究内容来看，成型、充填、封口 3 种机械设备的技术发展较快。主要发展领域大致分为食品工业及非食品工业。食品工业包括蔬菜水

果、肉类、乳制品、面包、糕点等；非食品工业则包括饮料、医药品、化学品、香烟等。在食品包装方面，有微波、无菌包装等新技术。此外，专利技术研发显示出注重工艺流程自动化程度、注重开发适应变化设计柔性灵活性设备、使用计算机仿真设计技术等特点，主要目的是提高工艺流程的自动化、生产效率，满足交货期短和降低工艺流程成本的要求，提升设备的柔韧性和灵活性。可见，全球专利技术已将自动化操作程序广泛应用于先进包装系统中，所应用的新技术包括微电子技术、磁性技术、信息处理技术、光电及化学技术、激光技术、生物技术及新的加工工艺、新的机械部件结构、新的光纤材料等，使多种包装机械趋于智能化。

②技术生命周期分析

专利技术生命周期是指专利技术经过发展的不同阶段，即研究、设计、开发、进入市场、退出市场，专利数量与专利申请人数量的一般性规律。通常用曲线图表示，横坐标表示专利申请人数/时间段，纵坐标表示专利申请量/时间段，图 8 - 4 显示了技术生命周期通用曲线。❶

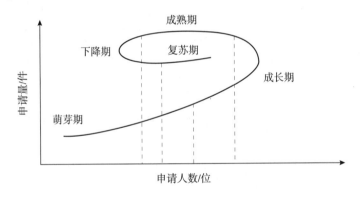

图 8 - 4　技术生命周期通用曲线

通过对某一技术领域的技术生命周期与技术生命周期通用曲线比较，可发现该技术所在的技术生命周期，即技术萌芽期、发展期、成熟期、衰退期、复苏期。通过技术生命周期分析可为企业投入研发提供重要参考依据，企业可对处于发展期的技术加大研发投入，而对处在衰退期的技术减少研发投入。

图 8 - 5 显示了全球包装机械领域专利技术生命周期曲线。通过图 8 - 5 与图 8 - 4 比较可以看出，全球包装机械技术正处于下降期。特别是 2013 ~

❶ 韩金柱. 专利价值在技术生命周期中的分布及其决定因素分析［D］. 哈尔滨：哈尔滨工业大学，2008.

2015 年，专利申请数量和申请人数量急速下降，表明商品形态固定，技术研发以小幅改良为主的态势。

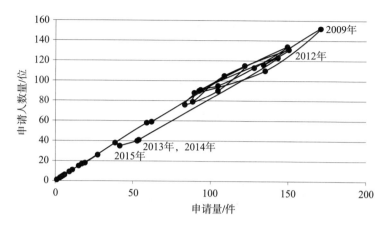

图 8 - 5　全球包装机械领域专利技术生命周期通用曲线

2. 中国包装机械专利信息分析

本文采用国家知识产权局专利检索与分析系统作为中国包装机械领域专利申请信息数据库，采用如表 8 - 2 所示的专利检索范围和检索式对中国包装机械专利信息进行分析。

（1）中国包装机械专利申请总体态势分析

① 专利类型及法律状态分析

根据本文专利分析样本数据统计，中国包装机械专利申请总量为 4696 件，其中，发明专利为 1636 件，占 34.82%；实用新型为 3060 件，占 65.18%，如图 8 - 6 所示。表明中国专利以实用新型为主，技术含量较高的发明专利相对较少。一方面反映了中国包装机械专利更加注重短期保护，另一方面也反映了包装机械的开发设计特点。

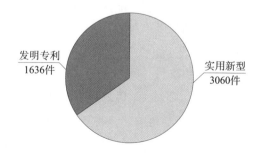

图 8 - 6　中国包装机械专利申请类型分布

图 8 - 7 显示了包装机械领域中国专利当前的法律状态。从图 8 - 7 中

可以看出，该领域有效专利为 2690 件，占 57.29%，专利权终止为 1046 件，占 22.27%，未决专利申请为 685 件，占 14.59%；撤回的专利申请为 236 件，占 5.03%；驳回的专利申请为 39 件，占 0.82%。这表明目前失效专利数量占到 28.12%。

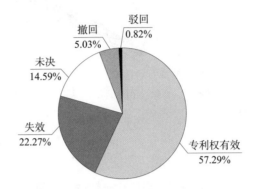

图 8-7　中国包装机械专利法律状态分布

如表 8-11 所示，从专利类型的法律状态来看，发明专利和实用新型的有效专利所占比例相差无几，均保持在 57% 以上。

表 8-11　中国包装机械专利申请类型及法律状态　　　　　单位：件

法律状态	发明专利	实用新型
有效	936/57.11%	1753/57.30%
失效	227/13.96%	1307/42.70%
未决	473/28.93%	—
总计	1636/100.00%	3060/100.00%

② 专利区域分布分析

首先，从各国在中国的包装机械专利分布来看，中国国内申请占绝对优势。如图 8-8 所示，国内专利申请量为 4301 件，占 91.59%；日本为 160 件，占 3.41%；德国为 69 件，占 1.47%；意大利为 45 件，占 0.96%；美国为 30 件，占 0.64%；瑞士为 25 件、韩国为 15 件、英国为 11 件、法国为 10 件，分别占 0.53%、0.32%、0.24%、0.21%，其他国家和地区占 0.63%。这表明我国高度重视在本国的专利申请，将竞争之地更多地选择在本国市场。日本、德国、美国、意大利是世界包装机械强国，这些国家在中国的专利布局同样表现很强势。

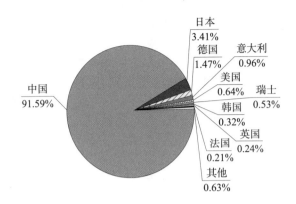

图 8 – 8 各国包装机械中国专利申请分布情况

其次，如图 8 – 9 所示，从国内各省市的专利分布来看，主要分布在江苏、广东、浙江、山东、上海等五省市，这五个省市的专利申请量占中国专利申请总量的 40.55%，显示出极强的技术竞争实力。吉林省相关专利申请量为 37 件，占 0.77%

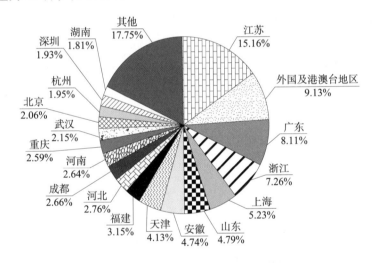

图 8 – 9 中国部分省市专利分布情况

专利申请数量和质量与经济、科技、经济发展水平密切相关。目前，我国包装机械生产企业主要分布于珠江三角洲、长江三角洲地区及环渤海经济圈，专利申请数量上的差距也充分反映了我国各省份技术创新能力和技术研发水平的巨大差距。

③ 专利申请趋势分析

图 8 – 10 显示了各年度包装机械中国专利申请量趋势。首先，从总体申请趋势来看，中国包装机械专利申请大致经历了三个阶段。

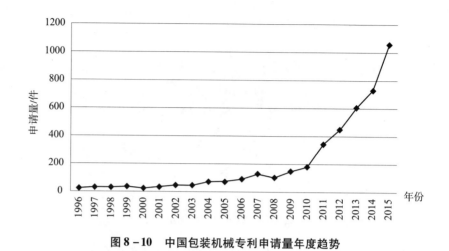

图 8 - 10　中国包装机械专利申请量年度趋势

第一阶段是 1985 ~ 1994 年，萌芽起步阶段。这一阶段中国刚刚实施《专利法》，缺乏专利保护意识，国内专利申请数量极少，靠国外发达企业和国内少数企业引导、启蒙。

第二阶段是 1995 ~ 2010 年，稳步增长阶段。20 世纪 90 年代以来，我国包装机械工业以年均 20% ~ 30% 的速度增长，进入 21 世纪后，包装机械行业更是发展迅猛。与行业发展同步，1995 年包装机械专利申请量显著增长，之后保持平稳增长态势，到 2010 年专利申请量逐步增长到 180 件。

第三阶段是 2011 ~ 2015 年，快速发展阶段。这期间，国家有关部委制定一系列政策，加大投入，大力扶持包装机械行业发展，我国企业在引进国外先进技术的同时，积极进行自主开发创新，行业出现了一批技术领先的新产品。比如：华联机械集团有限公司开发的重袋自动包装生产线，从上袋、包装、码垛到缠绕已经完成全线无人干预；杭州中亚机械有限公司研制成功了 30000 杯/小时的酸奶制杯—灌装生产线，具有国际先进水平；广州达意隆包装机械有限公司自主开发成功了 33000 瓶/小时（600mL）的 PET 吹瓶机，属国内独家生产；江苏新美星包装机械有限公司开发成功了 24000 瓶/小时无菌冷灌装生产线，并整线出口到日本、澳大利亚及欧洲；温州华联包装机械有限公司与西班牙合作，开发成功了重型捆扎机，填补了我国吨重捆扎的空白；江阴纳尔捷包装设备有限公司与天津大学合作开发出袋装箱机械手，并在生产线上投入使用等，这些技术转化为具有自主知识产权的成果。由此推动专利申请量以年均 37% 的增速大幅度提升，到 2015 年增加到 1058 件。

此外，从图 8 - 10 和图 8 - 11 中可知，中国包装机械专利申请始于

1985 年，即 1985 年 4 月 1 日中国《专利法》正式实施之年便有 5 件专利申请，但其中 2 件由德国的福克公司申请，2 件由日本的吴羽化学工业株式会社和富山产机株式会社联合申请。这表明 20 世纪 80 年代，当中国刚刚进入改革开放时，对专利制度还很陌生的时候，中国包装机械市场已经被国外所关注。

另外，如图 8 - 11 所示，从各国在中国申请包装机械专利申请的趋势来看，显现出国内申请一枝独秀的势头，特别是 2010 年以后国内申请专利的热情极为高涨，带动了国内包装机械市场的繁荣。而德国和日本在中国的专利申请势头比较平稳，每年申请数量不多，但年年有，表现出了对中国市场的长久专注。美国、瑞士和意大利则有所不同，在中国的专利申请时有时无，特别是 2012 年、2014 年、2015 年均无申请，表现出对中国市场的观望态度。

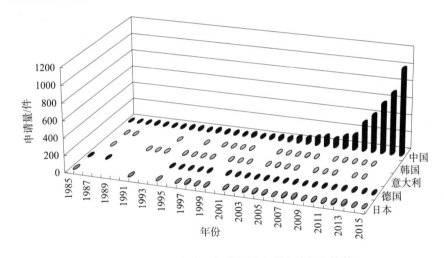

图 8 - 11　各国在中国包装机械专利申请年度趋势

总之，中国专利包装机械专利申请数量增长特点与包装产业的增长趋势相一致。经过 20 年的历程，我国包装机械开始从研发阶段进入产业化阶段。

（2）中国包装机械专利主要申请人分析

① 申请人机构属性分析

据统计，本文专利分析样本数据中，职务发明创造的专利申请量为 3175 件，占专利申请总量的 67.81%。如图 8 - 12 所示，职务发明创造专利申请中，各类企业专利申请量为 2944 件，占 92.72%，大专院校申请量为 193 件，占 6.08%；科研单位申请量为 34 件，占 1.07%；机关团体申请量为 4 件，占 0.12%。这表明企业是中国包装机械领域技术创新的主导力量，并具有较强的专利保护和市场竞争意识，而大专院校和科研院所则处于弱势。这也与高等院校和科研院所的自身研究条件，以及校企合作、院企合作时企业对专利权的控制有关。

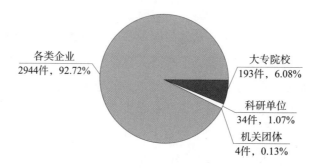

图 8 – 12   中国包装机械职务发明专利申请人类型分布

② 申请人区域分布分析

根据检索结果统计，本文的中国专利分析样本数据中，申请人共有 2619 个，其中，国内申请人有 2393 个，占 91.37%；日本申请人有 63 个、德国申请人有 32 个、意大利申请人有 26 个、美国申请人有 26 个、韩国申请人有 13 个，上述 5 国申请人合计占申请人总数的 6.11%；其他国家和地区的申请人占 2.52%。

表 8 – 12 显示了包装机械中国专利申请量排名前 20 位的专利申请人。从排名前 20 位的申请人区域分布情况来看，中国企业有 16 家，占 80%；日本企业有 2 家，意大利和瑞士企业各 1 家，分别占 10% 和 5%。其中，意大利的吉第联合股份公司和瑞士的利乐拉瓦尔集团及财务有限公司在全球包装机械 PCT 专利申请排名第一位和第二位；日本的石田株式会社和汤山制作所株式会社在全球包装机械 PCT 专利申请排名第四位和第九位。这表明中国企业重视本国市场已成趋势，并已形成强大的技术优势，同时也表明国际专利强企同样关注中国市场，它们为在中国赢得竞争优势进行了严密的专利布局。

专利申请量排名第一位的是江苏仪一包装技术有限公司，与其他企业相比其申请量遥遥领先，显示出显著的技术优势。该企业是生产自动化包装设备及生产线的专业化企业，现拥有全球独创的快速称重充填技术，主要生产食品、乳品、调味品、日化用品和化工等自动化包装设备及包装线，并专业设计制造适合颗粒粉末状、块状等固体无规则散装物料的自动计量充填包装设备及其配套的自动化包装流水线，输送滚道。

表 8 – 12　中国包装机械专利申请量排名前 20 位的申请人　　单位：件

序号	申请人	国别	申请量
1	江苏仅一包装技术有限公司	中国	82
2	成都三可实业有限公司	中国	41
3	重庆业胜包装有限公司	中国	37
4	上海宏曲电子科技有限公司	中国	30
5	汤山制作所株式会社	日本	30
6	成都辉博机械设备有限公司	中国	25
7	上海松川远亿机械设备有限公司	中国	24
8	常熟市贝普包装机械有限公司	中国	24
9	武汉市美奇斯机械设备有限公司	中国	22
10	丹阳仅一包装设备有限公司	中国	20
11	延边龙川包装机械有限公司	中国	19
12	天津惠怡科技有限公司	中国	19
13	吉第联合股份有限公司	意大利	18
14	安徽省长科机械科技有限公司	中国	17
15	武汉迈威机械有限责任公司	中国	17
16	天津德尚机械有限公司	中国	16
17	安徽信远包装科技有限公司	中国	15
18	石田株式会社	日本	15
19	太特国际公司	瑞士	14
20	利乐拉瓦尔集团及财务有限公司	瑞士	14

专利申请量排名第二位的是成都三可实业有限公司。该公司是中国顶尖的食品及糖果包装行业整体包装技术供应商，成立于 1999 年，是世界主流食品及糖果生产商的合作伙伴之一，研发生产的颗粒、粉末、液体多列包装机以节约包装成本为目标，极大提高了包装效率，是制药、食品等行业的经典机型。该公司现拥有设施一流的机械制造工厂，并建立有拥有 80 名工程师的独立研发中心，为用户提供胶基糖、软糖、硬糖、装盒设备等丰富的包装解决方案。

位于吉林省的延边龙川包装机械有限公司的专利申请量为 19 件，位居第 11 位。

为了了解和掌握国外包装企业在中国的专利申请情况，本文对各国在中国申请专利的排名前五位的企业进行了统计，结果如表8－13所示。

表8－13　中国包装机械专利申请量排名前五位的外国申请人　单位：件

国别	序号	申请人	申请量
日本	1	汤山制作所株式会社	30
	2	石田株式会社	15
	3	四国化工机株式会社	13
	4	尤妮佳股份有限公司	9
	5	吴羽化学工业株式会社	8
德国	1	福克公司	10
	2	克罗内斯股份公司	7
	3	罗伯特·博世有限公司	6
	4	佛克有限及两合公司	4
	5	奥特发德国科技有限公司	4
意大利	1	吉第联合股份有限公司	18
	2	建筑自动机械制造 A. 有限公司	3
	3	GIMA 股份有限公司	2
	4	T. M. C. 股份公司	2
	5	卡瓦纳股份公司	2
美国	1	福瑞托－雷北美有限公司	4
	2	伊利诺斯工具公司	2
	3	米德韦斯特瓦科包装系统公司	2
	4	WM. 雷格利 JR. 公司	1
	5	伊利诺斯工具制品有限公司	1
瑞士	1	太特国际公司	14
	2	福尔康盛瑞士 317 有限公司	2
	3	JT 国际股份公司	1
	4	天然巴斯德杀菌蒸汽实业公司	1
	5	桑德维克公司	1
韩国	1	克瑞提姆株式会社	4
	2	OTTOGI 方便面株式会社	1
	3	三星电子株式会社	1
	4	世进技术株式会社	1
	5	克里腾株式会社	1

③ 申请人趋势分析

表 8 - 14 列出了专利申请量排名前十位的申请人年度专利申请趋势。通过表 8 - 14 中的数据可以看出，申请人可按申请年度趋势分为三类。

表 8 - 14 中国包装机械专利申请人申请年度分布　　　　单位：件

	申请人	年份	申请量	总计
1	江苏仅一包装技术有限公司	2011	7	82
		2012	24	
		2013	15	
		2014	13	
		2015	19	
		2016	4	
2	成都三可实业有限公司	2009	2	41
		2010	2	
		2012	1	
		2014	34	
		2015	2	
3	重庆业胜包装有限公司	2013	37	37
4	上海宏曲电子科技有限公司	2011	30	30
5	汤山制作所株式会社	2002	3	30
		2003	6	
		2004	6	
		2005	3	
		2007	3	
		2008	5	
		2009	2	
		2010	1	
		2013	1	
6	成都辉博机械设备有限公司	2015	25	25
7	上海松川远亿机械设备有限公司	2007	1	24
		2012	2	
		2014	3	
		2015	6	
		2016	12	

	申请人	年份	申请量	总计
8	常熟市贝普包装机械有限公司	2011	12	24
		2012	12	
9	武汉市美奇斯机械设备有限公司	2014	5	22
		2015	17	
10	丹阳仅一包装设备有限公司	2002	1	20
		2006	7	
		2007	5	
		2008	7	

第一类以江苏仅一包装技术有限公司和延边龙川包装机械有限公司为代表。江苏仅一包装技术有限公司自 2012 年以来始终保持高专利申请数量，显示出持续、稳定的技术创新和研发实力；延边龙川包装机械有限公司尽管每年专利申请量不多，但几乎每年都有新的研发成果申请专利，申请量保持平稳发展。这表明此类企业不仅常有新的研发成果出现，而且具有较强的专利意识和市场布局意识。

第二类以成都三可实业有限公司、重庆业胜包装有限公司、上海宏曲电子科技有限公司、成都辉博机械设备有限公司为代表。成都三可实业有限公司在 2007 ~ 2013 年专利申请疲软，数量不多，但是 2014 年专利申请量剧增，显示出强劲的上升趋势；重庆业胜包装有限公司、上海宏曲电子科技有限公司、成都辉博机械设备有限公司则分别于 2013 年、2015 年、2011 年集中申请大量专利，表明这一期间在国家扶持机械领域发展的政策推动下，企业技术研发能力和效果得到显著提高，企业积极进行技术创新和专利保护。

第三类以意大利的吉第联合股份有限公司、日本的汤山制作所株式会社为代表。这两个申请人均为外国企业，2006 ~ 2009 年在中国申请专利的积极性比较高，之后申请量逐年减少或无专利申请。表明外国企业对中国包装机械市场关注度发生了变化。

④ 申请人有效专利分析

表 8 – 15 列出了包装机械中国有效专利拥有量排名前十位的专利申请人。可以看出，有效专利排名前两位的是江苏仅一包装技术有限公司和成都三可实业有限公司，授权量分别是 56 件和 32 件，表明这两家企业不仅

重视专利申请数量，而且重视专利质量。

表 8 – 15　中国包装机械专利申请人有效专利拥有情况　　单位：件

序号	申请人	国别	授权量
1	江苏仅一包装技术有限公司	中国	56
2	成都三可实业有限公司	中国	32
3	常熟市贝普包装机械有限公司	中国	22
4	汤山制作所株式会社	日本	20
5	武汉市美奇斯机械设备有限公司	中国	20
6	延边龙川包装机械有限公司	中国	13
7	上海松川远亿机械设备有限公司	中国	12
8	丹阳仅一包装设备有限公司	中国	12
9	天津惠怡科技有限公司	中国	10
10	成都辉博机械设备有限公司	中国	10

延边龙川包装机械有限公司有效专利拥有量为 13 件，排名提升到第六位。与排名第 12 位的专利申请量相比，名次向前提升较多，表明延边龙川包装机械有限公司的专利申请质量较高，法律状态稳定。

⑤ 申请人相对研发实力分析

表 8 – 16 列出了专利申请量排名前 20 位的申请人主要涉及的技术领域，以及申请人某一技术领域占该技术领域全部发明的比例情况。从表 8 – 16 中可以看出：

第一，所有申请人均涉及 B65B 类（包装物件或物料的机械，装置或设备，或方法）研究。其中江苏仅一包装技术有限公司相关专利申请量最多，申请量为 82 件，占该领域全部申请量的 1.64%；其后是成都三可实业有限公司申请量为 41 件，占 0.82%；重庆业胜包装有限公司申请量为 37 件，占 0.74%；上海宏曲电子科技有限公司和汤山制作所株式会社申请量分别为 30 件，分别占 0.6%。表明在该领域江苏仅一包装技术有限公司的研发实力较强，是主导力量之一。延边龙川包装机械有限公司申请量为 10 件，占 0.32%。

第二，部分申请人在其他领域也具有专业性和研发实力。如，日本的汤山制作所株式会社在 A61J（专用于医学或医药目的的容器；专用于把药品制成特殊的物理或服用形式的装置或方法）领域的专利申请量为 11 件，在该技术领域全部发明中所占比例较大，为 28.94%，表明该企业在医学、医药容器包装方面的技术实力较强；重庆业胜包装有限公司在 B67C（瓶、罐等容器）的专利申请量比例较大，为 13.79%，表明该公司在瓶、罐容器包装机械方面的技术实力较强。

表 8-16　中国包装机械专利申请人相对研发实力情况　　单位：件

申请人	技术领域	申请量	比例	总计
江苏仅一包装技术有限公司	B65B	82	1.64%	90
	B65G	5	2.24%	
	B65H	2	1.09%	
	B07B	1	3.44%	
成都三可实业有限公司	B65B	41	0.82%	53
	B65H	5	2.73%	
	B65G	4	1.79%	
	B07B	3	10.34%	
重庆业胜包装有限公司	B65B	37	0.74%	45
	B65D	4	3.33%	
	B67C	4	13.79%	
汤山制作所株式会社	B65B	30	0.6%	43
	A61J	11	28.94%	
	B65D	1	0.83%	
	B65H	1	0.54%	
成都辉博机械设备有限公司	B65B	27	0.54%	41
	B65G	14	6.27%	
上海宏曲电子科技有限公司	B65B	30	0.6%	30
上海松川远亿机械设备有限公司	B65B	24	0.48%	26
	B65G	1	0.44%	
	B65H	1	0.54%	
丹阳仅一包装设备有限公司	B65B	20	0.4%	26
	B65G	3	1.34%	
	B67C	2	6.89%	
	B65D	1	0.83%	
常熟市贝普包装机械有限公司	B65B	24	0.48%	24
天津惠怡科技有限公司	B65B	19	0.38%	22
	B65G	2	0.89%	
	B65D	1	0.83%	

续表

申请人	技术领域	申请量	比例	总计
武汉市美奇斯机械设备有限公司	B65B	22	0.44%	22
武汉迈威机械有限责任公司	B65B	17	0.34%	20
	B65H	2	1.09%	
	B65C	1	4.0%	
吉第联合股份有限公司	B65B	18	0.36%	18
天津德尚机械有限公司	B65B	16	0.32%	18
	B65G	1	0.44%	
	B65H	1	0.54%	
安徽信远包装科技有限公司	B65B	15	0.3%	17
	B65D	1	0.83%	
	B65H	1	0.54%	
安徽省长科机械科技有限公司	B65B	17	0.34%	17
延边龙川包装机械有限公司	B65B	15	0.3%	17
	B65D	1	0.83%	
	B65H	1	0.54%	
石田株式会社	B65B	15	0.3%	17
	B65D	2	1.66%	
于培明	B65B	15	0.3%	16
	B65H	1	0.54%	
江苏申凯包装高新技术股份有限公司	B65B	12	0.24%	16
	B65G	2	0.89%	
	B65H	2	1.09%	

（3）中国包装机械专利主要发明人分析

据统计，本文中国专利分析样本数据中，相关发明人数量为6518人，其中，中国发明人为6467人，占99.22%。本文重点对发明量位居前十名的发明人进行分析。

① 主要发明人年度趋势分析

表8－17列出了中国包装机械前十位发明人及专利申请量年度分布。从表8－17中可以看出，申请量最大的是江苏仅一包装技术有限公司的殷

祥根，申请总量为 49 件，并且其申请专利的主要时间段为 2012～2015 年，表明在近年其研发活动持续活跃且有成效，是本领域技术研发引领人之一。排名第二位的是成都三可实业有限公司的杜国先，申请量为 39 件，申请专利时间主要集中在 2014 年，年申请量达到 34 件，占本人全部发明总数的 87.2%，表明其技术研发实力较强且研发活动高度集中，近年发明活动比较活跃；排名第三位的是重庆业胜包装有限公司的左祖全，申请量为 37 件，申请专利时间全部在 2013 年。此外，比较有特点的发明人是上海松川远亿机械设备有限公司的黄松，申请量虽然只有 27 件，但 2007 年以来持续开展研发活动，几乎每年都有成果申请专利，表明其在本领域具有丰富的研发经历和实践经验。

表 8-17　中国包装机械前十位发明人专利申请量年度分布　　单位：件

	发明人	年份	申请量	总计
1	殷祥根	2006	4	49
		2007	1	
		2008	3	
		2011	2	
		2012	16	
		2013	3	
		2014	5	
		2015	10	
		2016	5	
2	杜国先	2009	2	39
		2010	2	
		2012	1	
		2014	34	
3	左祖全	2013	37	37
4	曹伟龙	2011	30	30
5	刘建	2013	14	27
		2014	12	
		2015	1	
6	锡锋	2015	27	27

续表

	发明人	年份	申请量	总计
7	黄松	2007	1	27
		2011	1	
		2012	2	
		2014	4	
		2015	7	
		2016	12	
8	李力	2013	12	24
		2014	11	
		2015	1	
9	蔡耀中	2011	12	24
		2012	12	
10	李忠信	2011	20	20

② 发明人有效专利数量分析

表 8 – 18 列出了中国包装机械前十位发明人有效专利拥有情况。可以看出，有效专利排名第一位的是成都三可实业有限公司的杜国先，专利数量为 32 件，占该人全部申请量的 78%；排名第二位的是江苏仅一包装技术有限公司的殷祥根，有效专利数量为 28 件，占其全部申请量的 63.6%。这表明杜国先目前受法律保护的发明创造所占比例较大，研发成果价值高，具有市场竞争性。

表 8 – 18　中国包装机械前十位专利发明人有效专利拥有情况　单位：件

序号	发明人	有效专利数量
1	杜国先	32
2	殷祥根	28
3	蔡耀中	22
4	杨 东	17
5	张伟力	16
6	李 立	16
7	刘一中	15
8	刘 建	15
9	张志勇	15
10	黄 松	14

③ 发明人相对研发实力分析

表 8-19 列出了中国包装机械发明数量排名前十位的发明人主要涉及的技术领域，以及发明人某一技术领域占该技术领域全部发明的比例情况。

表 8-19　中国包装机械专利申请人相对研发实力　　　单位：件

发明人	技术领域	发明量	比　例	总　计
杜国先	B65B	41	0.4%	53
	B65H	5	1.45%	
	B65G	4	0.84%	
	B07B	3	5.45%	
左祖全	B65B	37	0.36%	45
	B65D	4	1.56%	
	B67C	4	10.81%	
殷祥根	B65B	44	0.43%	44
郑锡锋	B65B	27	0.26%	41
	B65G	14	2.95%	
刘建	B65B	27	0.26%	31
	B65G	2	0.42%	
	B65D	1	0.39%	
	B65H	1	0.29%	
曹伟龙	B65B	30	0.29%	30
李力	B65B	24	0.23%	28
	B65G	2	0.42%	
	B65D	1	0.39%	
	BB65H	1	0.29%	
汤山正二	B65B	18	0.17%	25
	A61J	5	6.75%	
	B65G	1	0.21%	
	B65H	1	0.29%	
蔡耀中	B65B	24	0.23%	24
杨永忠	B65B	17	0.16%	23
	B65G	4	0.84%	
	B67C	2	5.4%	

从表中可以看出。首先，所有发明人的研究均涉及 B65B 类（包装物件或物料的机械，装置或设备，或方法）。其中江苏仅一包装技术有限公司殷祥根的申请量最多，为 44 件，占该领域全部申请的 0.43%；其后是成都三可实业有限公司杜国先，申请量为 41 件，占 0.4%；第三是重庆业胜包装有限公司的左祖全，申请量为 37 件，占 0.33%。表明在该领域，殷祥根、杜国先、左祖全具有较强的研发实力。

其次，部分发明人表现出更为突出的专业实力和特点。比如，杜国先在 B07B 类领域所占比重较大，占 5.45%，表明固体包装、拆装方面的技术研发实力较强；左祖全则在 B67C 类领域占有 10.81% 的比重，表明在包装瓶、罐类似的容器等方面的技术研发实力较强。

（4）中国包装机械专利技术领域分析

据统计，本文中国包装机械专利分析样本数据中，相关技术领域涉及国际专利分类号 6 个部的 57 个大类 118 个小类。主要分布在 B 部（作业和运输）和 A 部（农业）。

① 技术领域构成分析

图 8 – 13 列出了按 IPC 小类统计的每个部分领域的专利数量及占全领域专利总数的百分比。如图 8 – 13 所示，包装机械领域专利申请量主要集中于 B65B，申请量为 4746 件，占 82.62%；其次为 B65G，申请量为 221 件，占 3.85%；B65H 为 154 件，占 2.68%；B65D 为 112 件，占 1.95%。数据表明，包装机械技术研发除 B65B 领域外，还与其他领域密切相关。重点涉及的领域技术内容及申请数量如表 8 – 20 所示。

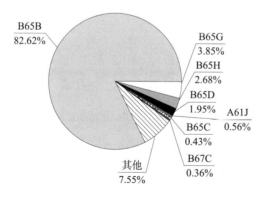

图 8 – 13 中国包装机械专利技术领域构成

表 8-20　中国包装机械按 IPC 小类的各技术领域专利申请量　单位：件

技术领域	技术内容	申请量
B65B	包装物件或物料的机械，装置或设备，或方法；启封	4746
B65G	运输或贮存装置，例如装载或倾斜用输送机；车间输送机系统；气动管道输送机	221
B65H	搬运薄的或细丝状材料，如薄板、条材、缆索	154
B65D	用于物件或物料贮存或运输的容器，如袋、桶、瓶子、箱盒、罐头、纸板箱、板条箱、圆桶、罐、槽、料仓、运输容器；所用的附件、封口或配件；包装元件；包装件	112
A61J	专用于医学或医药目的的容器；专用于把药品制成特殊的物理或服用形式的装置或方法；喂饲食物或口服药物的器具；婴儿橡皮奶头；收集唾液的器具	33
B65C	贴标签或签条的机械、装置或方法	25
B67C	不包含在其他类目中的瓶子、罐、罐头、木桶、桶或类似容器的灌注液体或半液体或排空；漏斗	21

并且从 IPC 分类号为 B65B 的技术领域近 20 年专利申请量的变化趋势来看，专利申请量呈逐年增长趋势，特别是 2010 年以来其数量急剧增长，显现出良好的发展势头，如图 8-14 所示。

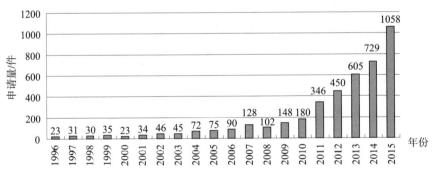

图 8-14　中国包装技术专利 B65B 技术领域专利申请趋势

为了更具体地了解和掌握技术领域构成情况，按 IPC 大组对 B65B 技术领域进行了分析。如表 8-21 所示，在 B65B 领域中，B65B 35 类的专利申请量最多，为 899 件，表明包装物件的供给、送进、排列或定向方面的技术研发为热点领域；其次为 B65B 61 类的专利申请量，为 751 件，表明对薄片、坯件、带条、捆扎材料、容器或包装件进行操作的辅助装置也是研究热点，B65B 57 类的申请量也呈增加趋势。

表 8-21 中国包装机械 **B65B** 类下各大组的各技术领域专利申请量单位：件

技术领域	技术内容	申请量
B65B 35	要包装物件的供给、送进、排列或定向	899
B65B 1	将流动性固体材料，例如粉末、颗粒或松散的纤维材料、大量的松散小物件包装在单个容器或贮器中，如袋、包、箱盒、纸板箱、罐头、罐	769
B65B 61	对薄片、坯件、带条、捆扎材料、容器或包装件进行操作的辅助装置	751
B65B 51	密封或紧固包装件的折叠口或封口的装置或方法，例如扭绞袋颈的	722
B65B 43	与包装有关的容器或贮器的成型、供料、开启或装配	624
B65B 57	自动控制、检验、报警或安全装置	522
B65B 41	供给或送入形成容器的薄片或包裹材料	305
B65B 63	对待包装的物件或物料进行操作的辅助装置	288
B65B 65	为包装机械所特有的零部件；这类零部件的配置	280
B65B 25	包装具有特殊问题的其他物件	255
B65B 37	供给或送入要包装的流动性固体的、塑性的或液体的材料，或大量松散的小物件	253

② 技术生命周期分析

图 8-15 显示了中国包装机械专利技术生命周期曲线。由此可见，近 10 年专利数量不断增加，同时申请人数量同步大幅增长。图 8-15 与图 8-4 比较可以看出，中国包装机械技术正处于迅猛发展阶段。

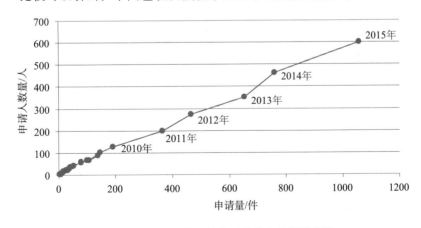

图 8-15 中国包装机械专利技术生命周期曲线

3. 捆扎机械专利信息分析

根据项目需要，本文以捆扎机械为重点，对其相关中国专利做专题分析，以了解和掌握当前我国捆扎机械行业发展态势。

（1）捆扎机械发展概况

① 捆扎机械概念

捆扎机械作为包装机械中的一个主要分支，通常是指直接将单个或多个包装物用绳、钢带、塑料带等捆紧扎牢，以便于运输、保管和装卸的包装作业，属于外包装机械。❶

② 国内外捆扎机械发展概况

国外捆扎机械的应用始于 20 世纪初期，当时美国的 SIGNODE 公司、德国的 CYKLOP 公司等涉足捆扎行业，以生产钢带捆扎设备为主，但其规模和生产技术水平都比较低。直到 20 世纪 50 年代，由于塑料材料的问世，大大促进了塑料带捆扎的发展，发展较早的有日本的下岛株式会社、日鲁工业株式会社等。当时，由于它们成功地引进、消化吸收别国的经验，不断改进发展，其产品结构简单、可靠性能高，在国际市场上具有很强的竞争力。其中，日本的下岛株式会社从 1969 年便开始生产自动捆扎机。到 20 世纪 60 年代初期，随着聚丙烯材料的出现，国外成功研制了聚丙烯塑料带捆扎机，在许多领域，特别是轻工领域内逐渐代替钢带捆扎，使捆扎机得到迅速普及。

我国捆扎机械生产自 1976 年开始，从 20 世纪 80 年代中期开始发展自动捆扎机，最初在书籍、报刊发行部门获得推广，近年来发展异常迅速，已广泛应用于轻工、食品、外贸、印刷、医药、化工、纺织等行业。现在市场上的捆扎机主要有尼龙绳、结束带、纸箱以及 PF 带等捆扎机。目前，我国一些生产捆扎机的厂家通过采用国际标准和吸收国外先进技术，在标准水平、设计制造技术和产品质量方面都有了较大的提高，比如杭州永创机械有限公司的全自动无人化捆扎机，在质量上达到国外同类设备的先进水平，可自动定位、捆扎、转位，可进行十字型、井字型等花样捆扎，采用微机控制，已实现无人操作的自动捆扎生产线。据中国包装印刷机械网报道，中国捆扎机械产业当前存在的主要问题是，技术密集型产品明显落后于发达工业国家，产业能源消耗大、产出率低、环境污染严重、对自然资源破坏

---

❶ 黄成楠. 我国捆扎机械的现状与发展战略 ［J］. 中国包装工业，1998（10）：6–8.

力大、企业总体规模偏小、技术创新能力薄弱、管理水平落后等。

（2）捆扎机械专利申请总体态势分析

本文采用国家知识产权局专利检索与分析系统作为中国捆扎机械专利申请信息数据库，结合主题词和国际专利分类号进行检索，得到中国专利分析样本数据2349条。

① 专利类型及法律状态分析

根据本文捆扎机械专利分析样本数据统计，中国捆扎机械专利申请总量为2331件，其中，发明专利为805件，占34.53%；实用新型为1526件，占65.47%，如图8－16所示。这表明中国捆扎机械专利类型分布与包装机械全领域专利类型分布基本一致，仍以实用新型为主，反映了捆扎机械的开发和设计特点，以及以短期保护为主的专利特征。

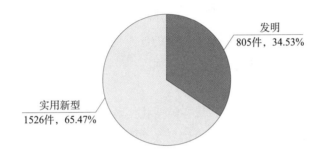

图8－16　捆扎机械专利申请类型分布情况

图8－17列出了中国捆扎机械专利当前的法律状态。从图8－17中可以看出，捆扎机械有效专利为1243件，占53.32%，专利权终止的为625件，占26.81%，未决专利申请为303件，占12.99%；撤回的专利申请为143件，占6.13%；驳回的专利申请为17件，占0.72%。表明目前失效专利数量占到33.66%。

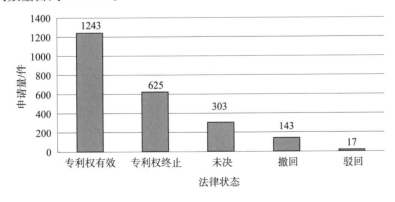

图8－17　中国捆扎机械专利法律状态分布情况

如表 8 - 22 所示，从专利类型的法律状态来看，实用新型的有效专利所占比例较大，占 75.00%，失效专利占 25.00%；发明专利的有效专利数量占 48.20%，失效专利比例占到 14.41%，未决专利申请比例占到 37.39%。

表 8 - 22　捆扎机械专利申请类型及法律状态　　　　　单位：件

法律状态	发明专利	实用新型
有效	388/48.20%	1145/75.00%
失效	116/14.41%	381/25.00%
未决	301/37.39%	——
总计	805/100.00%	1526/100.00%

捆扎机械领域与包装机械全领域相比，捆扎机械有效实用新型占其实用新型申请量的比重比包装机械全领域（57.30%）高很多，但是捆扎机械有效发明专利占其发明专利申请量的比重比包装机械全领域（57.11%）低。这表明对实用新型的保护力度较强。

② 专利区域分布分析

首先，如图 8 - 18 所示，从各国捆扎技术在中国的专利申请分布来看，在专利申请总量中，我国专利申请量为 2056 件，占 88.21%；美国专利申请为 85 件，占 3.64%；日本专利申请为 80 件，占 3.43%；中国台湾专利申请为 43 件，占 1.86%；瑞士专利申请为 28 件，占 1.22%；德国专利申请为 14 件，占 0.63%；韩国专利申请为 6 件，占 0.25%；其他国家和地区占 0.63%。可见，我国捆扎技术领域占绝对优势，表明我国捆扎技术领域高度重视在本国的专利申请，将竞争之地更多地选择在本国市场。美国、日本、德国等国家在中国的捆扎技术专利布局同样表现强势。

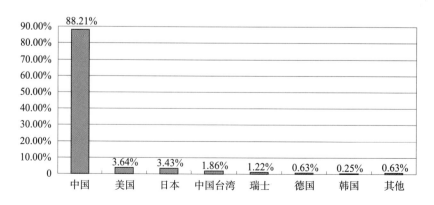

图 8 - 18　捆扎机械专利申请区域分布情况

其次，如图 8 – 19 所示，从国内各省市的捆扎技术专利分布来看，主要分布在江苏、浙江、上海、广东、安徽等省市，所述 5 个省市专利申请量分别为 300 件、267 件、188 件、135 件和 106 件，分别占 12.89%、11.45%、8.07%、5.77% 和 4.59%。吉林省相关捆扎技术专利申请量为 23 件，占 0.99%。表明捆扎技术研发力量及生产产品主要集中在江苏、浙江、上海、广东、安徽等省市，是推动我国捆扎技术产业发展的核心地区和优势地区。吉林省与这些省市相比，差距仍较大。

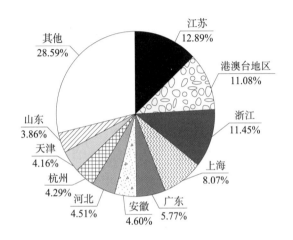

图 8 – 19　中国各省市及计划单列市捆扎机械专利分布情况

③ 专利申请趋势分析

图 8 – 20 显示了中国捆扎机械专利申请量年度分布趋势。首先，从总体申请趋势来看，捆扎机械专利申请与包装机械全领域基本相同，大致经历了三个阶段。

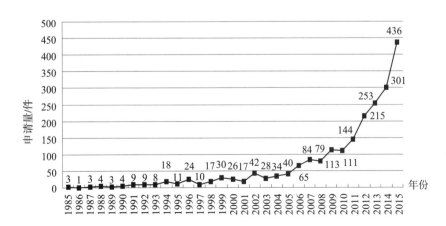

图 8 – 20　中国捆扎机械专利申请量年度分布趋势

第一阶段是 1985～1993 年，起步阶段。这一阶段国内专利申请数量极少，年专利申请量最多为 9 件，专利申请量累计 44 件，占专利申请总量的 1.89%。

第二阶段是 1995～2008 年，稳步增长阶段。其间，捆扎技术年专利申请量保持在 11～80 件，呈缓慢增长态势，专利申请量累计达到 525 件，占专利申请总量的 22.52%。

第三阶段是 2009～2015 年，快速发展阶段。该时期专利申请量猛增到 110 件以上，特别是 2012 年以后年专利申请量突破 200 件大关，2014 年突破 300 件，到 2015 年达到 436 件，显示出迅猛发展的势头。这一阶段专利申请量累计达到 1573 件，占专利申请总量的 67.5%，即用占 23% 的时间创造了占 67.5% 的专利成果。

其次，如图 8-21 所示，从各国家和地区在中国申请捆扎机械专利的趋势来看，中国国内专利申请量持续保持增长态势，特别是 2011 年以后国内申请专利的热情高涨。美国和日本在中国专利申请主要集中在 1993 年以后，其间偶有间断，但基本上每年都在中国申请专利，特别是日本从 2006 年起从未间断，表明对中国市场的关注度很高。德国和瑞士则分别从 1998 年和 1993 年起在中国申请专利，到 2015 年虽然有些年份无申请，且申请数量也不多，但从未放弃过在中国申请专利，表明这些国家始终关注中国捆扎机械市场。

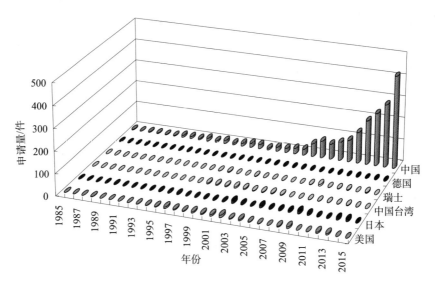

图 8-21　各国家和地区在中国捆扎机械专利申请量年度分布趋势

（3）捆扎机械专利申请人分析

① 申请人类型分析

据统计，本文的捆扎机械中国专利分析样本数据中，职务发明创造的专利申请量为 1590 件，占专利申请总量的 68.21%。如图 8 – 22 所示，职务发明创造的专利申请中，各类企业专利申请量为 1492 件，占 93.84%；大专院校申请量为 69 件，占 4.33%；科研单位申请量为 27 件，占 1.70%；机关团体申请量为 2 件，占 0.13%。此外，捆扎机械职务发明专利申请中各类企业申请量所占比重超过包装机械全领域中企业所占的比重（92.72%），表明捆扎机械企业在该领域技术创新中所发挥的主导作用更加突出。

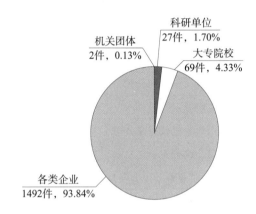

图 8 – 22　中国捆扎机械职务发明专利申请人类型分布

② 申请人区域分布分析

根据检索结果统计，本文捆扎机械中国专利分析样本数据中，申请人共有 1345 个，其中，国内申请人为 1206 个，占 89.70%；日本有 41 个、美国有 18 个、德国有 10 个、瑞士有 9 个，四个国家合计占 5.80%；其他国家或地区的申请人占 4.50%。与包装机械全领域国内申请人所占比重（91.37%）相比，捆扎机械领域国内申请人所占比重稍小，其他国家或地区申请人所占比重偏大。

表 8 – 23 列出了中国捆扎机械专利申请量排名前 20 位的专利申请人。从排名前 20 位的申请人区域分布情况来看，中国大陆企业有 16 家，占前 20 名的 80%；中国台湾、美国、日本、瑞士的企业各 1 家，分别占 5%。表明中国捆扎机械企业注重在本土市场进行专利布局，并已形成强大的技术优势。

表 8 - 23 　中国捆扎机械专利申请量排名前 20 位的申请人 　　单位：件

序号	申请人	国别/地区	申请量
1	上海力以电气有限公司	中国	65
2	杭州永创智能设备股份有限公司	中国	44
3	上海龙润机电科技有限公司	中国	35
4	伊利诺斯工具公司	美国	31
5	杭州永创机械有限公司	中国	28
6	美克司公司	日本	23
7	奥格派克有限公司	瑞士	22
8	河北汇金机电股份有限公司	中国	22
9	威尔机械江苏有限公司	中国	18
10	台州旭田包装机械有限公司	中国	17
11	YANG BEY IND CO LTD	中国台湾	16
12	武汉钢铁（集团）公司	中国	16
13	元贝实业股份有限公司	中国	15
14	延边龙川包装机械有限公司	中国	15
15	河北联合大学	中国	14
16	昆山市德来福工业自动化有限公司	中国	13
17	贵州慧联科技有限公司	中国	12
18	贵州省机电装备工程技术研究中心有限公司	中国	12
19	佛山市南海新兴利合成纤维有限公司	中国	11
20	光荣株式会社	日本	11

同时，为了了解和掌握国外捆扎机械相关企业在中国的专利申请情况，本文对各国在中国专利申请量排名靠前的企业进行了统计，结果如表 8 - 24 所示。

表 8 - 24 　中国捆扎机械专利申请量排名前 5 位的外国申请人分布 单位：件

国别	序号	申请人	申请量
日本	1	美克司公司	23
	2	光荣株式会社	11
	3	冲电气工业株式会社	5
	4	郡是株式会社	4
	5	畑谷宽	3

国别	序号	申请人	申请量
美国	1	伊利诺斯工具公司	31
	2	伊利诺斯工具制造公司	10
	3	信诺国际IP控股有限责任公司	6
	4	伊利诺斯工具制品有限责任公司	5
	5	国际企业公司	5
	6	塞恩德公	5
瑞士	1	奥格派克有限公司	19
	2	富朗控股公司	4
	3	米什兰研究与技术公司	1
	4	米其林技术公司	1
	5	米勒·马蒂尼控股公	1
德国	1	克罗内斯股份公司	8
	2	SMS物流系统有限责任公司	1
	3	克拉斯无限公司	1
	4	关卡系统国际股份有限责任公司	1
	5	希克洛普有限责任公司	1
韩国	1	三星电子株式会社	1
	2	株式会社三鼎包装和铝	1
	3	株式会社迪斯艾	1
	4	裕一银行安全系统公司	1
瑞典	1	森德·伯斯塔公司	2
	2	泰玛蒂克有限公司	1
	3	瑞典商顺智公司	1
奥地利	1	安德里特斯公开股份有限公司	2
	2	恒天（奥地利）控股有限公司	1
法国	1	A.雷蒙公司	1
	2	伯塔拉姆有限公司	1
	3	阿特利耶概念研究中心	1

③ 申请人趋势分析

表8-25列出了中国捆扎机械专利申请量排名前十位的申请人年度分

布。根据申请专利分布，申请人主要分为两类。

表 8 – 25 中国捆扎机械前十位专利申请人申请量年度分布   单位：件

序号	申请人	年份	申请量	总计
1	上海力以电气有限公司	2006	27	65
		2007	38	
2	杭州永创智能设备股份有限公司	2011	17	44
		2012	4	
		2013	16	
		2015	7	
3	上海龙润机电科技有限公司	2008	8	35
		2009	19	
		2010	8	
4	杭州永创机械有限公司	2006	1	28
		2007	11	
		2008	1	
		2010	15	
5	威尔机械江苏有限公司	2013	26	26
6	河北汇金机电股份有限公司	2011	9	22
		2014	12	
		2015	1	
7	伊利诺斯器械工程公司	1999	1	21
		2001	4	
		2002	11	
		2003	1	
		2004	4	
8	美克司株式会社	2005	4	18
		2006	2	
		2007	1	
		2009	9	
		2010	1	
		2015	1	

续表

序号	申请人	年份	申请量	总计
9	奥格派克有限公司	2002	2	18
		2003	1	
		2008	1	
		2009	10	
		2014	4	
10	台州旭田包装机械有限公司	2009	3	18
		2015	3	
		2016	12	
14	延边龙川包装机械有限公司	2005	2	15
		2007	2	
		2008	1	
		2009	2	
		2010	1	
		2011	2	
		2013	2	
		2015	3	

第一类，"先多后少"型。以申请量排名第一位的上海力以电气有限公司、排名第三位的上海龙润机电科技有限公司和排名第四位的杭州永创机械有限公司为代表。这 3 家公司专利申请集中在 2006～2010 年，特别是上海力以电气有限公司仅在 2006 年和 2007 年就申请大量专利，其余年份均无申请量。这表明这 3 家公司在这一期间大量从事捆扎技术研发，显示出强大的独占中国捆扎机市场的势头，可谓是当时的领头企业，但随后其发展重点转向或者捆扎技术研发没有新的突破或者走向衰退。

第二类，"先少后多"型。以专利申请量排名第二位的杭州永创智能设备股份有限公司和排名第六位的河北汇金机电股份有限公司为代表。这两家公司起步较晚，专利申请始于 2011 年。但自开始申请专利到 2015 年，在坚持新技术研发的同时注重专利申请，是近 5 年专利申请最活跃的企业，值得关注。

延边龙川包装机械有限公司在捆扎机械领域专利申请量排名第 14 位，2005～2015 年，保持匀速申请专利，显示出稳步发展势头。

④ 申请人有效专利分析

表 8 – 26 列出了中国捆扎机械领域当前有效专利拥有量排名前十位的专利申请人。表 8 – 27 列出了中国捆扎机械专利申请人授权量年度分布。可以看出，有效专利排名前四位的杭州永创智能设备股份有限公司、杭州永创机械有限公司、上海龙润机电科技有限公司、河北汇金机电股份有限公司的授权量分别是 43 件、28 件、24 件、21 件，有效专利数量占其申请量的比例分别达到 97.7%、100%、68.6%、95.5%，表明这些企业所拥有的大多数专利技术具有市场价值，值得企业投入经费维持其有效法律状态。

表 8 – 26　中国捆扎机械专利申请人拥有有效专利情况　　单位：件

序号	申请人	国别	授权量
1	杭州永创智能设备股份有限公司	中国	43
2	杭州永创机械有限公司	中国	28
3	上海龙润机电科技有限公司	中国	24
4	河北汇金机电股份有限公司	中国	21
5	美克司公司	日本	14
6	奥格派克有限公司	瑞士	13
7	威尔机械江苏有限公司	中国	13
8	台州旭田包装机械有限公司	中国	13
9	伊利诺斯工具公司	美国	12
10	延边龙川包装机械有限公司	中国	12

表 8 – 27　中国捆扎机械专利申请人授权量年度分布　　单位：件

序号	申请人	年份	授权量	总计
1	杭州永创智能设备股份有限公司	2011	17	43
		2012	4	
		2013	15	
		2015	7	
2	杭州永创机械有限公司	2007	11	28
		2008	1	
		2010	16	
3	上海龙润机电科技有限公司	2008	2	24
		2009	14	
		2010	8	

续表

序号	申请人	年份	授权量	总计
4	河北汇金机电股份有限公司	2011	9	21
		2014	12	
5	美克司株式会社	2005	2	14
		2006	1	
		2007	1	
		2009	9	
		2010	1	
6	台州旭田包装机械有限公司	2015	3	13
		2016	10	
7	奥格派克有限公司	2002	2	13
		2003	1	
		2008	1	
		2009	9	
8	威尔机械江苏有限公司	2013	13	13
9	伊利诺斯器械工程公司	2002	8	12
		2003	1	
		2004	3	
10	延边龙川包装机械有限公司	2007	1	12
		2008	1	
		2009	2	
		2010	1	
		2011	2	
		2013	2	
		2015	3	

据统计，专利申请量排名第一位的上海力以电气有限公司无一有效专利，其申请的大多数发明专利在公开阶段视为撤回，表明该公司专利申请量虽多，但专利申请质量欠佳。

为了较深入地了解捆扎机械领域专利优势企业的状况，本文对捆扎机械专利授权量排名前十位的企业作了简要介绍，如表 8-28 所示。

表 8 – 28 捆扎机械专利申请主要企业介绍

序号	企业名称	企业简介
1	杭州永创智能设备股份有限公司	该公司成立于 2002 年，是私营股份有限公司，专注于从事包装设备及配套包装材料的研发设计、生产制造、安装调试与技术服务，以技术为依托为客户提供包装设备解决方案。主营封口机械、多功能包装机、贴标机械、打包机械等。该公司品牌在国际上具有一定的影响力，产品销往美国、德国、韩国、意大利等 50 多个国家和地区。目前已具备包装设备的自主研发、独立设计、生产制造和安装调试能力，形成涉及四大系列，25 个品种、247 种规格包装设备的产品体系。公司自主研发的纸箱成型机、纸片式包装机、全自动装箱机、装盒机、包膜热收缩机、全自动封箱机、开装封一体机、全自动捆扎机、半自动捆扎机、全自动码垛机、自走式缠绕机、啤酒及饮料智能包装生产线、硬币自动检数包装联动线等包装设备产品技术处于国内同类产品领先水平，硬币自动检数包装联动线技术填补了国内空白
2	杭州永创机械有限公司	该公司成立于 1983 年，现拥有现代化总装车间、精密部件加工车间、研发中心、运营中心共 12 万平方米包装机械厂房，是一家专业从事包装机械研发、生产的企业。该公司主要产品系列有：真空包装机、纸箱成型机、纸盒成型机、贴标机、收缩包装机、灌装机、枕式包装机、封箱机、打包机、卸箱机、卸瓶机、缠绕机、装箱机、装盒机、堆码机等包装机械，以及设计各种包装流水线；同时生产打包带、拉伸膜、收缩膜等各种包装材料。产品广泛应用于轻工、食品、外贸、百货、印刷、医药、化工、邮电、纺织等行业，在中国包装机械行业具有领先优势，产品远销 50 多个国家和地区
3	上海龙润机电科技有限公司	该公司成立于 1998 年，是一家从事金融设备软件开发、产品研制、生产与销售于一体的上海市高新技术企业。该企业已被列为上海市知识产权示范企业及上海市 AAA 级企业。经营具有自主知识产权的"龙润""凯丰"两大注册品牌（点、扎、捆、电子回单柜及配套电子产品）的金融设备系列产品。该公司自有技术研发中心，具有雄厚的研发实力，优秀的技术团队，目前中高级以上职称及专业技术人员达 37 人，企业曾承担了上海市火炬计划项目 3 项、国家重点新产品项目 2 项，有多个产品处国际先进水平。该公司研制开发的产品在工商银行、农商银行、中国银行、建设银行、交通银行及招商银行、上海银行、上海农村商业银行及国内多个省市的邮政系统与农村信用社联合社等国内外几十家金融机构被广泛应用，国内销售及服务网络已遍布了国内所有省会城市及部分地级城市，并与海内外一些知名品牌的客商建立了良好的战略合作伙伴关系。目前产品在国外已有 18 个国家和地区在使用

序号	企业名称	企业简介
4	河北汇金机电股份有限公司	该公司成立于 2005 年 3 月，是国内领先的集金融设备研发、生产、销售、服务于一体的国家高新技术企业。该公司总部位于石家庄市高新技术产业开发区，拥有占地近 8 万平方米的研发生产基地。公司致力于自动控制、图像识别、计算机软件、通信技术等基础研究，组建了基础、应用、软件研究机构，形成了完整自主知识产权的技术体系，主要产品有 HJL 系列纸币清分包装流水线、ZK – 400BL 全自动捆钞机、ZK – 300BL 半自动捆钞机、ZB – 300 系列扎捆一体机、ZB – 100 自动扎把机等
5	美克司公司	该公司成立于 1942 年 11 月，是一家在订书机和文具产品技术领先的公司。该公司生产的办公用品、建筑工具、住宅环境设备等在日本乃至世界享有很高声誉以及市场占有率。该公司先后发明了诸多高科技产品，包括高压订书机与空压机、充电式工具、瓦斯订书机、钢筋捆扎机等。日本 MAX 产品从 1995 年开始进入中国市场，拥有广泛的中国消费群体
6	奥格派克有限公司	该公司成立于 1925 年，90 多年来坚持传统与现代技术相结合，开发用塑料和钢带进行捆扎的手工工具、标准机械和成套设备及其控制系统等，现已是最终包装和运输安全领域世界领先制造商之一，在包装界享有盛名，是全球第一打包机领导品牌，追求的专业目标是设计并制造出安全且高效能的打包机，提升产品在运输过程中的稳定性。主要产品有全自动捆扎机、半自动捆扎机，包括铁扣式打包机、气动钢带收紧器、气动咬扣机、铁扣式打包机等。特别是自 2009 年以来，该公司成功研发出第三代打包机 OR – T 120/250/400，该机种突破了传统打包机两键式的操作设计，仅需使用单指单键即可完成打包动作，为全球首创，每年全球热销约两万台，带领电池式打包机跨入一个全新时代，真正实现了打包无线的理想
7	威尔机械江苏有限公司（原丹阳市威尔机械制造有限公司）	该公司地处长三角黄金地段苏南丹阳市，是一家专门从事钢铁企业连铸机轴承座及辊系的专业化公司。该公司拥有两个生产基地，占地面积 2.3 万平方米，建筑面积近 1.5 万平方米，固定资产近 2500 万元，拥有各类员工 200 余人，其中工程技术人员 50 余人。该公司拥有各类精密及数控加工设备近 120 台，年产连铸机轴承座 6 万套、辊系 3000 套。2012 年该公司与北京航空航天大学合作研发了棒型材打捆机器人，填补了国内空白。2014 年，该公司成立了威尔诺登智能装备丹阳有限公司，专门负责高科技产品的开发，引进国内外先进的技术并进行创新和研发

续表

序号	企业名称	企业简介
8	台州旭田包装机械有限公司	该公司成立于1970年，是一家致力于先进包装设备研发，生产及销售的集团公司。主要产品有全自动缠绕机、悬臂式缠绕机、高速缠绕机、在线式缠绕机、托盘式缠绕机、转盘式缠绕机、拉伸薄膜缠绕机、自走式缠绕机、裹包机、半自动打包机、半自动捆扎机、纸箱打包机、ET塑钢带打包机、气动钢带打包机、气动打包工具、电动打包工具、电动PET塑钢带打包机、便携式电动打包机、充电打包机、充电捆扎机等
9	伊利诺斯工具公司	该公司是美国全球著名的专业工程配件和工业系统产品生产商，成立于1912年，拥有悠久的历史，总部设在伊利诺伊州芝加哥，致力于从事高性能紧固系统，机械和化学紧固系统，专用和通用设备及工业、民用消费系统、电动工具、钻石钻孔机具、射钉系统等产品的研发和生产。目前它在40多个国家中拥有超过500间个别独立的运作结构，员工超过5万名，其中600个子公司分布于全球34个国家和地区。其旗下拥有Accu-lube（阿库路巴）、Rocol（罗哥）、Daraclean（美国磁通环保型水性清洗剂）、Cedar Lubricants（显微镜油）、Rustlick（金属加工液）、SafeTap等品牌，是金属切削冷却润滑的专家，也是世界上技术革新最快的公司之一
10	延边龙川包装机械有限公司	该公司是我国冶金包装机械研发生产基地和国内最大的供应商。1992年成立包装机械研究所，现拥有高级工程师8名，工程师20名，是省级技术中心和科技型企业。该公司先后研制开发了"梅花鹿"牌系列扎捆机产品30余种，开发出了采用PLC电子计算机自动程序控制的高科技大型捆扎卷板、热扎窄带和钢丝打捆机——光机电一体化的工业机器人，主要用于钢铁企业和有色金属企业的钢材、铝材的扎捆等系列产品

⑤ 申请人相对研发实力分析

表8-29列出了中国捆扎机械专利申请量排名前十位的申请人主要涉及的技术领域，以及申请人某一技术领域占该技术领域全部申请量的比例。

表8-29　中国捆扎机械前十位专利申请人相对研发实力情况　单位：件

申请人	技术领域	申请量	比例	总计
上海力以电气有限公司	B65B	65	2.53%	82
	B26D	17	70.83%	

续表

申请人	技术领域	申请量	比例	总计
杭州永创智能设备股份有限公司	B65B	44	1.71%	44
上海龙润机电科技有限公司	B65B	35	1.36%	42
	B65H	3	3.84%	
	B65D	2	5.71%	
	G07D	2	16.66%	
伊利诺斯工具公司	B65B	31	1.21%	40
	B25B	4	21.05%	
	B65D	3	8.57%	
	B21F	1	9.09%	
	B30B	1	5.0%	
美克司公司	B65B	23	0.89%	35
	E04G	9	60.0%	
	B21F	1	9.09%	
	B25B	1	5.26%	
	B65D	1	2.85%	
杭州永创机械有限公司	B65B	28	1.09%	29
	B26D	1	4.16%	
奥格派克有限公司	B65B	22	0.85%	23
	B25B	1	5.26%	
河北汇金机电股份有限公司	B65B	22	0.85%	22
台州旭田包装机械有限公司	B65B	17	0.66%	18
	B65G	1	2.12%	
威尔机械江苏有限公司	B65B	18	0.7%	18

通过表 8-29 可以看出，第一，所有申请人均涉及 B65B 类（包装物件或物料的机械，装置或设备，或方法）研究。其中上海力以电气有限公司相关专利申请量最多，申请量为 65 件，占该领域全部申请量的 2.53%；其次是杭州永创智能设备股份有限公司，为 44 件，占 1.71%；上海龙润机电科技有限公司为 35 件，占 1.36%。这表明在该领域上海力以电气有限公司、杭州永创智能设备股份有限公司、上海龙润机电科技有限公司的研发实力较强。

第二，部分申请人在其他相关领域具备专业性和研发实力。比如，上海力以电气有限公司在 B26D（切割、用于切断的设备）领域的申请量为 17 件，占该技术领域全部发明的 70.83%；伊利诺斯工具公司在 B25B（用于紧固、连接、拆卸或夹持的工具或台式设备）领域的专利申请量为 4 件，在该技术领域全部发明中所占比例较大，为 21.05%；美克司公司在 E04G（脚手架、模壳；模板；施工用具或其他建筑辅助设备）领域的专利申请量比例较大，为 9 件，占该技术领域全部发明的 60%。数据表明各企业在不同技术领域均具有较强的实力。

（4）捆扎机械专利主要发明人分析

据统计，本文捆扎机械中国专利分析样本数据中，发明人数为 3397 人，其中，中国申请人为 2974 人，占 87.54%；美国申请人为 133 人，占 3.92%；日本申请人为 110 人，占 3.24%；其他国家发明人占 5.30%。与包装机械全领域发明人的区域构成相比，捆扎机械领域国内发明人所占比重相对较少，其他国家或地区的发明人所占比重较大。本文重点对发明量位居前十名的发明人进行了分析。

① 主要发明人年度趋势分析

图 8-23 显示了中国捆扎机械领域发明量排名前 16 位的发明人及其专利申请数量，表 8-30 列出了中国捆扎机械主要发明人专利申请量年度分布。从图 8-23 和表 8-30 可以看出，申请量最大的发明人是杭州永创智能设备股份有限公司的罗邦毅，申请量为 74 件，其申请的时间段分布在 2004～2015 年，表明该发明人近 10 年保持良好的发明状态，且有成效，是本领域技术研发引领人之一。排名第二位的是上海力以电气有限公司的高云，申请量为 66 件，申请专利时间主要集中在 2006 年和 2007 年，表明该发明人技术研发实力较强且研发活动高度集中，且近 10 年无发明成果。排名第三位和第四位的是上海龙润机电科技有限公司的吴家昌和李新刚，申请量分别为 36 件和 35 件，申请时间集中在 2008～2012 年，近 3 年无发明创造成果。

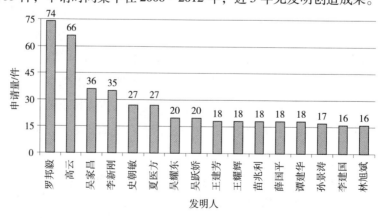

图 8-23　中国捆扎机械主要发明人专利申请情况

表 8 – 30　中国捆扎机械主要发明人专利申请量年度分布　　　单位：件

序号	发明人	年份	申请量	总计
1	罗邦毅	2004	2	74
		2006	1	
		2007	11	
		2008	1	
		2010	15	
		2011	17	
		2012	4	
		2013	16	
		2015	7	
2	高云	2006	27	66
		2007	38	
		2010	1	
3	吴家昌	2008	8	36
		2009	19	
		2010	8	
		2012	1	
4	李新刚	2008	8	35
		2009	19	
		2010	8	
5	史朝敏	2006	27	27
6	夏医方	2006	27	27
7	吴耀东	2008	8	20
		2009	4	
		2010	8	
8	吴跃姣	2008	8	20
		2009	4	
		2010	8	
9	王建芳	2013	18	18
10	王耀辉	2013	18	18

根据检索，2015 年，田景涛、杨旭东、董维付、陈思顺、靳志强等发

明人的年申请量达到 12 件，表明这 5 位发明人最近的发明创造活动比较活跃，代表了捆扎机械技术研发新生力量。

② 主要发明人有效专利数量分析

表 8-31 列出了中国捆扎机械领域当前有效专利拥有量排名前十位的发明人。从表 8-31 中可以看出，有效专利拥有量排名第一位的是罗邦毅，有效专利数量为 72 件，占其申请总量的 97.3%；排名第二位的是吴家昌和李新刚，有效专利数量均为 24 件，分别占其申请总量的 66.7%。表明，罗邦毅的发明创造目前受法律保护的比例较大，研发成果价值高，具有较强的市场竞争性。而申请量位居第二位的发明人高云则无一有效专利。

表 8-31 中国捆扎机械主要发明人有效专利分布 单位：件

序号	发明人	有效专利数量	申请量	所占比例
1	罗邦毅	72	74	97.3%
2	吴家昌	24	36	66.7%
3	李新刚	24	35	68.6%
4	吴耀东	13	20	65.0%
5	吴跃姣	13	20	65.0%
6	孙景涛	12	17	70.6%
7	弗拉维奥·芬佐	12	15	80.0%
8	林旭斌	12	16	75.0%
9	王建芳	12	18	66.7%
10	高 云	0	66	0%

③ 主要发明人相对研发实力分析

表 8-32 列出了中国捆扎机械专利申请量排名前十位的发明人主要涉及的技术领域，以及发明人某一技术领域占该技术领域全部专利申请的比例情况。

从表 8-32 中可以看出。首先，所有发明人的研究均涉及 B65B 类（包装物件或物料的机械，装置或设备，或方法）。其中高云在这一领域的发明量最多，为 66 件，占该领域全部专利申请的 1.11%；其后是罗邦毅，申请量为 74 件，占 1.25%。表明高云、罗邦毅在该领域研发实力较强。

其次，还可以看出，上海力以电气有限公司的高云、史朝敏、夏医方同时侧重于 B26D（切割、切断设备）研究；贵州慧联科技有限公司的杨旭东和田景涛则更侧重于 B65G（运输或贮存装置）领域的研究。

表 8 – 32　捆扎机械主要发明人相对研发实力情况　　　　单位：件

发明人	技术领域	申请量	比例	总计
高云	B65B	66	1.11%	83
	B26D	17	25.37%	
罗邦毅	B65B	74	1.25%	75
	B26D	1	1.49%	
史朝敏	B65B	27	0.45%	44
	B26D	17	25.37%	
夏医方	B65B	27	0.45%	44
	B26D	17	25.37%	
吴家昌	B65B	36	0.6%	43
	B65H	3	1.31%	
	B65D	2	2.59%	
	G07D	2	5.88%	
李新刚	B65B	35	0.59%	42
	B65H	3	1.31%	
	B65D	2	2.59%	
	G07D	2	5.88%	
吴耀东	B65B	20	0.33%	27
	B65H	3	1.31%	
	B65D	2	2.59%	
	G07D	2	5.88%	
吴跃姣	B65B	20	0.33%	27
	B65H	3	1.31%	
	B65D	2	2.59%	
	G07D	2	5.88%	
杨旭东	B65B	12	0.2%	20
	B65G	8	6.25%	
田景涛	B65B	12	0.2%	20
	B65G	8	6.25%	

（5）捆扎机械专利技术领域分析

据统计，本文捆扎机械中国专利分析样本数据中，相关技术领域涉及国际专利分类号的 7 个部、41 个大类、69 个小类，并且其技术领域主要分布在 B65B 13（捆扎物件机械类）。根据需要，本文主要按国际分类号

B65B 13 对捆扎机械主要涉及的技术领域进行了分析。

① 技术领域构成分析

图 8 - 24 列出了按 IPC 分类统计的中国捆扎机械所涉及的每个领域的专利数量。如图 8 - 24 所示，捆扎机械领域专利申请量主要集中于 B65B 13/18，申请量为 1304 件，占 39.7%；其次为 B65B 13/02，申请量为 533 件，占 16.2%。表明，有关捆扎机械的零部件及在捆扎机械上使用的辅助装置方面及围绕物件使用和紧固捆扎材料方面的技术研发为热点领域。另外，B65B 13/22 为 295 件，占 9.0%；B65B 13/20 为 286 件，占 8.7%；B65B 13/32 为 255 件，占 7.8%；B65B 13/04 为 205 件，占 6.2%。表明，控制捆扎装置张力的装置，捆扎前压缩或压紧捆扎件的装置，用焊接、钎焊或热封，带有在切断供料之前引导围绕物件的捆扎材料的装置也备受关注。

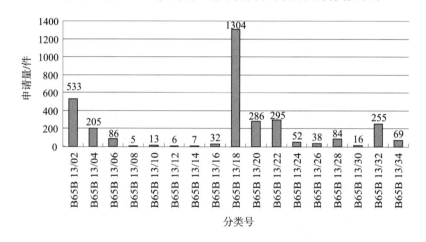

图 8 - 24　中国捆扎机械技术领域 IPC 分类专利申请构成

中国捆扎机械重点涉及的技术领域国际专利分类号含义及申请数量如表 8 - 33 所示。

表 8 - 33　中国扎捆机械各技术领域的专利申请量分布　　　　　单位：件

技术领域	技术内容	申请量
B65B 13/18	捆扎机械的零部件，在捆扎机械上使用的辅助装置	1304
B65B 13/02	围绕物件或成组物件使用和紧固捆扎材料，如使用细绳、金属线、窄条、带或扎带	533
B65B 13/22	控制捆扎装置张力的装置	295
B65B 13/20	捆扎前压缩或压紧捆扎件的装置	286
B65B 13/32	用焊接、钎焊或热封；用涂加黏合剂	255
B65B 13/04	带有在切断供料之前引导围绕物件的捆扎材料的装置	205

② 主要技术领域趋势分析

如图 8-25 所示，从专利申请量较为集中的 B65B 13/18 技术领域年度专利申请趋势来看，专利申请量呈逐年增长趋势，特别是 2011 年以来其数量急剧增长，显现出良好的发展势头。

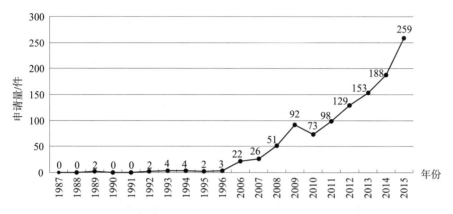

图 8-25　中国扎捆机械在 B65B 13/18 技术领域专利申请量趋势

③ 技术生命周期分析

图 8-26 显示了中国捆扎机械专利技术生命周期曲线，描述了专利申请人数量和专利申请量在不同时期的增减情况。通过对图 8-26 与图 8-4 比较可以看出，捆扎机械技术正处于上升期。特别是 2010~2015 年，专利申请数量和申请人数量急速上升，表现出良好的发展势头。

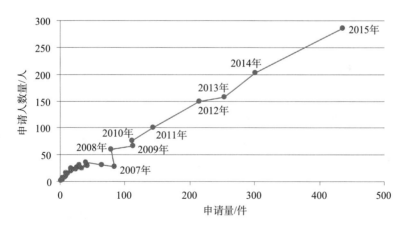

图 8-26　中国捆扎机械专利技术生命周期曲线

四、包装机械领域发展趋势预测

（一）专利申请态势

1. 全球申请态势

全球范围内包装机械领域的专利申请，无论是申请数量，还是申请人和发明人均主要分布在美国、德国、意大利、日本和瑞士等国家，并且掌握了包装机械的核心基础技术。这表明上述 5 个国家拥有强大的技术实力，基本控制了包装机械领域的技术市场，是全球主要的竞争之地。中国企业在包装机械专利方面也进行了全球布局，但是从数量、核心专利等方面与上述 5 个国家相比差距较大。但是，值得关注的是，从 2012 年起我国专利布局数量增长迅速，开始充分意识到全球布局的重要性。

从发展趋势来看，随着科技经济的发展，中国、韩国等国家的专利申请量占全球专利申请量的比重在逐年增加，但是全球包装机械申请量呈减少趋势，特别是 2009 年以来全球专利申请量和申请人数大幅度减少，进入了技术衰退时期。可以预见，未来虽然美国、德国、意大利、日本等国家在相当一段时间内仍会保持技术领先优势，但是包装机械领域技术格局将显现多极化区域分布的趋势。

2. 国内申请态势

首先，从国内专利分布情况来看，无论是专利申请数量还是质量，江苏、广东、浙江、山东、上海均名列前茅，并且专利申请量的一半以上集中在上述 5 个省市。上述 5 个省市是推动我国包装机械领域发展的核心力量。其次，从外国在中国专利分布情况来看，日本、德国、美国、意大利等世界包装机械领域强国在中国的专利布局同样强势，表现出对中国包装机械市场的高度关注和占领中国市场的强烈欲望，尤其是捆扎机械领域的外国企业在中国申请专利的热情更高。

特别值得关注的是，与全球包装机械领域发展趋势相反，我国包装机械领域的专利申请从 2010 年以来持续保持高速增长，专利申请量和申请人数均以年均 30% 以上的增长率增长，表明我国包装机械技术创新能力极大增强，专利意识大幅度提高。这与"十二五"以来我国各有关部门制定一系列政策，大力支持包装机械行业发展密不可分。国家持续的研发投入，使得自主包装设备的技术水平与国际差距逐渐缩小，部分产品性能达到或超过国外先进水平，实现了关键成套装备从长期进口到基本实现自主化生产的跨越。

（二）主要专利申请人

在全球包装机械专利申请中，申请量名列前四位的申请人是意大利吉第联合股份有限公司、瑞士利乐拉瓦尔集团及财务有限公司、德国罗伯特·博世有限公司、日本石田株式会社。这4家公司不仅在包装机械主要技术领域，而且在各个技术分支上研发实力突出且均衡发展，不仅重视在本国申请专利，而且重视包括中国在内的其他国家进行专利布局，表现出强大的占领世界包装机械市场的能力。近3年，专利活动比较活跃的申请人是意大利的吉第联合股份有限公司、德国的罗伯特·博世有限公司和日本的石田株式会社。

在中国包装机械专利申请中，申请量名列前三位的申请人是江苏仅一包装技术有限公司、成都三可实业有限公司、重庆业胜包装有限公司。这3家企业在国内具有突出的技术研发实力，但是3家企业均只在本国申请专利，而没有选择国际化路线。近3年，专利申请活动较为活跃的申请人是江苏仅一包装技术有限公司、成都辉博机械设备有限公司、成都三可实业有限公司和延边龙川包装机械有限公司。

在中国捆扎机械专利申请中，申请量名列前三位的申请人是上海力以电气有限公司、杭州永创智能设备股份有限公司、上海龙润机电科技有限公司，这3家企业显示出较强的研发实力，但是，近3年专利活动较为活跃的申请人是杭州永创智能设备股份有限公司、河北汇金机电股份有限公司、台州旭田包装机械有限公司和武汉钢铁（集团）公司。

（三）专利技术研发热点

从国内外包装机械专利技术领域分析结果来看，国内外共同的研发热点是包装物件的供给、松紧、排列或定向方面，以及密封或紧固包装件的折叠口或封口的装置或方法的研究。但是近几年的专利申请侧重领域却有所不同。

第一，国外在农业和食品包装机械领域，比如农业或园艺产品包装，薄片或特殊形状的肉、奶酪或其他塑性或发黏的制品包装，纸张或类似薄片物品、信封或报纸的包装，衣着的包装，打算在包装件内烹饪的食品的包装等方面的专利申请量较多,处于强势。相比之下,我国这一领域的研究相对较少,反映我国在这一领域的品种缺口较大,市场潜力很大。

第二,我国在将流动性固体材料,例如粉末、颗粒或松散的纤维材料、大量的松散小物件包装在单个容器或贮器方面的申请量数量较多,且呈急剧增长态势。这表明近两年我国努力弥补长期以来在不规则的粉状、小颗粒和其他性状物品的包装方面落后的局面,加大了研发力度。而国外在此领域的专利申请量相对较少,且呈下降趋势,处于衰退阶段。

第三,通过包装机械专利分析可以看到,无论国内外侧重点如何,国内外包装机械自动控制、检验、报警,或包装机械安全装置方面的技术研发数量都有增加趋势,与自动化有关的高新技术,如智能化的数控系统、编码器及数字控制组件、微电脑、动力负载控制等新型设备与包装机械的结合越来越大,推动作用越来越明显,加快包装机械机电一体化进程的意图越来越显现。

此外,通过捆扎机械专利分析可以看出,捆扎机械的发展趋势在向全自动化、高级化和多样化等方面延伸,技术研发更多地倾向于各种用途的捆扎机,比如压缩打包机;实现捆扎机能自动定位、捆扎、转位,并可进行十字形等花样捆扎的技术;采用微机控制以实现无人操作的自动捆扎生产线。

(四) 专利技术研发合作

从全球包装机械专利主要申请人申请专利情况来看,所有申请人都有合作申请专利的经历。有的申请人合作申请率高达80%以上。合作方式有同行企业间的合作、企业与大学的合作,也有企业与个人的合作。但是,从国内主要专利申请人申请专利情况来看,几乎没有合作申请。合作研发与申请专利是未来趋势。

五、对我国包装机械领域发展的若干建议

以上从企业专利战略制定流程的角度出发,对包装机械领域专利信息进行了收集、整理和分析。下面以此为基础,对我国包装机械领域专利战略选择提出如下建议。

(一) 专利创造战略

(1) 重视源头创新,研发包装机械技术。我国的包装机械产业与发达

国家相比有较大差距，但时也具有良好的发展基础，这从该领域的专利申请量逐年上升便可以看出。因此，当前包装机械领域技术研发在消化、吸收先进技术的同时，应按照"开发尖端技术、掌握一流技术、淘汰落后技术"的总体思路，进行源头技术创新。通过专利分析也可以看出，世界包装机械发展的趋势具体体现在应用和研发基础技术及集成设计技术等。主要的基础技术包括：机电一体化技术、微电脑技术、热管技术、配套元器件及检测技术、计算机仿真技术、模块化技术、自诊断技术；集成设计技术指包装机械集国防科技、航天技术、机械制造等多渠道的技术信息，从中确定包装机械所需的共性关键技术，用这些共性关键技术和先进适用技术提升传统的包装机械，在比照国内外先进技术的基础上，进行创新设计，注入技术含量。

（2）目前，美国、德国、意大利、日本在包装机械领域的研发实力强大，而且在全球和中国已经形成专利布局。比如，美国在食品包装方面，掌握有微波、无菌包装等方面的专利技术；德国掌握有将计算机仿真设计技术应用在包装机械的专利技术；日本掌握有伺服马达驱动的包装机械基本技术。我国包装机械领域与发达国家相比，起步较晚，基础性研究和创新上有所欠缺，但随着产业迅猛发展，从事相关技术研发的企业越来越多，拥有的核心技术专利也越来越多。因此，我国包装机械企业在进行技术研发时，首先，应根据市场的变化，对自己原有技术产品不断优化，通过申请外围专利，对基本专利形成一道网，限制他人发展空间。其次，可以通过对他人现有基本专利技术进行充分研究，并结合本企业实际技术难题，研发与之配套的一些外围技术，并及时申请专利，在其外围设置专利网，以遏制竞争对手的基本专利，使其失去市场垄断地位，赢得优势。

（3）国外企业合作申请专利已成潮流，而我国包装机械领域合作申请专利的却很少。这不仅不利于包装机械企业高水平地研发和生产能够满足用户需求的包装设备，也不利于拓展市场。专利申请量是衡量一个企业技术研发实力、占有市场能力的重要指标。对于同行企业来说，专利申请量较大的企业既可能是强大的竞争对手，也可能是最佳合作伙伴。因此，我国可以借鉴发达国家的成功经验，通过研究和挖掘主要专利申请人、发明人等方式，不仅可以采取生产企业与产品消费用户合作、与上游的包装机械材料行业或企业合作、与大学合作，而且可以采取与同行企业相互合作的方式，建立优势互补的研发合作机制，快速提升自身的研发水平，生产出水平更高、更具市场价值、更受消费者欢迎的产品。

(二) 专利运用战略

(1) 目前，有关包装机械专利技术，在中国申请专利并公开的专利文献至少有 4696 件，通过 WIPO 申请并公开的文献有 1091 件。运用这些专利文献可以充分了解国内外包装技术领域的最新研发成果、特定技术的发展趋势、行业研发实力、技术关键的解决方案等，从而可以提高企业研发起点和水平，节约研究经费，缩短研发时间。

(2) 充分利用专利信息资源。专利具有公开性，这使得我国公众可以从公开渠道获取大量具有战略价值的各国专利技术文献。但是，其中很多新技术专利没有在中国申请保护。比如，经初步研究发现，日本在本国的包装机械专利申请公开量为 13629 件，而在中国的专利申请量仅为 160 件，也就是说至少有 98% 的技术没有在中国申请专利，这意味着日本公开的专利文献中很多技术在中国不受保护，因此，我国企业可以大胆利用这些公开文献，仿造使用。同时，经研究发现，包装机械技专利技术在我国的专利法律状态，失效专利占到了 28%。因此，在技术研发过程中，可以采取模仿失效专利策略，充分利用凝结于失效专利中的发明创造点和实用价值，并从中开发出新的技术，这是迅速提高企业研发水平的一种有效方法。

(三) 专利保护战略

专利保护是企业专利战略的一个重要保证，是企业参与市场竞争的重要手段。通常，大型企业通过专利布局打造核心技术优势，以为其圈定忠实的用户，而小公司保护专利则凭借专利布局获得与大公司对等的合作机会。专利保护包括专利维持和专利诉讼等。

(1) 专利维持。经专利分析发现，我国包装机械专利申请量中有效专利占 57.29%。如何维持有效专利是企业经营中非常重要的一个环节。首先，企业要充分利用专利分析结果，科学研判每个专利技术的生命周期，综合判断专利技术的价值。专利技术的生命周期通常包括起步期、成长期、成熟期、衰落期 4 个阶段，并且市场上一种产品的优势地位常常会随着时间的变化而发生变化。因此，我国的包装机械企业要及时关注包装机械领域的发展动向，专利技术的生命周期以及产品的优势地位，合理维持专利。对价值高的技术，要持续投入资金维持专利权，而对没有需要的专利权，可以通过廉价转让权属或者主动放弃的方式，节约维持费用。

（2）专利诉讼。专利诉讼是所属技术领域竞争对手利益的博弈。随着包装机械产业快速发展，专利诉讼案件发生概率会大量增加。在这种环境下，企业首先要积极面对专利诉讼，并利用专利分析结果准确判断专利诉讼涉及专利的法律状态，以及其法律状态的存活期等，从而为专利诉讼提供依据。当前，美国、德国、日本、意大利作为包装机械专利大国，对我国包装机械企业构成一定的威胁。因此，我国包装机械企业在强化在这些国家市场的专利布局的同时重点关注其企业专利布局的动向，以防止专利侵权和被侵权。

六、结　语

本文以包装机械领域的发展现状和行业背景为基点，利用国家知识产权局专利检索和分析数据库检索包装机械领域相关专利文献，并对该领域国内外相关专利进行了统计分析，得出了专利总体态势及趋势，主要申请人、主要发明人及技术领域分布和趋势分析结果，最后，对我国包装机械里专利战略提出了建议，为提高包装机械行业的自主创新、提升核心竞争力提供了依据和参考。

由于能力和水平有限，本文对包装机械领域的分析存在局限性。比如，因为专利从申请到公开存在滞后期，该领域最新的专利技术从专利分析中无法体现出来；有一些专利信息受专利分析系统条件的约束，无法进入专利分析样本数据中，导致数据统计存在误差等，均有待进一步改进和完善。

延边州"十二五"期间专利申请及授权情况分析

　　为了全面、客观地反映延边州专利状况，为政府决策以及企事业单位、大专院校制定技术创新战略提供参考，有效促进延边州专利事业及社会经济发展，基于国家知识产权局、吉林省知识产权局和吉林省专利信息服务中心发布的相关专利数据，延边州知识产权局对延边州"十二五"期间专利申请及授权情况进行了统计、分析。

一、"十二五"期间延边州专利申请与授权情况

（一）总体情况

　　"十二五"期间，延边州专利申请量为2299件，较"十一五"期间增长44%，其中，发明专利申请量为644件，占同期专利申请总量的28%；实用新型专利申请量为1082件，占同期专利申请总量的47%；外观设计专利申请量为573件，占同期专利申请总量的25%；3种类型专利申请量较"十一五"期间分别增长77%、13%和108%。

　　"十二五"期间，延边州专利授权量为1659件，较"十一五"期间增长38%，其中，发明专利授权量为262件，占同期专利授权总量的15.8%；实用新型专利授权量为879件，占同期专利授权总量的53.0%；外观设计专利授权量为518件，占同期专利授权总量的31.2%；3种类型专利授权量较"十一五"期间分别增长33%、24%和77%（见图9-1和图9-2）。

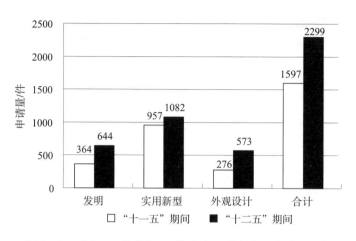

图 9 - 1　　"十一五""十二五"期间延边州专利申请量比较

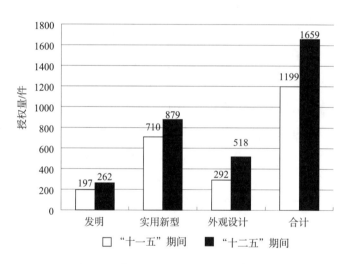

图 9 - 2　　"十一五""十二五"期间延边州专利授权量比较

（二）专利申请情况

1. 按申请年度分布情况

"十二五"期间，延边州各年度专利申请量分别为 433 件、507 件、502 件、417 件和 440 件。其中，2012 年和 2013 年显示出良好的申请势头，其申请量较上一年有较大增长。据调查，这一现象的出现与 2012 年延边州部分行业出台发明创造鼓励政策有关。此外，延边州专利申请量年均增长率为 3.4%，其中发明专利年均增长率为 6%，实用新型专利年均增长率为 4.1%，外观设计专利年均增长率为 17.9%。发明专利申请量逐年增加，反映延边州专利申请质量和技术创新能力不断增强；实用新型和外观设计专利申请量大幅增长，则表明延边州快速占领市场的意识在增强（见图9-3）。

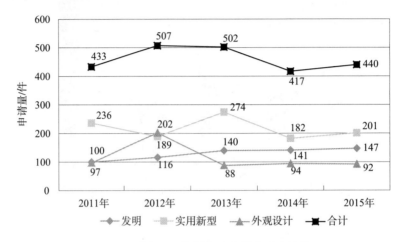

图9-3 "十二五"期间延边州专利申请情况

2. 按申请地区分布情况

"十二五"期间，延边州各县（市）专利申请量排名依次为延吉市、敦化市、珲春市、龙井市、汪清县、和龙市、图们市、安图县。排名第一位的延吉市专利申请总量为1158件，占同期全州专利申请总量的50%，其中，发明专利申请量为372件，占同期全州发明专利申请总量的57.8%；排名第二位的敦化市申请总量分别为342件，占同期全州发明专利申请总量的15%，其中，发明专利申请为105件，占同期全州发明专利申请总量的16%；排名第三位的珲春市专利申请量为296件，占同期全州专利申请总量的13%，其中发明专利申请为65件，占同期全州发明专利申请总量的10%（见表9-1）。

表9-1 "十二五"期间延边州各县（市）专利申请情况 单位：件

县（市）	2011年	2012年	2013年	2014年	2015年
延吉市	212	225	232	258	231
敦化市	58	100	89	40	55
珲春市	56	81	54	37	68
龙井市	25	26	33	32	21
汪清县	17	35	28	19	29
和龙市	43	19	33	14	16
图们市	18	14	18	17	20
安图县	14	7	10	20	33

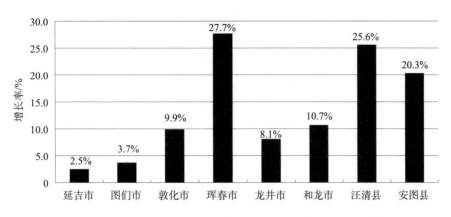

图 9 – 4　"十二五"期间延边州各县（市）专利申请量增长率分布

3. 按申请人类型分布情况

本文中的职务发明创造专利申请量是指专利申请人或权利人为法人单位或社团组织的专利申请量；非职务发明创造专利申请量是指专利申请人或权利人为个人的专利申请量。

"十二五"期间，延边州职务发明创造专利申请量为 813 件，占延边州专利申请总量的 34.4%；非职务发明创造专利申请量为 1486 件，占64.6%。职务发明创造专利申请以企业为主，其申请量为 687 件，占全州专利申请总量的 29.90%；其次是大专院校，为 119 件，占 5.20%；其后是机关团体和科研单位，分别占 0.26% 和 0.04%（见图 9 – 5）。

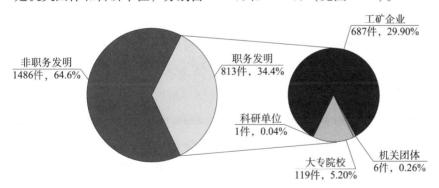

图 9 – 5　"十二五"期间延边州专利申请按申请人类型分布情况

（三）专利授权情况

1. 按授权年度分布情况

"十二五"期间，延边州专利授权量分别为 365 件、374 件、337 件、

316 件和 267 件。"十二五"期间，延边州专利授权量呈逐年下降趋势，年均增长率为 -2.7%，其中，发明专利年均增长率为 1.6%，实用新型年均增长率为 -4.7%，外观设计年均增长率为 7.8%。专利授权与专利申请量有关，同时，也与专利申请质量密切相关。"十二五"期间延边州专利申请量有所增加，但专利授权量降低，表明专利申请质量还有待提高（见图 9-6）。

图 9-6   "十二五"期间延边州专利授权情况

2. 按地区分布情况

"十二五"期间，延边州各县（市）专利授权量排名依次为延吉市、敦化市、珲春市、和龙市、龙井市、汪清县、图们市、安图县。排名第一位的延吉市专利授权量为 801 件，占同期全州专利授权总量的 48.3%，其中发明专利授权量为 106 件，占同期全州发明专利授权总量的 41.0%；敦化市专利授权量为 278 件，占同期全州专利授权总量的 16.8%，其中发明专利授权量为 85 件，占同期全州发明专利授权总量的 32.0%；珲春市专利授权总量为 213 件，占同期全州专利授权总量的 12.8%，其中发明专利授权量为 8 件，占同期全州发明专利授权总量的 3.1%（见表 9-2 和表 9-3）。

从专利授权量增长情况来看，"十二五"期间，延边州各县（市）专利授权量年均增长率排名依次为汪清县、安图县、龙井市、珲春市、图们市、敦化市、和龙市、延吉市，其增长率分别是 37%、35%、25%、18%、4.5%、2.6%、-3% 和 -5%。

单从发明专利授权量年均增长率来看，其排序依次为汪清县、和龙市、延吉市、敦化市、图们市、龙井市、安图县、珲春市。其中，汪清县和和龙市的年均增长率分别达到 75% 和 20%。

表 9 – 2　"十二五"期间延边州各县（市）专利授权量　　单位：件

县（市）	2011 年	2012 年	2013 年	2014 年	2015 年
延吉市	188	162	144	176	131
敦化市	61	79	56	43	39
珲春市	49	43	58	36	27
和龙市	33	18	32	21	11
龙井市	18	19	20	12	21
汪清县	11	19	14	14	26
图们市	12	17	9	16	12
安图县	15	9	5	3	10

表 9 – 3　"十二五"期间延边州各县（市）发明专利授权量　　单位：件

县（市）	2011 年	2012 年	2013 年	2014 年	2015 年
延吉市	16	23	19	20	28
图们市	4	4	5	3	0
敦化市	18	22	18	20	7
珲春市	4	2	0	2	0
龙井市	3	5	3	0	2
和龙市	3	2	6	5	4
汪清县	0	1	1	1	5
安图县	2	2	0	0	0

3. 按权利人类型分布情况

从权利人类型上看，"十二五"期间，延边州非职务发明创造专利授权量为 998 件，占同期延边州专利授权总量的 60.16%；职务发明创造专利授权量为 661 件，占 39.84%。职务发明创造专利授权量中，企业所占比重最大，占延边州专利授权总量的 35.02%，授权量为 581 件；其次是大专院校为 75 件，占 4.52%；机关团体和科研单位专利授权量较少，分别占 0.24% 和 0.06%（见图 9 – 7）。

二、有效发明专利情况

有效发明专利是指发明专利申请并获得授权后当前仍处于有效状态的专利。有效发明专利数量是衡量一个地区科技创新能力、专利竞争能力的最直观、最重要的指标，是分析一个地区技术创新领域、行业布局的重要依据。

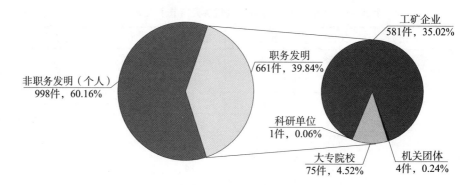

图 9 - 7 "十二五"期间延边州专利授权量按权利人类型分布情况

(一) 总体情况

截至 2015 年 12 月,延边州有效发明专利拥有量为 316 件,同比增长 13.3%;每万人口发明专利拥有量为 1.47 件,同比增长 13.1%。2014 年,延边州有效发明专利拥有量为 279 件,每万人口发明专利拥有量为 1.3 件。

(二) 按县 (市) 分布情况

延边州各县 (市) 有效发明专利拥有量排名依次为敦化市、延吉市、和龙市、图们市、龙井市、珲春市、汪清县、安图县。其中,敦化市有效发明专利拥有量为 128 件,占全州有效发明专利拥有量的 40.51%;延吉市为 123 件,占 38.92%;和龙市、图们市、龙井市、珲春市、汪清县和安图县分别为 21 件、15 件、12 件、8 件、8 件和 1 件,分别占 6.65%、4.75%、3.79%、2.53%、2.53% 和 0.32% (见图 9 - 8)。

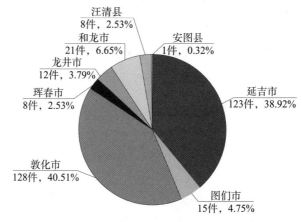

图 9 - 8 2015 年延边州各县 (市) 有效发明专利拥有量分布情况

（三）按权利人类型分布情况

按权利人类型划分，截至 2015 年 12 月，工矿企业有效发明专利拥有量为 169 件，占全州有效发明专利拥有量的 53.49%；个人为 123 件，占 38.92%；大专院校为 22 件，占 6.96%；科研单位为 2 件，占 0.63%。机关团体有效发明专利拥有量为零（见图 9-9）。

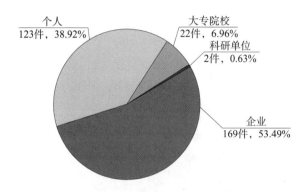

图 9-9　2015 年延边州有效发明专利按专利权人类型分布情况

（四）有效发明专利维持情况

有效专利维持时间反映一个地区的技术创新能力，也反映创新主体的专利运用和管理能力。发明专利权的保护期限为 20 年，但事实上并非所有发明专利都能保护至期限届满。通常，维持有效专利的时间越长，表明其创造经济效益的时间越长，市场价值也越高。截至 2015 年 12 月，延边州有效发明专利维持时间为 1~3 年的有 159 件，占有效发明专利总量的 50.32%，维持时间为 4~6 年的有 95 件，占 30.06%，维持时间为 7~9 年的有 33 件，占 10.44%，维持时间 10 年以上的有 29 件，占总量的 9.18%。

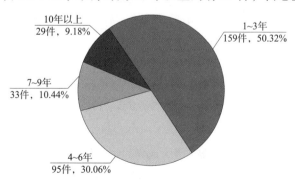

图 9-10　2015 年延边州有效发明专利按维持时间分布情况

（五）按技术领域分布情况

技术领域分类按国际专利分类表（IPC）分为八大部，即 A 部：人类生活必需；B 部：作业、运输；C 部：化学、冶金；D 部：纺织、造纸；F 部：机械工程；G 部：物理；H 部：电学。延边州有效发明专利主要分布在 A 部，占有效发明专利总量的 58%，其次是 B 部和 C 部，分别占 14%，并且主要分布在医学卫生、食品食料、测量测试、烟草及有机化学等产业（见图 9 – 11 和表 9 – 4）。

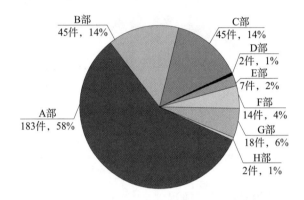

图 9 – 11　2015 年延边州有效发明专利按技术领域分布情况

表 9 – 4　延边州有效发明专利主要涉及的技术领域

排序	IPC	技术内容	数量/件	占有效发明专利比重/%
1	A61K 36/00	医用、牙科用或梳妆用的配制品，含有来自藻类、苔藓、真菌或植物或其派生物，例如传统草药的未确定结构的药物制剂	15	4.75
2	G01N 30/00	利用吸附作用、吸收作用或类似现象，或者利用离子交换，例如色谱法将材料分离成各个组分，来测试或分析材料	9	2.85
3	A23L 1/00	食品或食料；它们的制备或处理	7	2.22
4	A61K 35/00	医用、牙科用或梳妆用的配制品，含有其有不明结构的原材料或其反应产物的医用配制品	7	2.22
5	C07J 17/00	含有碳、氢、卤素或氧的正系甾族化合物，具有 1 个不与环戊烷并［a］氢化菲骨架稠合的含氧杂环	6	1.90

续表

排序	IPC	技术内容	数量/件	占有效发明专利比重/%
6	A23L 2/00	非酒精饮料；其干组合物或浓缩物；它们的制备	5	1.58
7	A24B 15/00	烟草的化学特性或处理；烟草代用品	4	1.27
8	A61K 9/00	以特殊物理形状为特征的医药配制品	4	1.27
9	A01G 1/00	园艺；蔬菜的栽培	3	0.95
10	A24B 3/00	在烟厂内制备烟草，烟草的蒸、调制或加香	3	0.95
11	A61H 15/00	用滚柱、球按摩的理疗装置、人工呼吸、按摩、用于特殊治疗或保健目的或人体特殊部位的洗浴装置	3	0.95

（六）主要专利权利人分布情况

2015 年延边州有效发明专利拥有量主要集中在部分专利权人手中。据统计，有效发明专利拥有量排名前 15 位的专利权人所拥有的专利数量达 135 件，占全州有效发明专利总量的 43%。此外，排名前 15 位的专利权人中，企业占 12 位，个人占 2 位、高校占 1 位，并且所述 12 家企业所拥有的有效发明专利数量达 112 件，占全州有效发明专利总量的 35%（见图9－12）。

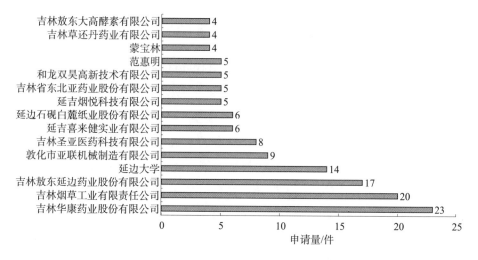

图 9－12　2015 年延边州排名前 15 位的专利权人有效发明专利拥有量

（七）发明人分布情况

据统计，2015 年，延边州有效发明专利拥有量排名前 15 位的发明人中，排名第一位的是吉林华康药业股份公司的刘传贵，完成 30 件发明创造，占全州有效发明专利总量的 9%。完成 10 件以上发明创造的的发明人共有 9 人，如图 9 – 13 所示。

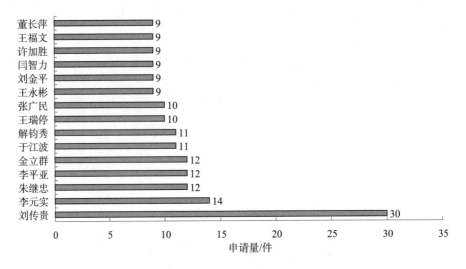

图 9 – 13　2015 年延边州排名前 15 位的发明人有效发明专利拥有量

三、主要结论

（一）专利产出数量显著增长，其质量有待进一步提升

据统计，"十二五"期间，延边州专利申请量较"十一五"期间增长 44%，其中，发明专利、实用新型专利和外观设计专利申请量分别增长 77%、13% 和 108%；专利授权量较"十一五"期间增长 38%，其中，发明专利、实用新型专利和外观设计专利授权量分别增长 33%、24% 和 77%。表明，"十二五"期间延边州技术创新能力增强，专利意识及运用专利制度快速占领市场的意识大幅提高。但是，发明、实用新型、外观设计三种类型专利申请和授权的比例分别为 28%、47%、25% 和 16%、53%、31%，表明，技术含量相对较高的发明专利占比明显偏低，专利申请质量还有待提高。

（二）各县（市）间专利产出实力差距依然存在，但逐渐缩小

"十二五"期间延边州各县（市）专利申请量和授权量主要集中于延吉市和敦化市。延吉市的专利申请量和授权量分别占全州专利申请总量和授权总量的 50% 和 48.3%，占绝对优势；敦化市专利申请量和授权量分别占全州专利申请总量和授权总量的 15% 和 16.8%；而其余 6 个县（市）的专利申请量之和及授权量之和分别占全州专利申请总量和授权总量的 35% 和 34.9%，这充分反映了各县（市）间经济实力和技术创新能力存在的差距。但从"十二五"期间各县（市）专利申请量和授权量增长情况看，其格局有所不同。专利申请量年均增长率排名前 3 位的是珲春市、汪清县和安图县，增长率分别为 27.7%、25.6% 和 20.3%，而延吉市和敦化市分别排名第八位和第五位，增长率分别为 2.5% 和 9.9%；专利授权量年均增长率排名前 3 位的是汪清县、安图县和龙井市，增长率分别为 37%、35% 和 25%，而延吉市和敦化市分别排名第八位和第六位，增长率分别为 −5% 和 2.6%。表明，各县（市）专利产出方面差距在逐渐缩小。

（三）企业的主体作用逐渐显现，但职务发明创造专利申请占比仍然偏低

职务发明创造专利申请占比在一定条件下体现一个地区专利创新高度和实施程度。"十二五"期间，延边州职务发明创造专利申请量仅占全州专利申请总量的 35%，占比明显偏低，表明，延边州专利创新高度和实施程度较低。

职务发明创造专利申请量中，企业申请量占 84.50%，大专院校占 14.64%，机关团体和科研单位分别占 0.74% 和 0.12%，并且有效发明专利拥有量中，企业占绝对优势。表明，延边州专利创造的主要力量来自企业，企业运用专利制度的意识较强，具有较强的专利产出实力，并且更加注重长期维持专利，增加企业无形资产存量，赢得市场竞争优势，获得较高的经济效益，能够带来诸多益处。高等院校和科研机构多以基础应用研究为主，技术创新与市场联系的紧密程度较低，导致专利产出及专利维持成效不佳。同时，也反映出企业、高等院校和科研机构作为科技活动和科技创新的三大主体，因其功能存在差异而在专利产出方面形成的特点有所不同。

（四）有效发明专利拥有量有较大增长，但每万人口发明专利拥有量偏低

2015 年，延边州有效发明专利拥有量 316 件，同比增长 13.3%，其数量位列吉林省第四位。每万人口发明专利拥有量为 1.47 件，虽然同比增长 13.1%，但低于吉林省平均水平 2.79 件，更低于全国平均水平 6.3 件。

（五）有效发明专利技术主要分布在人类生活必需品类

2015 年，延边州有效发明专利申请量排前 3 位的技术领域分别是医用、牙科用或梳妆用的配制品技术，利用吸附、吸收作用或类似现象，或者利用离子交换来测试或分析材料技术及食品或食料及其制备或处理技术，与延边州经济发展密切相关的高技术产业专利较少，其布局有待改善。

（六）有效发明专利维持时间较短，低于吉林省平均水平

2015 年，延边州有效发明专利 5 年以上维持率为 21%，远低于吉林省平均维持率 54.4%。一般情况下，发明专利维持 3～6 年之后，其有效专利数量明显下降。究其原因，一是很多专利技术 3～6 年之后因不具备市场应用价值或被更新替代而被放弃；二是发明专利的维持费随维持时间的增加阶段性提高，由此带来的资金压力迫使专利权人放弃专利。

附　录

国务院关于新形势下加快知识产权强国建设的若干意见

国发〔2015〕71号

各省、自治区、直辖市人民政府，国务院各部委、各直属机构：

国家知识产权战略实施以来，我国知识产权创造运用水平大幅提高，保护状况明显改善，全社会知识产权意识普遍增强，知识产权工作取得长足进步，对经济社会发展发挥了重要作用。同时，仍面临知识产权大而不强、多而不优、保护不够严格、侵权易发多发、影响创新创业热情等问题，亟待研究解决。当前，全球新一轮科技革命和产业变革蓄势待发，我国经济发展方式加快转变，创新引领发展的趋势更加明显，知识产权制度激励创新的基本保障作用更加突出。为深入实施创新驱动发展战略，深化知识产权领域改革，加快知识产权强国建设，现提出如下意见。

一、总体要求

（一）指导思想。全面贯彻党的十八大和十八届二中、三中、四中、五中全会精神，按照"四个全面"战略布局和党中央、国务院决策部署，深入实施国家知识产权战略，深化知识产权重点领域改革，有效促进知识产权创造运用，实行更加严格的知识产权保护，优化知识产权公共服务，促进新技术、新产业、新业态蓬勃发展，提升产业国际化发展水平，保障和激励大众创业、万众创新，为实施创新驱动发展战略提供有力支撑，为推动经济保持中高速增长、迈向中高端水平，实现"两个一百年"奋斗目标和中华民族伟大复兴的中国梦奠定更加坚实的基础。

（二）基本原则。坚持战略引领。按照创新驱动发展战略和"一带一路"等战略部署，推动提升知识产权创造、运用、保护、管理和服务能力，深化知识产权战略实施，提升知识产权质量，实现从大向强、从多向优的转变，实施新一轮高水平对外开放，促进经济持续健康发展。

坚持改革创新。加快完善中国特色知识产权制度，改革创新体制机制，破除制约知识产权事业发展的障碍，着力推进创新改革试验，强化分配制度的知识价值导向，充分发挥知识产权制度在激励创新、促进创新成果合理分享方面的关键作用，推动企业提质增效、产业转型升级。

坚持市场主导。发挥市场配置创新资源的决定性作用，强化企业创新主体地位和主导作用，促进创新要素合理流动和高效配置。加快简政放权、放管结合、优化服务，加强知识产权政策支持、公共服务和市场监管，着力构建公平公正、开放透明的知识产权法治环境和市场环境，促进大众创业、万众创新。

坚持统筹兼顾。统筹国际国内创新资源，形成若干知识产权领先发展区域，培育我国知识产权优势。加强全球开放创新协作，积极参与、推动知识产权国际规则制定和完善，构建公平合理国际经济秩序，为市场主体参与国际竞争创造有利条件，实现优进优出和互利共赢。

（三）主要目标。到 2020 年，在知识产权重要领域和关键环节改革上取得决定性成果，知识产权授权确权和执法保护体系进一步完善，基本形成权界清晰、分工合理、责权一致、运转高效、法治保障的知识产权体制机制，知识产权创造、运用、保护、管理和服务能力大幅提升，创新创业环境进一步优化，逐步形成产业参与国际竞争的知识产权新优势，基本实现知识产权治理体系和治理能力现代化，建成一批知识产权强省、强市，知识产权大国地位得到全方位巩固，为建成中国特色、世界水平的知识产权强国奠定坚实基础。

二、推进知识产权管理体制机制改革

（四）研究完善知识产权管理体制。完善国家知识产权战略实施工作部际联席会议制度，由国务院领导同志担任召集人。积极研究探索知识产权管理体制机制改革。授权地方开展知识产权改革试验。鼓励有条件的地方开展知识产权综合管理改革试点。

（五）改善知识产权服务业及社会组织管理。放宽知识产权服务业准入，促进服务业优质高效发展，加快建设知识产权服务业集聚区。扩大专利代理领域开放，放宽对专利代理机构股东或合伙人的条件限制。探索开展知识产权服务行业协会组织"一业多会"试点。完善执业信息披露制度，及时公开知识产权代理机构和从业人员信用评价等相关信息。规范著作权集体管理机构收费标准，完善收益分配制度，让著作权人获得更多许可收益。

（六）建立重大经济活动知识产权评议制度。研究制定知识产权评议政策。完善知识产权评议工作指南，规范评议范围和程序。围绕国家重大产业规划、高技术领域重大投资项目等开展知识产权评议，建立国家科技计划知识产权目标评估制度，积极探索重大科技活动知识产权评议试点，建立重点领域知识产权评议报告发布制度，提高创新效率，降低产业发展风险。

（七）建立以知识产权为重要内容的创新驱动发展评价制度。完善发展评价体系，将知识产权产品逐步纳入国民经济核算，将知识产权指标纳入国民经济和社会发展规划。发布年度知识产权发展状况报告。在对党政领导班子和领导干部进行综合考核评价时，注重鼓励发明创造、保护知识产权、加强转化运用、营造良好环境等方面的情况和成效。探索建立经营业绩、知识产权和创新并重的国有企业考评模式。按照国家有关规定设置知识产权奖励项目，加大各类国家奖励制度的知识产权评价权重。

三、实行严格的知识产权保护

（八）加大知识产权侵权行为惩治力度。推动知识产权保护法治化，发挥司法保护的主导作用，完善行政执法和司法保护两条途径优势互补、有机衔接的知识产权保护模式。提高知识产权侵权法定赔偿上限，针对情节严重的恶意侵权行为实施惩罚性赔偿并由侵权人承担实际发生的合理开支。进一步推进侵犯知识产权行政处罚案件信息公开。完善知识产权快速维权机制。加强海关知识产权执法保护。加大国际展会、电子商务等领域知识产权执法力度。开展与相关国际组织和境外执法部门的联合执法，加强知识产权司法保护对外合作，推动我国成为知识产权国际纠纷的重要解决地，构建更有国际竞争力的开放创新环境。

（九）加大知识产权犯罪打击力度。依法严厉打击侵犯知识产权犯罪行为，重点打击链条式、产业化知识产权犯罪网络。进一步加强知识产权行政执法与刑事司法衔接，加大涉嫌犯罪案件移交工作力度。完善涉外知识产权执法机制，加强刑事执法国际合作，加大涉外知识产权犯罪案件侦办力度。加强与有关国际组织和国家间打击知识产权犯罪行为的司法协助，加大案情通报和情报信息交换力度。

（十）建立健全知识产权保护预警防范机制。将故意侵犯知识产权行为情况纳入企业和个人信用记录。推动完善商业秘密保护法律法规，加强人才交流和技术合作中的商业秘密保护。开展知识产权保护社会满意度调查。建立收集假冒产品来源地相关信息的工作机制，发布年度中国海关知识产权保护状况报告。加强大型专业化市场知识产权管理和保护工作。发挥行业组织在知识产权保护中的积极作用。运用大数据、云计算、物联网等信息技术，加强在线创意、研发成果的知识产权保护，提升预警防范能力。加大对小微企业知识产权保护援助力度，构建公平竞争、公平监管的创新创业和营商环境。

（十一）加强新业态新领域创新成果的知识产权保护。完善植物新品种、生物遗传资源及其相关传统知识、数据库保护和国防知识产权等相关法律制度。适时做好地理标志立法工作。研究完善商业模式知识产权保护制度和实用艺术品外观设计专利保护制度。加强互联网、电子商务、大数据等领域的知识产权保护规则研究，推动完善相关法律法规。制定众创、众包、众扶、众筹的知识产权保护政策。

（十二）规制知识产权滥用行为。完善规制知识产权滥用行为的法律制度，制定相关反垄断执法指南。完善知识产权反垄断监管机制，依法查处滥用知识产权排除和限制竞争等垄断行为。完善标准必要专利的公平、合理、无歧视许可政策和停止侵权适用规则。

四、促进知识产权创造运用

（十三）完善知识产权审查和注册机制。建立计算机软件著作权快速登记通道。优化专利和商标的审查流程与方式，实现知识产权在线登记、电子申请和无纸化审批。完善知识产权审查协作机制，建立重点优势产业专利申请的集中审查制度，建立健全涉及产业安全的专利审查工作机制。合理扩大专利确权程序依职权审查范围，完善授权后专利文件修改制度。拓展"专利审查高速路"国际合作网络，加快建设世界一流专利审查机构。

（十四）完善职务发明制度。鼓励和引导企事业单位依法建立健全发明报告、权属划分、奖励报酬、纠纷解决等职务发明管理制度。探索完善创新成果收益分配制度，提高骨干团队、主要发明人收益比重，保障职务发明人的合法权益。按照相关政策规定，鼓励国有企业赋予下属科研院所知识产权处置和收益分配权。

（十五）推动专利许可制度改革。强化专利以许可方式对外扩散。研究建立专利当然许可制度，鼓励更多专利权人对社会公开许可专利。完善专利强制许可启动、审批和实施程序。鼓励高等院校、科研院所等事业单位通过无偿许可专利的方式，支持单位员工和大学生创新创业。

（十六）加强知识产权交易平台建设。构建知识产权运营服务体系，加快建设全国知识产权运营公共服务平台。创新知识产权投融资产品，探索知识产权证券化，完善知识产权信用担保机制，推动发展投贷联动、投保联动、投债联动等新模式。在全面创新改革试验区域引导天使投资、风险投资、私募基金，加强对高技术领域的投资。细化会计准则规定，推动企业科学核算和管理知识产权资产。推动高等院校、科研院所建立健全知识产权转移转化机构。支持探索知识产权创造与运营的众筹、众包模式，促进"互联网＋知识产权"融合发展。

（十七）培育知识产权密集型产业。探索制定知识产权密集型产业目录和发展规划。运用股权投资基金等市场化方式，引导社会资金投入知识产权密集型产业。加大政府采购对知识产权密集型产品的支持力度。试点建设知识产权密集型产业集聚区和知识产权密集型产业产品示范基地，推行知识产权集群管理，推动先进制造业加快发展，产业迈向中高端水平。

（十八）提升知识产权附加值和国际影响力。实施专利质量提升工程，培育一批核心专利。加大轻工、纺织、服装等产业的外观设计专利保护力度。深化商标富农工作。

加强对非物质文化遗产、民间文艺、传统知识的开发利用，推进文化创意、设计服务与相关产业融合发展。支持企业运用知识产权进行海外股权投资。积极参与国际标准制定，推动有知识产权的创新技术转化为标准。支持研究机构和社会组织制定品牌评价国际标准，建立品牌价值评价体系。支持企业建立品牌管理体系，鼓励企业收购海外知名品牌。保护和传承中华老字号，大力推动中医药、中华传统餐饮、工艺美术等企业"走出去"。

（十九）加强知识产权信息开放利用。推进专利数据信息资源开放共享，增强大数据运用能力。建立财政资助项目形成的知识产权信息披露制度。加快落实上市企业知识产权信息披露制度。规范知识产权信息采集程序和内容。完善知识产权许可的信息备案和公告制度。加快建设互联互通的知识产权信息公共服务平台，实现专利、商标、版权、集成电路布图设计、植物新品种、地理标志等基础信息免费或低成本开放。依法及时公开专利审查过程信息。增加知识产权信息服务网点，完善知识产权信息公共服务网络。

五、加强重点产业知识产权海外布局和风险防控

（二十）加强重点产业知识产权海外布局规划。加大创新成果标准化和专利化工作力度，推动形成标准研制与专利布局有效衔接机制。研究制定标准必要专利布局指南。编制发布相关国家和地区专利申请实务指引。围绕战略性新兴产业等重点领域，建立专利导航产业发展工作机制，实施产业规划类和企业运营类专利导航项目，绘制服务我国产业发展的相关国家和地区专利导航图，推动我国产业深度融入全球产业链、价值链和创新链。

（二十一）拓展海外知识产权布局渠道。推动企业、科研机构、高等院校等联合开展海外专利布局工作。鼓励企业建立专利收储基金。加强企业知识产权布局指导，在产业园区和重点企业探索设立知识产权布局设计中心。分类制定知识产权跨国许可与转让指南，编制发布知识产权许可合同范本。

（二十二）完善海外知识产权风险预警体系。建立健全知识产权管理与服务等标准体系。支持行业协会、专业机构跟踪发布重点产业知识产权信息和竞争动态。制定完善与知识产权相关的贸易调查应对与风险防控国别指南。完善海外知识产权信息服务平台，发布相关国家和地区知识产权制度环境等信息。建立完善企业海外知识产权问题及案件信息提交机制，加强对重大知识产权案件的跟踪研究，及时发布风险提示。

（二十三）提升海外知识产权风险防控能力。研究完善技术进出口管理相关制度，优化简化技术进出口审批流程。完善财政资助科技计划项目形成的知识产权对外转让和独占许可管理制度。制定并推行知识产权尽职调查规范。支持法律服务机构为企业提供全方位、高品质知识产权法律服务。探索以公证方式保管知识产权证据、证明材

料。推动企业建立知识产权分析评议机制，重点针对人才引进、国际参展、产品和技术进出口等活动开展知识产权风险评估，提高企业应对知识产权国际纠纷能力。

（二十四）加强海外知识产权维权援助。制定实施应对海外产业重大知识产权纠纷的政策。研究我驻国际组织、主要国家和地区外交机构中涉知识产权事务的人力配备。发布海外和涉外知识产权服务和维权援助机构名录，推动形成海外知识产权服务网络。

六、提升知识产权对外合作水平

（二十五）推动构建更加公平合理的国际知识产权规则。积极参与联合国框架下的发展议程，推动《TRIPS 协定与公共健康多哈宣言》落实和《视听表演北京条约》生效，参与《专利合作条约》《保护广播组织条约》《生物多样性公约》等规则修订的国际谈判，推进加入《工业品外观设计国际注册海牙协定》和《马拉喀什条约》进程，推动知识产权国际规则向普惠包容、平衡有效的方向发展。

（二十六）加强知识产权对外合作机制建设。加强与世界知识产权组织、世界贸易组织及相关国际组织的合作交流。深化同主要国家知识产权、经贸、海关等部门的合作，巩固与传统合作伙伴的友好关系。推动相关国际组织在我国设立知识产权仲裁和调解分中心。加强国内外知名地理标志产品的保护合作，促进地理标志产品国际化发展。积极推动区域全面经济伙伴关系和亚太经济合作组织框架下的知识产权合作，探索建立"一带一路"沿线国家和地区知识产权合作机制。

（二十七）加大对发展中国家知识产权援助力度。支持和援助发展中国家知识产权能力建设，鼓励向部分最不发达国家优惠许可其发展急需的专利技术。加强面向发展中国家的知识产权学历教育和短期培训。

（二十八）拓宽知识产权公共外交渠道。拓宽企业参与国际和区域性知识产权规则制修订途径。推动国内服务机构、产业联盟等加强与国外相关组织的合作交流。建立具有国际水平的知识产权智库，建立博鳌亚洲论坛知识产权研讨交流机制，积极开展具有国际影响力的知识产权研讨交流活动。

七、加强组织实施和政策保障

（二十九）加强组织领导。各地区、各有关部门要高度重视，加强组织领导，结合实际制定实施方案和配套政策，推动各项措施有效落实。国家知识产权战略实施工作部际联席会议办公室要在国务院领导下，加强统筹协调，研究提出知识产权"十三五"规划等具体政策措施，协调解决重大问题，加强对有关政策措施落实工作的指导、督促、检查。

（三十）加大财税和金融支持力度。运用财政资金引导和促进科技成果产权化、知识产权产业化。落实研究开发费用税前加计扣除政策，对符合条件的知识产权费用按规定实行加计扣除。制定专利收费减缴办法，合理降低专利申请和维持费用。积极推进知识产权海外侵权责任保险工作。深入开展知识产权质押融资风险补偿基金和重点产业知识产权运营基金试点。

（三十一）加强知识产权专业人才队伍建设。加强知识产权相关学科建设，完善产学研联合培养模式，在管理学和经济学中增设知识产权专业，加强知识产权专业学位教育。加大对各类创新人才的知识产权培训力度。鼓励我国知识产权人才获得海外相应资格证书。鼓励各地引进高端知识产权人才，并参照有关人才引进计划给予相关待遇。探索建立知识产权国际化人才储备库和利用知识产权发现人才的信息平台。进一步完善知识产权职业水平评价制度，稳定和壮大知识产权专业人才队伍。选拔培训一批知识产权创业导师，加强青年创业指导。

（三十二）加强宣传引导。各地区、各有关部门要加强知识产权文化建设，加大宣传力度，广泛开展知识产权普及型教育，加强知识产权公益宣传和咨询服务，提高全社会知识产权意识，使尊重知识、崇尚创新、诚信守法理念深入人心，为加快建设知识产权强国营造良好氛围。

国务院

2015 年 12 月 22 日

国务院关于印发《国家知识产权战略纲要》的通知

国发〔2008〕18号

各省、自治区、直辖市人民政府，国务院各部委、各直属机构：

现将《国家知识产权战略纲要》印发给你们，请认真贯彻实施。

国务院

2008年6月5日

国家知识产权战略纲要

为提升我国知识产权创造、运用、保护和管理能力，建设创新型国家，实现全面建设小康社会目标，制定本纲要。

一、序 言

（1）改革开放以来，我国经济社会持续快速发展，科学技术和文化创作取得长足进步，创新能力不断提升，知识在经济社会发展中的作用越来越突出。我国正站在新的历史起点上，大力开发和利用知识资源，对于转变经济发展方式，缓解资源环境约束，提升国家核心竞争力，满足人民群众日益增长的物质文化生活需要，具有重大战略意义。

（2）知识产权制度是开发和利用知识资源的基本制度。知识产权制度通过合理确定人们对于知识及其他信息的权利，调整人们在创造、运用知识和信息过程中产生的利益关系，激励创新，推动经济发展和社会进步。当今世界，随着知识经济和经济全球化深入发展，知识产权日益成为国家发展的战略性资源和国际竞争力的核心要素，成为建设创新型国家的重要支撑和掌握发展主动权的关键。国际社会更加重视知识产权，更加重视鼓励创新。发达国家以创新为主要动力推动经济发展，充分利用知识产权制度维护其竞争优势；发展中国家积极采取适应国情的知识产权政策措施，促进自身发展。

（3）经过多年发展，我国知识产权法律法规体系逐步健全，执法水平不断提高；知识产权拥有量快速增长，效益日益显现；市场主体运用知识产权能力逐步提高；知识产权领域的国际交往日益增多，国际影响力逐渐增强。知识产权制度的建立和实施，规范了市场秩序，激励了发明创造和文化创作，促进了对外开放和知识资源的引进，对经济社会发展发挥了重要作用。但是，从总体上看，我国知识产权制度仍不完善，自主知识产权水平和拥有量尚不能满足经济社会发展需要，社会公众知识产权意识仍较薄弱，市场主体运用知识产权能力不强，侵犯知识产权现象还比较突出，知识产权滥用行为时有发生，知识产权服务支撑体系和人才队伍建设滞后，知识产权制度对经济社会发展的促进作用尚未得到充分发挥。

（4）实施国家知识产权战略，大力提升知识产权创造、运用、保护和管理能力，有利于增强我国自主创新能力，建设创新型国家；有利于完善社会主义市场经济体制，规范市场秩序和建立诚信社会；有利于增强我国企业市场竞争力和提高国家核心竞争力；有利于扩大对外开放，实现互利共赢。必须把知识产权战略作为国家重要战略，切实加强知识产权工作。

二、指导思想和战略目标

（一）指导思想

（5）实施国家知识产权战略，要坚持以邓小平理论和"三个代表"重要思想为指导，深入贯彻落实科学发展观，按照激励创造、有效运用、依法保护、科学管理的方针，着力完善知识产权制度，积极营造良好的知识产权法治环境、市场环境、文化环境，大幅度提升我国知识产权创造、运用、保护和管理能力，为建设创新型国家和全面建设小康社会提供强有力支撑。

（二）战略目标

（6）到2020年，把我国建设成为知识产权创造、运用、保护和管理水平较高的国家。知识产权法治环境进一步完善，市场主体创造、运用、保护和管理知识产权的能力显著增强，知识产权意识深入人心，自主知识产权的水平和拥有量能够有效支撑创新型国家建设，知识产权制度对经济发展、文化繁荣和社会建设的促进作用充分显现。

（7）近五年的目标是：

——自主知识产权水平大幅度提高，拥有量进一步增加。本国申请人发明专利年度授权量进入世界前列，对外专利申请大幅度增加。培育一批国际知名品牌。核心版权产业产值占国内生产总值的比重明显提高。拥有一批优良植物新品种和高水平集成电路布图设计。商业秘密、地理标志、遗传资源、传统知识和民间文艺等得到有效保护与合理利用。

——运用知识产权的效果明显增强，知识产权密集型商品比重显著提高。企业知识产权管理制度进一步健全，对知识产权领域的投入大幅度增加，运用知识产权参与市场竞争的能力明显提升。形成一批拥有知名品牌和核心知识产权，熟练运用知识产权制度的优势企业。

——知识产权保护状况明显改善。盗版、假冒等侵权行为显著减少，维权成本明显下降，滥用知识产权现象得到有效遏制。

——全社会特别是市场主体的知识产权意识普遍提高，知识产权文化氛围初步形成。

三、战略重点

（一）完善知识产权制度

（8）进一步完善知识产权法律法规。及时修订专利法、商标法、著作权法等知识产权专门法律及有关法规。适时做好遗传资源、传统知识、民间文艺和地理标志等方面的立法工作。加强知识产权立法的衔接配套，增强法律法规可操作性。完善反不正当竞争、对外贸易、科技、国防等方面法律法规中有关知识产权的规定。

（9）健全知识产权执法和管理体制。加强司法保护体系和行政执法体系建设，发挥司法保护知识产权的主导作用，提高执法效率和水平，强化公共服务。深化知识产权行政管理体制改革，形成权责一致、分工合理、决策科学、执行顺畅、监督有力的知识产权行政管理体制。

（10）强化知识产权在经济、文化和社会政策中的导向作用。加强产业政策、区域政策、科技政策、贸易政策与知识产权政策的衔接。制定适合相关产业发展的知识产权政策，促进产业结构的调整与优化；针对不同地区发展特点，完善知识产权扶持政策，培育地区特色经济，促进区域经济协调发展；建立重大科技项目的知识产权工作机制，以知识产权的获取和保护为重点开展全程跟踪服务；健全与对外贸易有关的知识产权政策，建立和完善对外贸易领域知识产权管理体制、预警应急机制、海外维权机制和争端解决机制。加强文化、教育、科研、卫生等政策与知识产权政策的协调衔接，保障公众在文化、教育、科研、卫生等活动中依法合理使用创新成果和信息的权利，促进创新成果合理分享；保障国家应对公共危机的能力。

（二）促进知识产权创造和运用

（11）运用财政、金融、投资、政府采购政策和产业、能源、环境保护政策，引导和支持市场主体创造和运用知识产权。强化科技创新活动中的知识产权政策导向作用，坚持技术创新以能够合法产业化为基本前提，以获得知识产权为追求目标，以形成技术标准为努力方向。完善国家资助开发的科研成果权利归属和利益分享机制。将知识产权指标纳入科技计划实施评价体系和国有企业绩效考核体系。逐步提高知识产权密集型商品出口比例，促进贸易增长方式的根本转变和贸易结构的优化升级。

（12）推动企业成为知识产权创造和运用的主体。促进自主创新成果的知识产权化、商品化、产业化，引导企业采取知识产权转让、许可、质押等方式实现知识产权的市场价值。充分发挥高等学校、科研院所在知识产权创造中的重要作用。选择若干重点技术领域，形成一批核心自主知识产权和技术标准。鼓励群众性发明创造和文化创新。促进优秀文化产品的创作。

（三）加强知识产权保护

（13）修订惩处侵犯知识产权行为的法律法规，加大司法惩处力度。提高权利人自我维权的意识和能力。降低维权成本，提高侵权代价，有效遏制侵权行为。

（四）防止知识产权滥用

（14）制定相关法律法规，合理界定知识产权的界限，防止知识产权滥用，维护公平竞争的市场秩序和公众合法权益。

（五）培育知识产权文化

（15）加强知识产权宣传，提高全社会知识产权意识。广泛开展知识产权普及型教育。在精神文明创建活动和国家普法教育中增加有关知识产权的内容。在全社会弘扬以创新为荣、剽窃为耻，以诚实守信为荣、假冒欺骗为耻的道德观念，形成尊重知识、崇尚创新、诚信守法的知识产权文化。

四、专项任务

（一）专　利

（16）以国家战略需求为导向，在生物和医药、信息、新材料、先进制造、先进能源、海洋、资源环境、现代农业、现代交通、航空航天等技术领域超前部署，掌握一批核心技术的专利，支撑我国高技术产业与新兴产业发展。

（17）制定和完善与标准有关的政策，规范将专利纳入标准的行为。支持企业、行业组织积极参与国际标准的制定。

（18）完善职务发明制度，建立既有利于激发职务发明人创新积极性，又有利于促进专利技术实施的利益分配机制。

（19）按照授予专利权的条件，完善专利审查程序，提高审查质量。防止非正常专利申请。

（20）正确处理专利保护和公共利益的关系。在依法保护专利权的同时，完善强制许可制度，发挥例外制度作用，研究制定合理的相关政策，保证在发生公共危机时，公众能够及时、充分获得必需的产品和服务。

（二）商　标

（21）切实保护商标权人和消费者的合法权益。加强执法能力建设，严厉打击假冒等侵权行为，维护公平竞争的市场秩序。

（22）支持企业实施商标战略，在经济活动中使用自主商标。引导企业丰富商标内涵，增加商标附加值，提高商标知名度，形成驰名商标。鼓励企业进行国际商标注册，维护商标权益，参与国际竞争。

（23）充分发挥商标在农业产业化中的作用。积极推动市场主体注册和使用商标，促进农产品质量提高，保证食品安全，提高农产品附加值，增强市场竞争力。

（24）加强商标管理。提高商标审查效率，缩短审查周期，保证审查质量。尊重市场规律，切实解决驰名商标、著名商标、知名商品、名牌产品、优秀品牌的认定等问题。

（三）版　权

（25）扶持新闻出版、广播影视、文学艺术、文化娱乐、广告设计、工艺美术、计算机软件、信息网络等版权相关产业发展，支持具有鲜明民族特色、时代特点作品的创作，扶持难以参与市场竞争的优秀文化作品的创作。

（26）完善制度，促进版权市场化。进一步完善版权质押、作品登记和转让合同备案等制度，拓展版权利用方式，降低版权交易成本和风险。充分发挥版权集体管理组织、行业协会、代理机构等中介组织在版权市场化中的作用。

（27）依法处置盗版行为，加大盗版行为处罚力度。重点打击大规模制售、传播盗版产品的行为，遏制盗版现象。

（28）有效应对互联网等新技术发展对版权保护的挑战。妥善处理保护版权与保障信息传播的关系，既要依法保护版权，又要促进信息传播。

（四）商业秘密

（29）引导市场主体依法建立商业秘密管理制度。依法打击窃取他人商业秘密的行为。妥善处理保护商业秘密与自由择业、涉密者竞业限制与人才合理流动的关系，维护职工合法权益。

（五）植物新品种

（30）建立激励机制，扶持新品种培育，推动育种创新成果转化为植物新品种权。支持形成一批拥有植物新品种权的种苗单位。建立健全植物新品种保护的技术支撑体系，加快制订植物新品种测试指南，提高审查测试水平。

（31）合理调节资源提供者、育种者、生产者和经营者之间的利益关系，注重对农民合法权益的保护。提高种苗单位及农民的植物新品种权保护意识，使品种权人、品种生产经销单位和使用新品种的农民共同受益。

（六）特定领域知识产权

（32）完善地理标志保护制度。建立健全地理标志的技术标准体系、质量保证体系与检测体系。普查地理标志资源，扶持地理标志产品，促进具有地方特色的自然、人文资源优势转化为现实生产力。

（33）完善遗传资源保护、开发和利用制度，防止遗传资源流失和无序利用。协调遗传资源保护、开发和利用的利益关系，构建合理的遗传资源获取与利益分享机制。保障遗传资源提供者知情同意权。

（34）建立健全传统知识保护制度。扶持传统知识的整理和传承，促进传统知识发展。完善传统医药知识产权管理、保护和利用协调机制，加强对传统工艺的保护、开发和利用。

（35）加强民间文艺保护，促进民间文艺发展。深入发掘民间文艺作品，建立民间文艺保存人与后续创作人之间合理分享利益的机制，维护相关个人、群体的合法权益。

（36）加强集成电路布图设计专有权的有效利用，促进集成电路产业发展。

（七）国防知识产权

（37）建立国防知识产权的统一协调管理机制，着力解决权利归属与利益分配、有偿使用、激励机制以及紧急状态下技术有效实施等重大问题。

（38）加强国防知识产权管理。将知识产权管理纳入国防科研、生产、经营及装备采购、保障和项目管理各环节，增强对重大国防知识产权的掌控能力。发布关键技术指南，在武器装备关键技术和军民结合高新技术领域形成一批自主知识产权。建立国防知识产权安全预警机制，对军事技术合作和军品贸易中的国防知识产权进行特别审查。

（39）促进国防知识产权有效运用。完善国防知识产权保密解密制度，在确保国家安全和国防利益基础上，促进国防知识产权向民用领域转移。鼓励民用领域知识产权在国防领域运用。

五、战略措施

（一）提升知识产权创造能力

（40）建立以企业为主体、市场为导向、产学研相结合的自主知识产权创造体系。引导企业在研究开发立项及开展经营活动前进行知识产权信息检索。支持企业通过原始创新、集成创新和引进消化吸收再创新，形成自主知识产权，提高把创新成果转变为知识产权的能力。支持企业等市场主体在境外取得知识产权。引导企业改进竞争模式，加强技术创新，提高产品质量和服务质量，支持企业打造知名品牌。

（二）鼓励知识产权转化运用

（41）引导支持创新要素向企业集聚，促进高等学校、科研院所的创新成果向企业转移，推动企业知识产权的应用和产业化，缩短产业化周期。深入开展各类知识产权试点、示范工作，全面提升知识产权运用能力和应对知识产权竞争的能力。

（42）鼓励和支持市场主体健全技术资料与商业秘密管理制度，建立知识产权价值评估、统计和财务核算制度，制订知识产权信息检索和重大事项预警等制度，完善对外合作知识产权管理制度。

（43）鼓励市场主体依法应对涉及知识产权的侵权行为和法律诉讼，提高应对知识产权纠纷的能力。

（三）加快知识产权法制建设

（44）建立适应知识产权特点的立法机制，提高立法质量，加快立法进程。加强知识产权立法前瞻性研究，做好立法后评估工作。增强立法透明度，拓宽企业、行业协会和社会公众参与立法的渠道。加强知识产权法律修改和立法解释，及时有效回应知识产权新问题。研究制定知识产权基础性法律的必要性和可行性。

（四）提高知识产权执法水平

（45）完善知识产权审判体制，优化审判资源配置，简化救济程序。研究设置统一受理知识产权民事、行政和刑事案件的专门知识产权法庭。研究适当集中专利等技术性较强案件的审理管辖权问题，探索建立知识产权上诉法院。进一步健全知识产权审判机构，充实知识产权司法队伍，提高审判和执行能力。

（46）加强知识产权司法解释工作。针对知识产权案件专业性强等特点，建立和完善司法鉴定、专家证人、技术调查等诉讼制度，完善知识产权诉前临时措施制度。改革专利和商标确权、授权程序，研究专利无效审理和商标评审机构向准司法机构转变的问题。

(47) 提高知识产权执法队伍素质,合理配置执法资源,提高执法效率。针对反复侵权、群体性侵权以及大规模假冒、盗版等行为,有计划、有重点地开展知识产权保护专项行动。加大行政执法机关向刑事司法机关移送知识产权刑事案件和刑事司法机关受理知识产权刑事案件的力度。

(48) 加大海关执法力度,加强知识产权边境保护,维护良好的进出口秩序,提高我国出口商品的声誉。充分利用海关执法国际合作机制,打击跨境知识产权违法犯罪行为,发挥海关在国际知识产权保护事务中的影响力。

(五) 加强知识产权行政管理

(49) 制定并实施地区和行业知识产权战略。建立健全重大经济活动知识产权审议制度。扶持符合经济社会发展需要的自主知识产权创造与产业化项目。

(50) 充实知识产权管理队伍,加强业务培训,提高人员素质。根据经济社会发展需要,县级以上人民政府可设立相应的知识产权管理机构。

(51) 完善知识产权审查及登记制度,加强能力建设,优化程序,提高效率,降低行政成本,提高知识产权公共服务水平。

(52) 构建国家基础知识产权信息公共服务平台。建设高质量的专利、商标、版权、集成电路布图设计、植物新品种、地理标志等知识产权基础信息库,加快开发适合我国检索方式与习惯的通用检索系统。健全植物新品种保护测试机构和保藏机构。建立国防知识产权信息平台。指导和鼓励各地区、各有关行业建设符合自身需要的知识产权信息库。促进知识产权系统集成、资源整合和信息共享。

(53) 建立知识产权预警应急机制。发布重点领域的知识产权发展态势报告,对可能发生的涉及面广、影响大的知识产权纠纷、争端和突发事件,制订预案,妥善应对,控制和减轻损害。

(六) 发展知识产权中介服务

(54) 完善知识产权中介服务管理,加强行业自律,建立诚信信息管理、信用评价和失信惩戒等诚信管理制度。规范知识产权评估工作,提高评估公信度。

(55) 建立知识产权中介服务执业培训制度,加强中介服务职业培训,规范执业资质管理。明确知识产权代理人等中介服务人员执业范围,研究建立相关律师代理制度。完善国防知识产权中介服务体系。大力提升中介组织涉外知识产权申请和纠纷处置服务能力及国际知识产权事务参与能力。

(56) 充分发挥行业协会的作用,支持行业协会开展知识产权工作,促进知识产权信息交流,组织共同维权。加强政府对行业协会知识产权工作的监督指导。

(57) 充分发挥技术市场的作用,构建信息充分、交易活跃、秩序良好的知识产权交易体系。简化交易程序，降低交易成本，提供优质服务。

(58) 培育和发展市场化知识产权信息服务，满足不同层次知识产权信息需求。鼓励社会资金投资知识产权信息化建设，鼓励企业参与增值性知识产权信息开发利用。

（七）加强知识产权人才队伍建设

(59) 建立部门协调机制，统筹规划知识产权人才队伍建设。加快建设国家和省级知识产权人才库和专业人才信息网络平台。

(60) 建设若干国家知识产权人才培养基地。加快建设高水平的知识产权师资队伍。设立知识产权二级学科，支持有条件的高等学校设立知识产权硕士、博士学位授予点。大规模培养各级各类知识产权专业人才，重点培养企业急需的知识产权管理和中介服务人才。

(61) 制定培训规划，广泛开展对党政领导干部、公务员、企事业单位管理人员、专业技术人员、文学艺术创作人员、教师等的知识产权培训。

(62) 完善吸引、使用和管理知识产权专业人才相关制度，优化人才结构，促进人才合理流动。结合公务员法的实施，完善知识产权管理部门公务员管理制度。按照国家职称制度改革总体要求，建立和完善知识产权人才的专业技术评价体系。

（八）推进知识产权文化建设

(63) 建立政府主导、新闻媒体支撑、社会公众广泛参与的知识产权宣传工作体系。完善协调机制，制定相关政策和工作计划，推动知识产权的宣传普及和知识产权文化建设。

(64) 在高等学校开设知识产权相关课程，将知识产权教育纳入高校学生素质教育体系。制定并实施全国中小学知识产权普及教育计划，将知识产权内容纳入中小学教育课程体系。

（九）扩大知识产权对外交流合作

(65) 加强知识产权领域的对外交流合作。建立和完善知识产权对外信息沟通交流机制。加强国际和区域知识产权信息资源及基础设施建设与利用的交流合作。鼓励开展知识产权人才培养的对外合作。引导公派留学生、鼓励自费留学生选修知识产权专业。支持引进或聘用海外知识产权高层次人才。积极参与国际知识产权秩序的构建，有效参与国际组织有关议程。

国务院办公厅关于转发知识产权局等单位《深入实施国家知识产权战略行动计划（2014—2020 年）》的通知

国办发〔2014〕64 号

各省、自治区、直辖市人民政府，国务院各部委、各直属机构：

知识产权局、中央宣传部、外交部、发展改革委、教育部、科技部、工业和信息化部、公安部、司法部、财政部、人力资源社会保障部、环境保护部、农业部、商务部、文化部、卫生计生委、国资委、海关总署、工商总局、质检总局、新闻出版广电总局、林业局、法制办、中科院、国防科工局、高法院、高检院、总装备部《深入实施国家知识产权战略行动计划（2014—2020 年）》已经国务院同意，现转发给你们，请认真贯彻执行。

国务院办公厅

2014 年 12 月 10 日

深入实施国家知识产权战略行动计划（2014—2020 年）

《国家知识产权战略纲要》颁布实施以来，各地区、各有关部门认真贯彻党中央、国务院决策部署，推动知识产权战略实施工作取得新的进展和成效，基本实现了《国家知识产权战略纲要》确定的第一阶段五年目标，对促进经济社会发展发挥了重要支撑作用。随着知识经济和经济全球化深入发展，知识产权日益成为国家发展的战略性资源和国际竞争力的核心要素。深入实施知识产权战略是全面深化改革的重要支撑和保障，是推动经济结构优化升级的重要举措。为进一步贯彻落实《国家知识产权战略纲要》，全面提升知识产权综合能力，实现创新驱动发展，推动经济提质增效升级，特制定本行动计划。

一、总体要求

（一）指导思想

以邓小平理论、"三个代表"重要思想、科学发展观为指导，全面贯彻党的十八大和十八届二中、三中、四中全会精神，全面落实党中央、国务院各项决策部署，实施创新驱动发展战略，按照激励创造、有效运用、依法保护、科学管理的方针，坚持中国特色知识产权发展道路，着力加强知识产权运用和保护，积极营造良好的知识产权法治环境、市场环境、文化环境，认真谋划我国建设知识产权强国的发展路径，努力建设知识产权强国，为建设创新型国家和全面建成小康社会提供有力支撑。

（二）主要目标

到2020年，知识产权法治环境更加完善，创造、运用、保护和管理知识产权的能力显著增强，知识产权意识深入人心，知识产权制度对经济发展、文化繁荣和社会建设的促进作用充分显现。

——知识产权创造水平显著提高。知识产权拥有量进一步提高，结构明显优化，核心专利、知名品牌、版权精品和优良植物新品种大幅增加。形成一批拥有国外专利布局和全球知名品牌的知识产权优势企业。

——知识产权运用效果显著增强。市场主体运用知识产权参与市场竞争的能力明显提升，知识产权投融资额明显增加，知识产权市场价值充分显现。知识产权密集型产业增加值占国内生产总值的比重显著提高，知识产权服务业快速发展，服务能力基本满足市场需要，对产业结构优化升级的支撑作用明显提高。

——知识产权保护状况显著改善。知识产权保护体系更加完善，司法保护主导作用充分发挥，行政执法效能和市场监管水平明显提升。反复侵权、群体侵权、恶意侵权等行为受到有效制裁，知识产权犯罪分子受到有力震慑，知识产权权利人的合法权益得到有力保障，知识产权保护社会满意度进一步提高。

——知识产权管理能力显著增强。知识产权行政管理水平明显提高，审查能力达到国际先进水平，国家科技重大专项和科技计划实现知识产权全过程管理。重点院校和科研院所普遍建立知识产权管理制度。企业知识产权管理水平大幅提升。

——知识产权基础能力全面提升。构建国家知识产权基础信息公共服务平台。知识产权人才队伍规模充足、结构优化、布局合理、素质优良。全民知识产权意识显著增强，尊重知识、崇尚创新、诚信守法的知识产权文化理念深入人心。

2014—2020 年知识产权战略实施工作主要预期指标

指　　标	2013 年	2015 年	2020 年
每万人口发明专利拥有量（件）	4	6	14
通过《专利合作条约》途径提交的专利申请量（万件）	2.2	3.0	7.5
国内发明专利平均维持年限（年）	5.8	6.4	9.0
作品著作权登记量（万件）	84.5	90	100
计算机软件著作权登记量（万件）	16.4	17.2	20
全国技术市场登记的技术合同交易总额（万亿元）	0.8	1.0	2.0
知识产权质押融资年度金额（亿元）	687.5	750	1800
专有权利使用费和特许费出口收入（亿美元）	13.6	20	80
知识产权服务业营业收入年均增长率（%）	18	20	20
知识产权保护社会满意度（分）	65	70	80
发明专利申请平均实质审查周期（月）	22.3	21.7	20.2
商标注册平均审查周期（月）	10	9	9

二、主要行动

（一）促进知识产权创造运用，支撑产业转型升级

——推动知识产权密集型产业发展。更加注重知识产权质量和效益，优化产业布局，引导产业创新，促进产业提质增效升级。面向产业集聚区、行业和企业，实施专利导航试点项目，开展专利布局，在关键技术领域形成一批专利组合，构建支撑产业发展和提升企业竞争力的专利储备。加强专利协同运用，推动专利联盟建设，建立具有产业特色的全国专利运营与产业化服务平台。建立运行高效、支撑有力的专利导航产业发展工作机制。完善企业主导、多方参与的专利协同运用体系，形成资源集聚、流转活跃的专利交易市场体系，促进专利运营业态健康发展。发布战略性新兴产业专利发展态势报告。鼓励有条件的地区发展区域特色知识产权密集型产业，构建优势互补的产业协调发展格局。建设一批知识产权密集型产业集聚区，在产业集聚区推行知识产权集群管理，构筑产业竞争优势。鼓励文化领域商业模式创新，加强文化品牌开发和建设，建立一批版权交易平台，活跃文化创意产品传播，增强文化创意产业核心竞争力。

——服务现代农业发展。加强植物新品种、农业技术专利、地理标志和农产品商标创造运用，促进农业向技术装备先进、综合效益明显的现代化方向发展。扶持新品种培育，推动育种创新成果转化为植物新品种权。以知识产权利益分享为纽带，加强

种子企业与高校、科研院所的协作创新，建立品种权转让交易公共平台，提高农产品知识产权附加值。增加农业科技评价中知识产权指标权重。提高农业机械研发水平，加强农业机械专利布局，组建一批产业技术创新战略联盟。大力推进农业标准化，加快健全农业标准体系。建立地理标志联合认定机制。推广农户、基地、龙头企业、地理标志和农产品商标紧密结合的农产品经营模式。

——促进现代服务业发展。大力发展知识产权服务业，扩大服务规模、完善服务标准、提高服务质量，推动服务业向高端发展。培育知识产权服务市场，形成一批知识产权服务业集聚区。建立健全知识产权服务标准规范，加强对服务机构和从业人员的监管。发挥行业协会作用，加强知识产权服务行业自律。支持银行、证券、保险、信托等机构广泛参与知识产权金融服务，鼓励商业银行开发知识产权融资服务产品。完善知识产权投融资服务平台，引导企业拓展知识产权质押融资范围。引导和鼓励地方人民政府建立小微企业信贷风险补偿基金，对知识产权质押贷款提供重点支持。通过国家科技成果转化引导基金对科技成果转化贷款给予风险补偿。增加知识产权保险品种，扩大知识产权保险试点范围，加快培育并规范知识产权保险市场。

（二）加强知识产权保护，营造良好市场环境

——加强知识产权行政执法信息公开。贯彻落实《国务院批转全国打击侵犯知识产权和制售假冒伪劣商品工作领导小组〈关于依法公开制售假冒伪劣商品和侵犯知识产权行政处罚案件信息的意见（试行）〉的通知》（国发〔2014〕6号），扎实推进侵犯知识产权行政处罚案件信息公开，震慑违法者，同时促进执法者规范公正文明执法。将案件信息公开情况纳入打击侵权假冒工作统计通报范围并加强考核。探索建立与知识产权保护有关的信用标准，将恶意侵权行为纳入社会信用评价体系，向征信机构公开相关信息，提高知识产权保护社会信用水平。

——加强重点领域知识产权行政执法。积极开展执法专项行动，重点查办跨区域、大规模和社会反响强烈的侵权案件，加大对民生、重大项目和优势产业等领域侵犯知识产权行为的打击力度。加强执法协作、侵权判定咨询与纠纷快速调解工作。加强大型商业场所、展会知识产权保护。督促电子商务平台企业落实相关责任，督促邮政、快递企业完善并执行收寄验视制度，探索加强跨境贸易电子商务服务的知识产权监管。加强对视听节目、文学、游戏网站和网络交易平台的版权监管，规范网络作品使用，严厉打击网络侵权盗版，优化网络监管技术手段。开展国内自由贸易区知识产权保护状况调查，探索在货物生产、加工、转运中加强知识产权监管，创新并适时推广知识产权海关保护模式，依法加强国内自由贸易区知识产权执法。依法严厉打击进出口货物侵权行为。

——推进软件正版化工作。贯彻落实《国务院办公厅关于印发政府机关使用正版软件管理办法的通知》（国办发〔2013〕88号），巩固政府机关软件正版化工作成果，

进一步推进国有企业软件正版化。完善软件正版化工作长效机制，推动软件资产管理、经费预算、审计监督、年度检查报告、考核和责任追究等制度落到实处，确保软件正版化工作常态化、规范化。

——加强知识产权刑事执法和司法保护。加大对侵犯知识产权犯罪案件的侦办力度，对重点案件挂牌督办。坚持打防结合，将专项打击逐步纳入常态化执法轨道。加强知识产权行政执法与刑事司法衔接，加大涉嫌犯罪案件移交工作力度。依法加强对侵犯知识产权刑事案件的审判工作，加大罚金刑适用力度，剥夺侵权人再犯罪能力和条件。加强知识产权民事和行政审判工作，营造良好的创新环境。按照关于设立知识产权法院的方案，为知识产权法院的组建与运行提供人财物等方面的保障和支持。

——推进知识产权纠纷社会预防与调解工作。探索以公证的方式保管知识产权证据及相关证明材料，加强对证明知识产权在先使用、侵权等行为的保全证据公证工作。开展知识产权纠纷诉讼与调解对接工作，依法规范知识产权纠纷调解工作，完善知识产权纠纷行业调解机制，培育一批社会调解组织，培养一批专业调解员。

（三）强化知识产权管理，提升管理效能

——强化科技创新知识产权管理。加强国家科技重大专项和科技计划知识产权管理，促进高校和科研院所知识产权转移转化。落实国家科技重大专项和科技计划项目管理部门、项目承担单位等知识产权管理职责，明确责任主体。将知识产权管理纳入国家科技重大专项和科技计划全过程管理，建立国家科技重大专项和科技计划完成后的知识产权目标评估制度。探索建立科技重大专项承担单位和各参与单位知识产权利益分享机制。开展中央级事业单位科技成果使用、处置和收益管理改革试点，促进知识产权转化运用。完善高校和科研院所知识产权管理规范，鼓励高校和科研院所建立知识产权转移转化机构。

——加强知识产权审查。完善审查制度、加强审查管理、优化审查方式，提高知识产权审查质量和效率。完善知识产权申请与审查制度，完善专利审查快速通道，建立商标审查绿色通道和软件著作权快速登记通道。在有关考核评价中突出专利质量导向，加大专利质量指标评价权重。加强专利审查质量管理，完善专利审查标准。加强专利申请质量监测，加大对低质量专利申请的查处力度。优化专利审查方式，稳步推进专利审查协作中心建设，提升专利审查能力。优化商标审查体系，建立健全便捷高效的商标审查协作机制，完善商标审查标准，提高商标审查质量和效率。提高植物新品种测试能力，完善植物新品种权审查制度。

——实施重大经济活动知识产权评议。针对重大产业规划、政府重大投资活动等开展知识产权评议。加强知识产权主管部门和产业主管部门间的沟通协作，制定发布重大经济活动知识产权评议指导手册，提高知识产权服务机构评议服务能力。推动建立重大经济活动知识产权评议制度，明确评议内容，规范评议程序。引导企业自主开

展知识产权评议工作，规避知识产权风险。

——引导企业加强知识产权管理。引导企业提高知识产权规范化管理水平，加强知识产权资产管理，促进企业提升竞争力。建立知识产权管理标准认证制度，引导企业贯彻知识产权管理规范。建立健全知识产权价值分析标准和评估方法，完善会计准则及其相关资产管理制度，推动企业在并购、股权流转、对外投资等活动中加强知识产权资产管理。制定知识产权委托管理服务规范，引导和支持知识产权服务机构为中小微企业提供知识产权委托管理服务。

——加强国防知识产权管理。强化国防知识产权战略实施组织管理，加快国防知识产权政策法规体系建设，推动知识产权管理融入国防科研生产和装备采购各环节。规范国防知识产权权利归属与利益分配，促进形成军民结合高新技术领域自主知识产权。完善国防知识产权解密制度，引导优势民用知识产权进入军品科研生产领域，促进知识产权军民双向转化实施。

（四）拓展知识产权国际合作，推动国际竞争力提升

——加强涉外知识产权工作。公平公正保护知识产权，对国内外企业和个人的知识产权一视同仁、同等保护。加强与国际组织合作，巩固和发展与主要国家和地区的多双边知识产权交流。提高专利审查国际业务承接能力，建设专利审查高速路，加强专利审查国际合作，提升我国专利审查业务国际影响力。加强驻外使领馆知识产权工作力度，跟踪研究有关国家的知识产权法规政策，加强知识产权涉外信息交流，做好涉外知识产权应对工作。建立完善多双边执法合作机制，推进国际海关间知识产权执法合作。

——完善与对外贸易有关的知识产权规则。追踪各类贸易区知识产权谈判进程，推动形成有利于公平贸易的知识产权规则。落实对外贸易法中知识产权保护相关规定，研究针对进口贸易建立知识产权境内保护制度，对进口产品侵犯中国知识产权的行为和进口贸易中其他不公平竞争行为开展调查。

——支持企业"走出去"。及时收集发布主要贸易目的地、对外投资目的地知识产权相关信息。加强知识产权培训，支持企业在国外布局知识产权。加强政府、企业和社会资本的协作，在信息技术等重点领域探索建立公益性和市场化运作的专利运营公司。加大海外知识产权维权援助机制建设，鼓励企业建立知识产权海外维权联盟，帮助企业在当地及时获得知识产权保护。引导知识产权服务机构提高海外知识产权事务处理能力，为企业"走出去"提供专业服务。

三、基础工程

（一）知识产权信息服务工程

推动专利、商标、版权、植物新品种、地理标志、民间文艺、遗传资源及相关传

统知识等各类知识产权基础信息公共服务平台互联互通，逐步实现基础信息共享。知识产权基础信息资源免费或低成本向社会开放，基本检索工具免费供社会公众使用，提高知识产权信息利用便利度。指导有关行业建设知识产权专业信息库，鼓励社会机构对知识产权信息进行深加工，提供专业化、市场化的知识产权信息服务，满足社会多层次需求。

（二）知识产权调查统计工程

开展知识产权统计监测，全面反映知识产权的发展状况。逐步建立知识产权产业统计制度，完善知识产权服务业统计制度，明确统计范围，统一指标口径，在新修订的国民经济核算体系中体现知识产权内容。

（三）知识产权人才队伍建设工程

建设若干国家知识产权人才培养基地，推动建设知识产权协同创新中心。开展以党政领导干部、公务员、企事业单位管理人员、专业技术人员、文学艺术创作人员、教师等为重点的知识产权培训。将知识产权内容纳入学校教育课程体系，建立若干知识产权宣传教育示范学校。将知识产权内容全面纳入国家普法教育和全民科学素养提升工作。依托海外高层次人才引进计划引进急需的知识产权高端人才。深入开展百千万知识产权人才工程，建立面向社会的知识产权人才库。完善知识产权专业技术人才评价制度。

四、保障措施

（一）加强组织实施

国家知识产权战略实施工作部际联席会议（以下简称联席会议）负责组织实施本行动计划，并加强对地方知识产权战略实施的指导和支持。知识产权局要发挥牵头作用，认真履行联席会议办公室职责，建立完善相互支持、密切协作、运转顺畅的工作机制，推进知识产权战略实施工作开展，并组织相关部门开展知识产权强国建设研究，提出知识产权强国建设的战略目标、思路和举措，积极推进知识产权强国建设。联席会议各成员单位要各负其责并尽快制定具体实施方案。地方各级政府要将知识产权战略实施工作纳入当地国民经济和社会发展总体规划，将本行动计划落实工作纳入重要议事日程和考核范围。

（二）加强督促检查

联席会议要加强对战略实施状况的监测评估，对各项任务落实情况组织开展监督检查，重要情况及时报告国务院。知识产权局要会同联席会议各成员单位及相关部门加强对地方知识产权战略实施工作的监督指导。

（三）加强财政支持

中央财政通过相关部门的部门预算渠道安排资金支持知识产权战略实施工作。引导支持国家产业发展的财政资金和基金向促进科技成果产权化、知识产权产业化方向倾斜。完善知识产权资助政策，适当降低中小微企业知识产权申请和维持费用，加大对中小微企业知识产权创造和运用的支持力度。

（四）完善法律法规

推动专利法、著作权法及配套法规修订工作，建立健全知识产权保护长效机制，加大对侵权行为的惩处力度。适时做好遗传资源、传统知识、民间文艺和地理标志等方面的立法工作。研究修订反不正当竞争法、知识产权海关保护条例、植物新品种保护条例等法律法规。研究制定防止知识产权滥用的规范性文件。

吉林省人民政府关于新形势下加快知识产权强省建设的实施意见

吉政发〔2016〕27号

各市（州）人民政府，长白山管委会，各县（市）人民政府，省政府各厅委办、各直属机构：

为深入实施创新驱动发展战略，贯彻落实《国务院关于新形势下加快知识产权强国建设的若干意见》（国发〔2015〕71号），深化知识产权领域改革，加快知识产权强省建设，结合我省实际，提出如下实施意见。

一、目标任务

到2020年，我省知识产权整体水平得到大幅度提升，知识产权强省建设取得决定性进展，建成一批知识产权强市、强县、强企。基本建成创造活跃、运用高效、保护有力、管理科学、服务优质的知识产权强省，为培育我省转型升级新动能、推动我省经济保持稳步增长提供强力支撑。

——知识产权创造水平显著提高。知识产权拥有量进一步提高，结构明显优化，核心专利、知名品牌、版权精品和优良植物新品种大幅增加。全省年专利申请量力争达到2.4万件。每万人口发明专利拥有量力争达到4.2件，年均增长10%以上。全省国内有效注册商标总量力争达到12万件，中国驰名商标总数力争达到160件，吉林省著名商标总数力争达到1600件，通过马德里体系国际注册商标力争达到100件，地理标志注册商标力争达到60件。著作权作品自愿登记量年均增长10%。集成电路布图设计登记量、选育并审（认）定林木新品种数量稳步增长。

——知识产权运用效果显著增强。市场主体运用知识产权参与市场竞争的能力明显提升，知识产权投融资额明显增加，知识产权市场价值充分显现。培育100家以上省级知识产权优势示范企业；培育100家企业达到《企业知识产权管理规范》标准；3个以上专利密集型产业实施规划类专利导航工程，50家企业实施运营类专利导航工程；实现50亿元以上知识产权质押融资额，500家以上企业参投专利保险。

——知识产权保护状况显著改善。知识产权政策法规体系比较完备，知识产权保护高效有力。处理专利纠纷案件结案率达到95%以上，各种违法行为得到有效遏制。

——知识产权管理能力显著增强。知识产权行政管理水平明显提高，省级科技重大专项和科技计划实现知识产权全过程管理。高等学校和科研院所全面建立知识产权管理制度。规模以上企业知识产权管理水平大幅提高。

——知识产权服务能力显著提升。知识产权服务业规模进一步提升，具有较强竞争力的知识产权服务品牌机构达到10家，各市（州）和省扩权强县试点市普遍设立服务分支机构。完善知识产权交易平台和信息公共服务平台，基本形成全链条的知识产权服务体系。

二、重点工作

（一）推进知识产权管理体制机制改革

1. 建立完善知识产权管理体制。在统一市场监管体系框架下，鼓励公主岭市等有条件的地区开展知识产权综合管理改革试点，建立与经济发展水平和与改革创新试验要求相适应的集中、专业化知识产权综合管理体制，并逐步将知识产权管理职能归并到市场监管部门。

2. 改善知识产权服务业及社会组织管理。放宽知识产权服务市场准入条件，采取内培外引等方式，不断完善服务功能，扩大服务规模，满足本省创新主体需求。依托长春市开展知识产权服务业集聚区建设，组织服务机构与创新主体供求对接，构建完整的知识产权服务链条，提升集聚区服务机构综合服务能力。培育"互联网＋"知识产权服务新模式。开展知识产权服务业行业协会"一业多会"试点。大力开展省级知识产权服务机构品牌建设工作，形成能够支撑我省经济社会发展的知识产权服务体系。建立健全知识产权服务诚信信息管理制度，及时公开知识产权服务机构和从业人员信用评价等相关信息。规范著作权集体管理机构的收费标准，建立和完善版权授权许可渠道，让著作权人获得更多许可收益。

3. 建立重大经济活动知识产权评议制度。研究制定我省重大经济活动知识产权评议办法，对全省重大产业规划、政府重大投资活动等开展知识产权评议，建立省级科技计划知识产权目标评估制度，建立知识产权评议报告发布制度，提高创新效率，降低产业发展风险。

4. 建立以知识产权为重要内容的创新驱动发展评价制度。推动知识产权指标纳入创新驱动发展评价指标，逐步建立以知识产权为导向的创新驱动评价体系。委托第三方发布我省年度知识产权发展状况报告。探索建立"一把手"知识产权工作目标责任制。

（二）实行严格的知识产权保护

5. 完善知识产权保护司法体系。充分发挥司法保护的主导作用，进一步加强知识产权行政执法与刑事执法的有机衔接，充分发挥人民法院刑事、民事、行政审判三种职能。建立健全各知识产权行政主管部门、执法部门与司法审判机关的信息共享、诉调对接等工作机制。完善知识产权快速维权机制。

6. 加大知识产权行政执法保护力度。在侵权案件高发地、制造业集中地、商品流通领域、专业市场、互联网、展会等重点地区和领域开展专利"护航"等专项执法行动，对恶意侵权、重复侵权等违法行为，依法予以处罚。加强海关知识产权执法保护，完善跨境电子商务物品通关模式，严厉打击跨境侵权假冒行为。加大国际展会、电子商务等领域知识产权执法力度，严肃查处借助网络制售假冒专利产品行为。继续在重点展会设立知识产权投诉处理机构。依法查处滥用知识产权排除和限制竞争等垄断行为。建立全省知识产权维权援助服务体系，健全跨部门知识产权举报投诉案件移交办理机制。建立全省知识产权维权援助专家库，为维权提供知识产权专业化服务。

7. 建立健全知识产权保护预警防范机制。建立知识产权侵权违法档案，将假冒专利、假冒商标、侵权盗版等信息纳入企业或个人征信系统。引导企业健全相关管理制度，切实加强商业秘密保护。建立健全专业市场知识产权管理制度和标准，探索在重点专业市场设立知识产权保护巡查办公室，实现市场巡查常态化。建立创新市场监管手段，运用大数据、云计算、物联网等信息技术提升预警防范能力。探索建立主管部门、行业协会等多渠道知识产权纠纷调解和处理机制。

8. 加强新业态领域的知识产权保护。完善植物新品种、生物遗传资源及相关传统知识、数据库保护等保护措施。加强互联网、电子商务、大数据等领域的知识产权保护。积极落实众创、众包、众扶、众筹的知识产权保护政策。

（三）促进知识产权创造运用

9. 实施知识产权优势企业培育工程。每年选择30家企业，开展国家知识产权优势示范企业培育，力争打造一批创新能力强、知识产权竞争优势明显的国家级领军企业；每年选择20家企业，进行贯彻知识产权管理国家标准培育。增强企业品牌竞争意识，支持企业争创吉林省著名商标，申请中国驰名商标保护；实施中小微企业知识产权托管服务试点，支持中小微企业创新发展。

10. 培育知识产权密集型产业。积极参与国家知识产权密集型产业和产品试点示范，建设一批知识产权密集型产业集聚区，推行国家知识产权集群管理。鼓励文化领域商业模式创新，加强文化品牌开发和建设，建立一批版权交易平台。运用知识产权质押融资、股权投资基金和创投基金等方式，加大知识产权密集型产业的资金投入，加大政府采购对知识产权密集型产品的支持力度。推动先进制造业加快发展，产业迈向中高端水平。

11. 实施专利导航产业发展试点工程。认真总结国家专利导航产业发展实验区试点经验,选择50家企业实施企业运营类专利导航,指导企业做好专利布局和风险防控;选择生物医药、新材料等若干产业实施产业规划类专利导航,绘制服务我省重点产业发展和关键技术提升的专利导航图。

12. 深化知识产权金融服务。积极开展知识产权质押融资,创新知识产权投融资产品。深入推进专利保险试点工作,扩大专利保险试点范围,丰富投保险种,优化险种运营模式,促进专利保险服务规范化、常态化、规模化发展。鼓励以专利权作价形式出资入股,创办科技型中小企业,提升企业经济履责能力。逐步探索知识产权证券化,完善知识产权信用担保机制,推动发展投贷联动、投保联动、投债联动新模式。

13. 完善职务发明制度。鼓励和引导企事业单位依法建立健全发明报告、权属划分、奖励报酬、纠纷解决等职务发明管理制度。完善创新成果收益分配制度,提高骨干团队、主要发明人收益比重,保障职务发明人的合法权益。按照相关政策规定,鼓励省属国有企业赋予下属科研院所知识产权处置和收益分配权。

14. 搭建全省知识产权交易平台。充分发挥国家专利技术(长春)展示交易中心和吉林省专利信息服务平台的作用,推动全省专利技术转移转化。依托国家专利运营试点企业(中国科学院长春应用化学科技总公司),培育运营高价值专利,建立健全知识产权运营服务体系,积极推动鼓励省内高等院校、科研院所设立技术转移机构。完善知识产权信息公共服务网络,建立财政资助项目形成的知识产权信息披露制度。推动全省各类知识产权平台的互联互通,以及专利、商标、版权、集成电路布图设计、植物新品种、地理标志等信息共享开放。

15. 大力培育专利品牌。大幅度提高我省知识产权品牌知名度和市场影响力,加强专利质量提升,培育一批核心专利。健全专利补助政策,省级政府重点补助授权发明专利,市、县级政府重点资助实用新型和外观设计专利。支持企业建立品牌管理体系,鼓励企业收购海外知名品牌。保护和传承中华老字号,大力推动中医药、中华传统餐饮、工艺美术等企业"走出去"。

16. 深入开展区域知识产权试点示范工程。加快建设一批知识产权强市、强县和强区。推进知识产权强省建设总体布局,力争通化市、四平市等列入国家知识产权示范城市。培育15个县(市、区)实施国家知识产权强县工程。培育3个国家知识产权试点园区,全面提升区域知识产权创造、保护和运用能力。在全省中小学中深入开展知识产权教育试点示范,培育试点学校100所,示范学校30所。

(四) 加强知识产权海外风险防控和对外合作

17. 开展重点产业知识产权海外规划和布局。支持企业、科研机构、高等学校及个人在境外目标市场注册商标、申请专利、申请植物新品种权保护,开展海外布局工作。

支持行业协会、专业机构跟踪发布重点产业知识产权信息和竞争动态。

18. 加强海外知识产权维权援助。研究制定海外知识产权维权指引，建设涉外企业知识产权数据库，帮助企业规避海外知识产权风险。加大对我省具有重大影响的涉外知识产权纠纷，重大的研发、经贸、投资和技术转移活动所产生的知识产权纠纷，以及重点发展的高新技术和支柱产业领域知识产权纠纷的维权援助力度。支持法律服务机构为企业提供全方位、高品质知识产权法律服务。

三、加强组织实施和政策保障

（一）加强组织领导。建立吉林省知识产权战略实施联席会议制度，定期召开联席会议，研究制定我省知识产权战略重大政策措施，协调解决知识产权战略实施中的重大问题。相关成员单位要加强统筹部署和协同推进，进一步强化责任意识，合力推动知识产权工作深入开展，各地区、各有关部门要把知识产权工作摆上重要议事日程，加强领导，结合实际制定实施方案和配套政策，推动各项政策的落实。

（二）加大财政支持力度。制定完善激励知识产权发展的政策和举措。省科技创新资金要强化对知识产权创造、运用、保护、管理和服务的支持。

1. 对获得当年国内发明授权的专利，每件给予不高于 0.5 万元的补助，对获得当年国外发明授权的专利，每件给予 5 万元的补助；对获得当年中国专利、中国外观设计金奖的项目，一次性给予不高于 30 万元的奖励；对获得当年中国专利、中国外观设计优秀奖的项目，一次性给予不高于 10 万元的奖励；对获得当年吉林省专利奖的项目，一次性给予 5 万元的奖励。

2. 对列入国家知识产权试点示范的城市（地级市），一次性给予 30 万元的奖励，对列入国家试点示范的知识产权强县（区），一次性给予 20 万元的奖励。

3. 对通过专利权质押成功融资的企业，适当补贴其贷款利息；对以专利权作价出资入股的企业，按其作价额给予适当比例的经费扶持。

（三）加强知识产权专业人才队伍建设。加强知识产权学科建设和学位教育，推动具备条件的高等院校增设知识产权专业。强化省级知识产权培训基地建设，加大对各类人才的知识产权培训力度。注重引进知识产权价值分析、预警、评议和运营等方面的高端人才，并参照有关人才引进计划给予相关待遇。选拔培训一批知识产权创业导师，加强创业指导。

（四）营造浓厚氛围。结合开展中小学校知识产权教育试点示范工作，推进知识产权文化建设进校园，增强学生的知识产权意识和创新意识。有效利用传统和新兴媒体，在更多符合基层特点、适应群众需要的常态化途径和渠道加强宣传，形成尊重知识、崇尚创新、诚信守法的知识产权文化理念，为加快建设知识产权强省营造良好氛围。

吉林省人民政府

2016 年 7 月 13 日

吉林省人民政府办公厅关于转发
省科技厅等部门《吉林省深入实施知识产权
战略行动计划（2015—2020 年）》的通知

吉政办发〔2015〕15 号

各市（州）人民政府，长白山管委会，各县（市）人民政府，省政府各厅委办、各直属机构：

省科技厅、省委宣传部、省发展改革委、省教育厅、省工业信息化厅、省公安厅、省司法厅、省财政厅、省人力资源社会保障厅、省环保厅、省农委、省商务厅、省文化厅、省卫生计生委、省林业厅、省外办、省国资委、长春海关、省工商局、省质监局、省新闻出版广电局、省法制办、省法院、省检察院联合制定的《吉林省深入实施知识产权战略行动计划（2015—2020 年）》已经省政府同意，现转发给你们，请遵照执行。

吉林省人民政府办公厅

2015 年 4 月 14 日

吉林省深入实施知识产权战略行动计划（2015—2020 年）

《吉林省人民政府办公厅转发省科技厅关于进一步加强知识产权工作意见的通知》（吉政办发〔2010〕55 号）发布实施以来，各地区、各有关部门认真部署落实，全省知识产权战略实施工作取得显著成效，基本完成五年阶段性知识目标任务，对促进经济社会发展发挥了重要支撑作用。为贯彻落实《国务院办公厅关于转发知识产权局等单位深入实施国家知识产权战略行动计划（2014—2020 年）的通知》（国办发〔2014〕64 号）精神，充分发挥知识产权对创新驱动发展，促进经济转型升级、提质增效的支撑作用，特制定本行动计划。

一、总体要求

（一）指导思想

以党的十八大和十八届二中、三中、四中全会及省委十届四次全会精神为指导，全面贯彻落实省委、省政府各项决策部署，深入实施创新驱动发展战略，按照激励创造、有效运用、依法保护、科学管理的方针，以实现吉林全面振兴为宗旨，以营造良好的知识产权社会环境、法治环境、市场环境、文化环境为基础，以提高市场主体知识产权创造和运用能力为重点，以全面提升我省知识产权综合能力、自主创新能力和核心竞争力为目标，努力形成一批具有自主知识产权、特色突出、核心竞争力较强的技术、产品和企业，促进产业结构的优化升级，为建设创新型吉林和全面建成小康社会提供强有力的支撑。

（二）主要目标

抓住国家新一轮振兴东北老工业基地政策实施的重大机遇，主动适应经济发展新常态，勇于引领经济发展新常态，围绕我省支柱产业、优势产业和战略性新兴产业，在光电子、汽车电子、汽车零部件、新能源汽车、碳纤维、先进装备制造、现代农业、玉米生物化工、建筑节能与材料、生物医药和现代中药等领域，培育一批具有发明专利、外观设计专利、集成电路布图设计专有权、高知名度商标与名牌产品、地理标志、植物新品种权等自主知识产权。培育一批具有自主知识产权、掌握核心技术、国际竞争力与辐射带动能力较强的优势企业和企业集团。到 2020 年，知识产权法治环境和制度、管理与服务体系进一步完善，知识产权意识深入人心，市场主体创造、运用、保护、管理知识产权的能力和水平大幅度提升，知识产权制度对科技进步、文化繁荣、经济社会发展的促进作用充分显现，全省自主知识产权拥有量和水平能够有效支撑创新型吉林的建设与发展，努力把吉林建成知识产权强省。

1. 知识产权创造水平显著提高。知识产权拥有量进一步提高，结构明显优化，核心专利、知名品牌、版权精品和优良植物新品种大幅增加。在重点行业、重点产业以及长吉图一体化所涉及的城市形成一批拥有国内外专利布局和全球知名品牌的知识产权优势企业。

2. 知识产权运用效果显著增强。市场主体运用知识产权参与市场竞争的能力明显提升，知识产权投融资额明显增加，知识产权市场价值充分显现。知识产权密集型产业增加值占国内生产总值的比重显著提高，知识产权服务业快速发展，服务能力基本满足市场需要，对产业结构优化升级的支撑作用明显提高。促进知识产权转化的政策措施进一步完善。企事业单位、科研院所、高等学校知识产权实现合理转移并取得明显经济效益。

3. 知识产权保护状况显著改善。知识产权保护体系更加完善，司法保护主导作用充分发挥，行政执法效能和市场监管水平明显提升。反复侵权、群体侵权、恶意侵权等行为受到有效制裁，知识产权犯罪分子受到有力震慑，知识产权权利人的合法权益得到有力保障，知识产权保护社会满意度进一步提高。

4. 知识产权管理能力显著增强。知识产权行政管理水平明显提高，省级科技重大专项和科技计划实现知识产权全过程管理。高等学校和科研院所全面建立知识产权管理制度。规模以上企业知识产权管理水平大幅提高。

5. 知识产权基础能力全面提升。构建我省知识产权基础信息公共服务平台。各级政府、高等学校、科研院所、企事业单位培训机构要把知识产权纳入培训教材（内容），重点对党政机关、企事业单位领导及工作人员，行业、中介组织服务人员，企事业单位技术人员，高等学校、科研院所科研人员等进行知识产权培训，构建规模充足、结构优化、布局合理、素质优良的知识产权人才队伍。全民知识产权意识显著增强，尊重知识、崇尚创新、诚信守法的知识产权文化理念深入人心。

2015—2020 年知识产权战略实施工作主要预期指标

指　　标	2015 年	2020 年
每万人口发明专利拥有量（件）	2.6	4.2
通过《专利合作条约》途径提交的专利申请量（件）	73	110
国内发明专利平均维持年限（年）	5	6
作品著作权登记量（万件）	0.22	0.6
全省技术市场登记的技术合同交易总额（亿元）	45	300
知识产权质押融资年度金额（亿元）	1.2	2.0
专有权利使用费和特许费出口收入（亿美元）	0.0165	0.025
知识产权服务业营业收入年均增长率（%）	15	20
知识产权保护社会满意度（分）	70	80

二、主要行动

（一）促进知识产权创造运用，支撑产业转型升级

1. 推动知识产权密集型产业发展。更加注重知识产权质量和效益，优化产业布局，引导产业创新，促进产业提质增效升级。面向产业集聚区、行业和企业，实施专利导航试点项目，开展专利布局，在关键技术领域形成一批专利组合，构建支撑产业发展和提升企业竞争力的专利储备。加强专利协同运用，推动专利联盟建设，建立具有产

业特色的专利运营与产业化服务平台。建立运行高效、支撑有力的专利导航产业发展工作机制。完善企业主导、多方参与的专利协同运用体系，形成资源集聚、流转活跃的专利交易市场体系，促进专利运营业态健康发展。发布重点行业、重点产业及战略性新兴产业专利发展态势报告。鼓励有条件的地区发展区域特色知识产权密集型产业，构建优势互补的产业协调发展格局。建设一批知识产权密集型产业集聚区，在产业集聚区推行知识产权集群管理，构筑产业竞争优势。鼓励文化领域商业模式创新，加强文化品牌开发和建设，建立一批版权交易平台，活跃文化创意产品传播，增强文化创意产业核心竞争力。

2. 服务现代农业发展。加强植物新品种、农业技术专利、地理标志和农产品商标创造运用，促进农业向技术装备先进、综合效益明显的现代化方向发展。扶持新品种培育，推动育种创新成果转化为植物新品种权。以知识产权利益分享为纽带，加强种子企业与高校、科研院所的协作创新，建立品种权转让交易公共平台，提高农产品知识产权附加值。增加农业科技评价中知识产权指标权重。提高农业机械研发水平，加强农业机械专利布局，组建产业技术创新战略联盟。大力推进农业标准化，加快健全农业标准体系。推广农户、基地、龙头企业、地理标志和农产品商标紧密结合的农产品经营模式。

3. 促进现代服务业发展。大力发展知识产权服务业，扩大服务规模、完善服务标准、提高服务质量，推动服务业向高端发展。培育知识产权服务市场，建立知识产权服务业集聚区。建立健全知识产权服务标准规范，加强对服务机构和从业人员的监管。发挥行业协会作用，加强知识产权服务行业自律。支持银行、证券、保险、信托等机构广泛参与知识产权金融服务，鼓励商业银行开发知识产权融资服务产品。建立知识产权价值评估体系，完善知识产权投融资服务平台，引导企业拓展知识产权质押融资范围。引导和鼓励各地政府建立小微企业信贷风险补偿基金，对知识产权质押贷款提供重点支持。通过省科技成果转化引导基金对科技成果转化贷款给予风险补偿。增加知识产权保险品种，扩大知识产权保险试点范围，加快培育并规范知识产权保险市场。

（二）加强知识产权保护，营造良好市场环境

1. 加强知识产权行政执法信息公开。依法公开制售假冒伪劣商品和侵犯知识产权行政处罚案件信息，震慑违法者，同时促进执法者规范公正文明执法。将案件信息公开情况纳入打击侵权假冒工作统计通报范围并加强考核。探索建立与知识产权保护有关的信用标准，将恶意侵权行为纳入社会信用评价体系，向征信机构公开相关信息，提高知识产权保护社会信用水平。

2. 加强重点领域知识产权行政执法。积极开展执法专项行动，重点查办跨区域、大规模和社会反响强烈的侵权案件，加大对民生、重大项目和优势产业等领域侵犯知识产权行为的打击力度。加强执法协作、侵权判定咨询与纠纷快速调解工作。加强大

型商业场所、展会知识产权保护。督促电子商务平台企业落实相关责任，督促邮政、快递企业完善并执行收寄验视制度，探索加强跨境贸易电子商务服务的知识产权监管。加强对视听节目、文学、游戏网站和网络交易平台的版权监管，规范网络作品使用，严厉打击网络侵权盗版，优化网络监管技术手段。开展自由贸易（关税保护）区知识产权保护状况调查，探索在货物生产、加工、转运中加强知识产权监管，创新并适时推广知识产权海关保护模式，依法加强自由贸易（关税保护）区知识产权执法。依法严厉打击进出口货物侵权行为。

3. 推进软件正版化工作。巩固政府机关软件正版化工作成果，进一步推进国有企业软件正版化。完善软件正版化工作长效机制，推动软件资产管理、经费预算、审计监督、年度检查报告、考核和责任追究等制度落到实处，确保软件正版化工作常态化、规范化。

4. 加强知识产权刑事执法和司法保护。加大对侵犯知识产权犯罪案件的侦办力度，对重点案件挂牌督办。坚持打防结合，将专项打击逐步纳入常态化执法轨道。加强知识产权行政执法与刑事司法衔接，加大涉嫌犯罪案件移交工作力度。依法加强对侵犯知识产权刑事案件的审判工作。加强知识产权民事和行政审判工作，营造良好的创新环境。建立法院与行政执法机关的横向联系平台，通过信息公开，司法与行政执法相连接等方式，建立周延的知识产权保护体系。按照关于设立知识产权法院的方案，力争尽快在我省设立知识产权法院，为知识产权法院的组建与运行提供人财物等方面的保障和支持。

5. 推进知识产权纠纷社会预防与调解工作。探索以公证的方式保管知识产权证据及相关证明材料，加强对证明知识产权在先使用、侵权等行为的保全证据公证工作。开展知识产权纠纷诉讼与调解对接工作，依法规范知识产权纠纷调解工作，完善知识产权纠纷行业调解机制，培育一批社会调解组织，培养一批专业调解员。

（三）强化知识产权管理，提升管理效能

1. 强化科技创新知识产权管理。加强我省科技重大专项和科技计划知识产权管理，促进高校和科研院所知识产权转移转化。落实省科技重大专项和科技计划项目管理部门、项目承担单位等知识产权管理职责，明确责任主体。将知识产权管理纳入省科技重大专项和科技计划全过程管理，建立省科技重大专项和科技计划完成后的知识产权目标评估制度。探索建立科技重大专项承担单位和各参与单位知识产权利益分享机制。开展省级事业单位科技成果使用、处置和收益管理改革试点，促进知识产权转化运用。完善高等学校和科研院所知识产权管理规范，鼓励高等学校和科研院所建立知识产权转移转化机构。

2. 实施重大经济活动知识产权评议。针对重大产业规划、政府重大投资活动等开展知识产权评议。加强知识产权主管部门和产业主管部门间的沟通协作，制定发布重

大经济活动知识产权评议指导手册，提高知识产权服务机构评议服务能力。推动建立重大经济活动知识产权评议制度，明确评议内容，规范评议程序。引导企业自主开展知识产权评议工作，规避知识产权风险。

3. 引导企业加强知识产权管理。引导规模以上企业提高知识产权规范化管理水平，加强知识产权资产管理，促进企业提升竞争力。建立知识产权管理标准认证制度，引导企业贯彻知识产权管理规范。建立健全知识产权价值分析标准和评估方法，完善会计准则及其相关资产管理制度，推动企业在并购、股权流转、对外投资等活动中加强知识产权资产管理。制定知识产权委托管理服务规范，引导和支持知识产权服务机构为中小微企业提供知识产权委托管理服务。

（四）加强知识产权国际交流，推动国际竞争力提升

1. 加强涉外知识产权工作。加强政府、企业、高校和科研院所与国际间相应组织、企业与机构的交流合作，跟踪研究有关国家的知识产权法规政策，加强知识产权涉外信息交流，做好涉外知识产权应对工作。公平公正保护知识产权，对国内外企业和个人的知识产权一视同仁、同等保护。推进国际间海关知识产权执法合作。建立知识产权境内保护制度，对进口产品侵犯国内知识产权及进口贸易中其他不公平竞争行为开展调查。

2. 支持企业"走出去"。及时收集发布主要贸易目的地、对外投资目的地知识产权相关信息。加强知识产权培训，支持企业在国外布局知识产权。加强政府、企业和社会资本的协作，在信息技术等重点领域探索建立公益性和市场化运作的专利运营公司。加大海外知识产权维权援助机制建设，鼓励企业建立知识产权海外维权联盟，帮助企业在当地及时获得知识产权保护。引导知识产权服务机构提高海外知识产权事务处理能力，为企业"走出去"提供专业服务。

三、基础工程

（一）知识产权信息服务工程。推动专利、商标、版权、植物新品种、地理标志、民间文艺、遗传资源及相关传统知识等各类知识产权基础信息公共服务平台互联互通，实现基础信息共享。知识产权基础信息资源免费或低成本向社会开放，基本检索工具免费供社会公众使用，提高知识产权信息利用便利度。指导有关行业和企业建设知识产权专业信息库，鼓励社会机构对知识产权信息进行深加工，提供专业化、市场化的知识产权信息服务，满足社会多层次需求。

（二）知识产权调查统计工程。开展知识产权统计监测，全面反映知识产权的发展状况。逐步建立知识产权产业统计制度，完善知识产权服务业统计制度，明确统计范围，统一指标口径，在新修订的国民经济核算体系中体现知识产权内容。

（三）知识产权人才队伍建设工程。重点建设国家（吉林大学）知识产权人才培养基地，推动建设知识产权协同创新中心。开展以党政领导干部、公务员、企事业单位管理人员、专业技术人员、文学艺术创作人员、教师等为重点的知识产权培训。将知识产权内容纳入学校教育课程体系，建立若干知识产权宣传教育示范学校。将知识产权内容全面纳入国家普法教育和全民科学素养提升工作。依托海外高层次人才引进计划引进急需的知识产权高端人才。深入开展百千万知识产权人才工程，建立面向社会的知识产权人才库。完善知识产权专业技术人才评价制度。

四、保障措施

（一）加强组织实施。各级政府要切实加强对贯彻实施本行动计划的组织领导，将其纳入重要议事日程，各有关部门要密切配合，加强协作，共同推进知识产权战略的深入实施。建立健全知识产权行政管理体系，为知识产权工作提供组织保障。由省科技厅牵头，建立完善相互支持、密切协作、运转顺畅的工作机制，组织相关部门开展知识产权强省建设研究，提出知识产权强省建设的战略目标、思路和举措，积极推进知识产权强省建设。各相关单位要各负其责并尽快制定具体实施方案。各地政府要将知识产权战略实施工作纳入当地国民经济和社会发展总体规划，将本行动计划落实工作纳入重要议事日程和考核范围。

（二）加强督促检查。省科技厅将进一步加强对战略实施状况的监测评估，会同各相关部门对地方知识产权战略实施工作进行监督指导，对各项任务落实情况组织开展督促检查，重要情况将及时报告省政府。

（三）加强财政支持。省财政通过相关部门的部门预算渠道安排资金支持知识产权战略实施工作。引导支持我省产业发展的财政资金和基金向促进科技成果产权化、知识产权产业化方向倾斜。完善知识产权资助政策，适当加大对中小微企业知识产权申请和维持费用的资助，加大对中小微企业知识产权创造和运用的支持力度。

（四）完善法规制度。适时启动我省专利促进条例、著作权条例、商标条例等知识产权法规的拟定工作，建立健全知识产权创造、运用、管理与保护的长效机制。做好遗传资源、传统知识、民间文艺和地理标志等方面的立法工作。

吉林省人民政府办公厅转发省科技厅《关于进一步加强知识产权工作意见》的通知

吉政办发〔2010〕55号

各市（州）人民政府，长白山管委会，各县（市）人民政府，省政府各厅委办、各直属机构：

省科技厅（省知识产权局）《关于进一步加强知识产权工作的意见》已经省政府同意，现转发给你们，请认真贯彻执行。

吉林省人民政府办公厅
2010 年 12 月 31 日

关于进一步加强知识产权工作的意见

为了贯彻落实国务院颁布的《国家知识产权战略纲要》，全面提升我省知识产权创造、运用、保护和管理能力，加快创新型吉林建设，推动全省经济又好又快发展，现就进一步加强知识产权工作提出以下意见：

一、进一步明确知识产权的战略地位、发展目标和重点任务

实施知识产权战略、提高自主创新能力、拥有自主知识产权是加快发展方式转变的根本出路。必须把知识产权作为经济社会发展的重要基石和科技创新的战略重点，抓实抓好。

（一）发展目标

1. 到 2015 年，全省知识产权拥有量和质量大幅度提高，管理体制和机制进一步完善，知识产权对支柱、特色产业的支撑力度不断增强，全省知识产权工作跃上一个新

台阶。

2. 到 2020 年，把我省打造成知识产权工作制度健全、体制机制良好、市场主体核心竞争力水平较高、知识产权工作对富民强省贡献率较大的创新型强省。

（二）重点任务

1. 推动知识产权创造。深化科技体制改革，强化企业在科技创新和运用中的主体地位，充分发挥高校和科研机构在科技创新中的重要作用，建立以企业为主体、市场为导向、产学研相结合的自主知识产权创造体系。

2. 促进知识产权运用。进一步促进和完善知识产权转化的政策措施，鼓励企事业单位、科研院所、高等院校知识产权的合理转移并实现其经济效益。

3. 加强知识产权保护。建立和加强知识产权保护监督机制，依法惩治和遏制知识产权违法犯罪及侵权行为。

4. 完善知识产权管理体制。加强政府机关、企事业单位、科研院所和高校的知识产权管理体制建设，加强对科技、经济和文化活动的知识产权管理。

二、加强服务能力建设，培养高素质科技创新型知识产权人才

（一）加强知识产权宣传。进一步宣传普及知识产权知识，提高社会公众知识产权意识，特别是提高领导干部、管理人员、科技人员和学生的知识产权意识。建立政府主导、媒体支撑、社会公众参与的知识产权宣传体系。

（二）建设知识产权人才培训基地。在高校、科研院所等有条件的单位建立知识产权人才培训基地，培养我省需要的高素质科技创新型知识产权专门人才。

（三）实施知识产权在职人才培养工程。在党政机关、企事业单位、科研院所等开展知识产权职业教育，重点对党政领导干部、企事业单位管理人员、专业技术人员、行业中介服务人员等开展知识产权培训，为我省经济社会发展提供知识产权人才保障。

（四）实施知识产权后备人才培养工程。开展中小学、大中专院校知识产权教育，逐步将知识产权纳入教育教学体系。在有条件的高校设立知识产权学院或知识产权专业。

三、加强服务体系建设，增强知识产权基础能力

（一）进一步加强和完善知识产权法律体系和政策规章体系建设。提高知识产权立法的数量、质量和可操作性，加强与国家相关法律的衔接配套。发挥政策的导向作用，制定与相关产业发展相适应的知识产权政策。完善知识产权行政管理体制和机制，形

成权责一致、分工合理、决策科学、执行顺畅、监督有力的知识产权管理体制和运行机制。

（二）加强知识产权创造和运用体系建设。强化企业市场主体地位，促进高等院校、科研单位将科技成果向企业转移，引导支持企业积极创造和有效运用知识产权。鼓励企业拥有自主知识产权，引导企业采取知识产权转让、许可、质押等方式实现企业进步和发展。争取在汽车和零部件、石油化工、农（林）产品加工、木材加工、电子信息、新材料、医药、冶金建材、装备制造业等重点领域或关键环节，掌握更多的核心技术，拥有更多的自主知识产权。

（三）进一步加强知识产权保护体系建设。依法调处专利侵权纠纷，加大商标侵权案件的查处力度，严厉打击假冒商标侵权行为。严厉打击侵权盗版、假冒和冒充专利等违法行为，维护知识产权市场秩序。建立打击与防范并重、专项行动与长效机制结合的执法机制，相关部门联动的执法协作机制，行政执法与司法调节相结合的工作机制，推动省内跨地区联合执法工作。

（四）加强知识产权文化体系建设。弘扬以创新为荣、剽窃为耻，以诚实守信为荣、盗版假冒为耻的道德观念，努力形成尊重知识、崇尚创新、诚信守法的知识产权文化氛围。

（五）加强中介服务体系和信息平台建设。充分发挥政府的公共服务职能，建立数据源完整、检索功能完备、与国家相关信息服务平台相衔接、符合我省产业发展需要的知识产权信息服务平台，指导和帮助企事业单位和个人运用知识产权信息，提升自主创新水平。充分发挥行业协会在知识产权工作中的组织协调作用，进一步发挥知识产权中介服务机构作用，引导和支持中介服务机构向专业化、规范化方向发展。

四、加强知识产权专项工作，提高科技创新和知识产权保护能力

（一）进一步加强专利工作。围绕我省产业发展的战略重点，在汽车和零部件、石油化工、农（林）产品加工、木材加工、电子信息、新材料、医药、冶金建材、装备制造业等优势和特色产业技术领域，形成100项核心技术专利，提升产业层次。实施优势企业培育工程，大力提升企业运用知识产权制度的能力，形成一批核心竞争力强、拥有自主知识产权的知名企业群。

（二）大力实施商标战略。加大驰名著名商标培育工作力度。引导企业建立健全商标管理制度，将争创中国驰名商标、吉林省著名商标作为企业管理和发展的重要目标。通过创新自有商标权，增加商品附加值，提高商标知名度，促进产业结构优化升级。推进商标富农工程，进一步增强农民进入市场的组织化程度，提高农产品竞争力。积极培育一批中国驰名商标和吉林省著名商标，全面提高企业品牌意识、质量水平、技术创新能力和管理水平。"十二五"期间申请注册商标和注册商标数量力争年增长

10%，全省农产品商标注册数量力争年年增长 15%。至"十二五"末，吉林省著名商标拥有量力争达到 1000 件，中国驰名商标数量力争达到 100 件。加大对地理标志证明商标培育力度。以玉米、大豆、大米、人参、鹿茸、食用菌、中药材、林蛙等优势特色农产品为重点，推进优势特色效益农业品牌建设，延伸特色产业链。大力培育和发展有市场竞争力的地理标志证明商标，积极培育帮扶具有经济潜力的地理标志产品及早进行商标注册。加强对地理标志证明商标产品的质量及商标使用情况的监督检查，维护市场信誉，促进区域经济发展。

（三）切实抓好版权工作。加大版权行政执法力度，打击各类侵权盗版行为。重点对书刊、教材、教辅、音像、网络、软件侵权盗版的查处力度。抓好版权宣传教育工作，切实提高公众的版权保护意识。重点加强版权监管职能，维护正常市场秩序。更新服务观念，创新服务方式，积极扶持新闻出版、广播影视、文学艺术、文化娱乐、广告设计、工艺美术、计算机软件、信息网络等领域版权产业的发展。扎实推进全省企业软件正版化工作深入开展。积极开展版权贸易活动，推动文化创新发展。

（四）加强植物新品种保护工作。积极贯彻《中华人民共和国植物新品种保护条例》，认真履行《国际植物新品种保护公约》，开展宣传培训、行政执法、查处和调解各类案件工作。着力加强育种人才培养、基础设施建设和育种资源收集等，不断提高品种创新能力。

（五）做好特定领域知识产权保护。扎实开展非物质文化遗产普查工作，促进国家、省、市、县各级名录、保护单位、传承人和文化生态保护区认定和保护，加强对非物质文化遗产的知识产权保护，促进传统知识的发掘整理，鼓励民间文艺再创作和遗传资源的利用。合理开发我省非物质文化遗产，防止其流失和无序利用。

（六）深入实施名牌发展战略。依托我省支柱、优势和特色产业以及丰富的资源，以提高产品质量效益和市场竞争力为核心，以提高品牌科技含量和辐射带动作用为方向，加快培育和发展一批对经济发展有重大影响的名牌产品，努力扩大全省品牌经济规模，带动提升企业、产业的综合竞争力和区域经济的综合实力。加强对行业标准知识产权的分析和研究，鼓励企业将专利技术融入自主知识产权的技术标准，并逐步上升为行业标准、国家标准乃至国际标准，推进企业采用国际标准和国外先进标准。

五、以知识产权产业化为牵引，提高区域经济竞争能力

（一）大力发展知识产权产业。开发区、工业集中区和软件园、现代化中药园、生物医药园、光电子产业园、汽车工业园、大学生科技园、留学生创业园等科技园区要把知识产权产业纳入区域经济发展的重点和园区经济发展的着力点，提升产业层次，提高经济竞争力。

（二）促进知识产权产业化。结合我省实际，以专利技术产业化、版权和品牌兴业

为重点，全力推进知识产权转化。优先发展具有自主知识产权的产业，尤其是高新技术产业。建立并扶持一批省级知识产权产业化基地和知识产权试点示范园区。推动企业知识产权的创造、转让、使用和许可等工作，提高企业核心竞争力和经济实力。

（三）推动高校、科研院所知识产权成果向企业转移，加大对拥有自主知识产权核心技术转化的支持力度。加强对拥有自主知识产权知名品牌的培育，为知名品牌企业和产品提供发展空间。

（四）实施专利"5343"工程。筛选 50 项能推进我省重点产业发展的专利项目在 3 个地区、4 个园区开展为期 3 年的创建专利产业化示范园区试点。

六、加大政策扶持力度，为知识产权工作提供保障

（一）逐步加大财政资金投入。财政资金主要用于提高我省自主知识产权创新能力、促进自主知识产权技术向产业化发展、推动知识产权信息等公共服务平台建设、促进知识产权强县工程建设等。

（二）增加信贷资金投入。金融部门要进一步发挥金融杠杆作用，调整信贷结构，支持企业科技创新、自主研发及知识产权产业化等。

（三）加大对实施知识产权成效显著企业的奖励力度。对获得国家专利金奖的项目，列入省科技进步奖。对在国外获得重要知识产权的企业和个人予以资助。

（四）推动企业加大投入。鼓励企业设立知识产权专项资金，用于企业知识产权的研发、引进及奖励等。

（五）实施企业税收优惠政策。对于企业知识产权收入，税务部门依法在所得税方面实行减免政策，减免资金专项用于企业知识产权的创造、运用、保护和管理。

七、发挥政府职能作用，为加强知识产权营造良好环境

（一）加强组织领导。各级政府要切实加强知识产权工作的组织领导，将其纳入重要议事日程。各有关部门要密切配合，加强协作，共同推进知识产权工作的实施。要建立健全知识产权行政管理体系，为知识产权工作提供组织保障。

（二）建立知识产权考核机制。把自主知识产权的创造、运用、保护和管理作为奖励评审、职称评定以及工程（技术）研究中心、高新技术企业认定的重要依据。

（三）建立政府优先采购自主知识产权产品制度。将获得发明专利、驰名商标、著名商标、地理标志产品保护、国家和省名牌的产品列入政府采购目录，在同等条件下优先采购。

（四）搭建知识产权融资平台。鼓励和支持金融机构开展知识产权质押融资贷款业务，解决科技型中小企业融资瓶颈，为专利权人搭建无形资产评估、质押、交易平台，

提高我省科技型中小企业自主创新能力。

（五）建立重大经济活动知识产权审议制度。加强重大项目决策和运作过程中的知识产权工作。加强政府投资的重大建设项目、重大科技专项、重大并购事项、重点引进项目、重点装备进出口、核心技术转让等过程中的知识产权评估和审议工作，知识产权管理部门及时予以指导和监督。

（六）建立预警应急机制。围绕产品效益好、市场占有率高的行业和企业，特别是涉外企业，及时发布知识产权发展态势报告，支持相关企业制定应对措施，建立健全重大经济活动商标权审议制度，防范商标侵权风险，逐步建立全省重点领域知识产权防范机制。近期要重点做好玉米深加工、光电子信息、人参等产业的专利分析及预警工作，加强重大知识产权纠纷的应对和援助工作，控制和减少可能的风险。加强省重大科技攻关项目的知识产权创造、运用、保护、管理及预警工作。

（七）深化知识产权国际交流与合作。加强与欧美等国家和地区的知识产权交流与合作。以中国吉林·东北亚投资贸易博览会为平台，通过多种形式加强与东北亚国家和地区的交流与合作，扩大我省知识产权的国际影响力，为我省企业参与国际竞争提供知识产权支撑。

中共延边州委　延边州人民政府
关于深入实施创新驱动发展战略
推动绿色转型的实施意见

延州发〔2016〕23 号

为深入实施创新驱动发展战略，大力推进"大众创业、万众创新"，支撑引领延边经济绿色转型升级和赶超崛起，根据省委、省政府《关于深入实施创新驱动发展战略推动老工业基地全面振兴的若干意见》精神，结合我州实际制定如下实施意见：

一、总体要求、基本原则和主要目标

（一）总体要求

以习近平总书记系列重要讲话，特别是视察吉林及延边时重要讲话和重要指示精神为统领，围绕全面建成小康社会，深入贯彻中央"四个全面"战略布局和省委"三个五"战略部署，着力践行五大发展新理念，加大供给侧改革力度，围绕绿色转型发展，积极推进创新引领与支撑发展模式，全面推动各领域创新发展，着力构建特色鲜明、结构合理、集约高效、绿色低碳的现代产业体系，走质量更高、效益更好、结构更优、优势充分释放的可持续发展之路。

（二）基本原则

坚持绿色转型发展。以建设资源节约型和环境友好型社会为着力点，加快生态文明制度建设，加强生态建设和环境保护，合理开发资源，注重节能减排，增强可持续发展能力，推动经济社会实现生态化、绿色化、循环化、清洁化发展。

坚持开放与创新引领。以全球视野谋划和推动创新，积极融入"一带一路"战略，扎实推进长吉图战略，抓好珲春国际合作示范区、延吉高新区、延边国家农业科技园区及和龙国家级边境经济合作区建设，用好国际国内两种科技资源，深入开展协同创新和开放创新，努力实现关键技术的重大突破。

坚持创新能力提升。充分发挥高校、科研院所、企业等多种主体的协同创新作用，加强科技成果转化应用、标准化示范和科学技术普及等基础工作。强化科技在推进绿色转型发展中的引领、带动和示范作用，着力增强自主创新能力，推动新技术、新产业、新业态蓬勃发展，为经济社会发展提供持久动力。

坚持区域联动发展。打破区域界线，加强联动、协同、融合发展，在更高起点上推进延龙图一体化战略，规划建设一个以文化旅游融合为主题，以海兰湖为核心，横跨延吉、龙井、图们三市的延龙图新区，打造延龙图一体化发展的新载体、全省绿色转型发展的新高地、长吉图开发开放的新平台、东北亚文化旅游发展的新坐标。

坚持体制机制改革推动。破除体制和机制的制约，充分发挥科技创新和制度创新"两个轮子"的作用，实现科技体制改革和经济社会领域改革同步发力，强化科技与经济对接，构建支撑创新驱动发展的良好环境。

坚持创新人才队伍保障。加大人才引进培养力度，完善人才发展机制，落实人才政策，创新人才工作机制，激发人才的积极性和创造性，加快建设一支规模较大、结构合理、素质优良的创新型人才队伍。

（三）主要目标

到 2020 年，自主创新体系基本形成，科技创新活力大大增强，为产业绿色转型发展，实现全面建成小康社会目标，提供有效科技支撑。以珲春国际合作示范区、延吉高新区、延吉工业集中区、敦化开发区创新发展为支撑，以延边国家农业科技园区和县（市）工业集中区为重点，以敦化医药产业园、汪清科创健康产业园、安图伊利石产业园、长白山森林矿泉水产业园、图们市石岘木质素化工循环经济产业园等特色产业园建设为突破口，初步实现从要素驱动向创新驱动转变。医药、食品、旅游等主导产业在全省领先进入中高端价值链和具有竞争优势发展行列，林产工业、能源矿产、装备制造等传统产业得到全面改造提升，走上集约、集群发展和特色发展道路。自主创新体系基本形成，创新环境更加优化，创新发展政策体系更加健全。全社会研究与试验发展（R&D）经费支出占地区生产总值的比重达到 1.5% 以上，高技术产业增加值占工业增加值比重达到 20% 左右，科技进步贡献率提升到 60% 以上。

到 2030 年，发展驱动力实现根本转换，资源优势转化为产业竞争优势，医药、食品、旅游等产业进入全省发展前列，为建成生态州和富裕社会奠定坚实基础。以延龙图组合城市为核心，以敦化、珲春为两个发展极整体崛起，辐射带动和龙、安图、汪清三个支点创新联动，形成一批具有区域影响力、特色鲜明的创新型城市、创新型园区、创新型企业；新产业、新技术、新业态、新模式的"四新经济"快速发展，在现代中药、化学与生物制药和新能源、非金属、新材料、新一代信息技术和现代农业等有区域优势的高技术产业和特色产业创新优势更为凸显；创新文化氛围深厚，法治保障有力，全社会形成创新活力竞相进发、创新源泉不断涌流的生动局面。全社会研究与试验发展（R&D）经费支出占地区生产总值的比重达到 2.5% 以上，高技术产业增加值占工业增加值比重达到 30% 以上，科技进步贡献率提升到 65% 以上。

到 2050 年，区位、科教、文化、绿色资源优势转换成市场竞争优势，区域发展活力、经济内生动力和整体竞争力极大增强，建成在全省有影响力的延边区域科技中心、创新高地和人才培养战略要地，为实现现代化目标提供强大支撑。劳动生产率、社会运行效率，主要依靠科技进步和全面创新，产业核心竞争力整体提升，经济、资源、环境高度融合，可持续发展能力显著增强。

二、发挥创新引领作用，加快产业绿色转型升级

（四）优先支持医药、食品、旅游产业发展，提升三大主导产业综合竞争力

坚持绿色、生态、特色、高端化发展方向，加快新技术、新成果在医药、食品等生态健康产业的消化吸收和信息化、智能化、数字化技术的应用，再造主导产业新优势。依托长白山丰富资源优势，以"扩总量、优结构、加强科技创新"为方向，重点推进医药健康产品制造业升级壮大与健康服务业提速发展，在中药、生物制药、化学药、医药保健、医疗器械、朝药、药用包材及辅料、医疗健康服务等八大板块实现技术突破。引进基因重组技术、生物分离技术、酶工程技术和现代生物发酵技术，深度开发人参、林蛙等高附加值产品。大力研发人参皂苷提取新方法，提高人参资源综合利用水平，加强人参皂苷下游产品开发。利用冷等静压（常温超高压）技术实现林蛙油、卵和酮体的现代化生产。支持敦化敖东医药产业园、延吉高新区医疗器械产业园、延边新兴工业集中区医药人参产业园、敖东延吉国药产业园、汪清科创健康产业园、凉水医药食品健康产业园集聚发展。抓好中药与高效食品检测、分离、提取、干燥、冷冻（藏）及物性重组等先进适用关键技术研发转化，加强标准化建设与国际互认工作。做深做精人参产业，高端发展矿泉水、生态食品、民族食品和海产品产业，提升烟草制造业，打响延边绿色食品品牌。发展旅游智能化技术，推动智慧技术、智慧城市和旅游、健康养老产业的融合发展，开发虚拟现实技术旅游产品，广泛使用光电、大数据、互联网等手段，积极扩展各旅游景区功能，大力开发森林旅游、边（跨）境旅游、民俗风情旅游、红色旅游等各类旅游资源，不断延伸产业链条，推动旅游产业转型升级，健康养老产业快速发展。

（五）加大林产加工、能源矿产、装备制造的技术创新，再造传统产业新优势

坚持绿色化、高端化、品牌化发展方向，重点支持林产加工业"无毒、无害、环

保"等新技术的研发和应用，加快林产加工业转型升级。积极推进传统能源产业技术改造，提高资源、能源利用效率，加快发展技术成熟、市场竞争力强的水电、风电等清洁能源。重点攻克油页岩开采和燃烧、气化工艺，实现煤炭无害化开采、先进储能、节能与能效提升。以矿产资源的精深加工为重点，采用先进技术，提高矿产资源利用率，延长矿产资源服务年限。以装备制造业加快转型升级为契机，利用信息技术提升装备制造业水平，发展以数字化、柔性化及系统集成技术为核心的智能装备技术，围绕"农业机械、汽车及零部件、专用设备、电力设备"四大行业，加大技术改造和研发投入，突破制约发展的核心技术，推动从产业链低端向高端延伸。

（六）发展新材料、新能源、新一代信息、生物技术，培育战略性新兴产业和特色资源产业

加强与国内外科研机构的合作，积极引进国内外知名新材料企业，依托伊利石、石墨、玄武岩等重要资源，重点发展高性能新材料等应用新技术，不断提升产品创新及下游产品应用技术开发能力，打造省内先进非金属新材料基地。加快玄武岩、伊利石资源的深度开发，大力发展玄武岩连续纤维、伊利石功能制品等新材料产业。加大石墨产品技术开发力度，重点开发石墨烯、膨胀石墨等高附加值产品。支持重点研发具有宽耐温、高抗冲、抗老化、高耐磨和易加工等性能先进的工程塑料零部件技术。充分利用我州丰富的风能、太阳能、生物质能、煤层气、地热等资源，加快推进新能源项目建设，重点支持发展工业节能、民用节能、新能源与绿色能源、新型节能产品开发等能源高效利用技术，支持发展煤层气资源综合利用技术，开发热电、风电、煤层气、生物质发电等清洁能源利用技术。引进浪潮、联想、阿里巴巴等行业领先的硬件制造和互联网企业，建设大数据中心。大力支持基于云计算、大数据和互联网的在线研发设计、教育医疗、互联网服务等新兴产业发展，积极推动"大众创业、万众创新"。支持传统产业与互联网的深度融合、产业业态和商业模式创新，推动工业企业研发、生产、供应链等环节的自动化、智能化转型。鼓励利用生物技术开展对长白山优质植物资源的生物活性和有效成分进行分离、测定、合成研究，促进研究成果的产业转化。积极推进鹿茸活性多肽、熊胆有效成分的人工合成，及黑木耳多糖、腺苷类物质等木耳功能性成分提取技术的研究与应用推广。

（七）发展生态绿色高效农业技术，实现农业绿色转型发展

开展良种良法、农机农艺、资源高效循环利用、绿色增产等技术集成创新，推动农业产学研用协同创新改革试验，建立完善农业科技研发平台。加强粮食作物优质高效种质资源创制及新品种培育、畜禽及特色动植物种质资源的保护开发与高效利用，加快脱毒马铃薯、延边黄牛、蜂产品等一批在全省乃至全国有影响的品牌良种市场化推广。强化抗低温冷害栽培技术、粮食作物节约资源高效安全生产综合配套技术、优

质安全畜产品生产关键技术及特色动植物资源生产技术开发，推广绿色清洁种养技术、生物防治、生态养殖等技术，研发和转化"互联网＋现代农业""互联网＋现代林业""光伏＋种植养殖"等模式的关键技术。加快绿色农业产业基地建设，围绕延边大米、人参、延边黄牛、鹿茸、林蛙和长白山特色资源进行重点开发，建设有机大米、中药材、食用菌、优良畜禽、长白山山珍食品和水产等特色产业基地。加强农副产品工程化关键技术研发，发展有机酸、工业酶制剂、糖及其衍生物、高档食品添加剂等深加工产品。加强对延边国家农业科技产业园区科技创新支持，尽快使其成为农业技术组合集成和科技成果转化基地。

（八）创新商业模式和现代服务技术，支撑传统服务业优化升级

加强网络信息技术集成应用研发，建立完善现代服务业技术支撑体系。围绕生产性服务业共性需求及关键环节，重点推进网络信息技术与信息服务、现代物流、系统外包、科技金融和科技咨询、创业培训等生产服务产业的融合发展，促进生产性服务业信息化、产业化。探索网络信息技术与商贸服务、餐饮服务、医疗健康、养老服务等服务业的融合发展，重点发展数字文化、数字医疗、数字健康、数字生活及培训与就业、社保等新兴服务业，加快网络信息技术与传统服务业融合，依靠科技创新引领产业升级，促进传统服务业发展。培育文化科技融合新业态，推动数字技术等现代科学技术在影视、出版发行、演艺、音乐产业、非物质文化遗产保护中的运用。促进以数字动漫、创意制作、网络游戏等文化创意企业和从事智能终端、三网融合等领域软件研发、生产、服务的高新技术企业的集聚发展。发掘民俗文化和历史文化资源，开发一批具有高科技内核的文化创意产品，不断增加旅游的文化内涵。

（九）发展智慧城市和数据社会技术，促进社会治理创新

建设区域大数据中心，促进互联网和经济社会融合发展，推进数据资源开放共享。运用信息化、数字化、智慧化、可视化等科技手段，重点推进社会治安、交通管理、公共安全应急响应、社区管理等技术开发和信息平台建设，不断提升城市、社会管理水平。加快交通、电力、通信、地下管网等市政基础设施的标准化、数字化、智能化技术、网络安全维护、监管与应急保障技术及生产安全检测预警、重大自然灾害处理、公共安全等领域技术的开发应用，全面提高科学技术对城市管理、城镇化建设、城乡区域协调发展的支撑能力。

三、培育壮大创新主体和载体，提升科技创新能力

（十）培育壮大创新主体

鼓励发展代表新技术、新产业、新业态和新模式的高新技术企业。重点培育一批

成长性强、代表未来产业发展方向的科技创新小巨人企业。设立高新技术和科技创新小巨人专项资金，对新认定的高新技术企业和进入省级科技创新小巨人行列的企业给予不低于 10 万元的资金奖励，并在安排州级科技计划项目等方面给予优先支持。鼓励龙头骨干企业创新发展，运用新技术开发高附加值产品，提升企业综合竞争力，尽快实现转型升级，支持外资企业主动融入区域创新体系，带动科技型企业创新、创业发展。实施重点培育工程，到 2020 年，重点培育 20 户科技创新型小巨人企业和 20 户高新技术企业。

（十一）大力推进创新载体建设

鼓励、支持企业设立研发机构，建设创新平台。对企业新成立的具有独立法人资格的企业研究机构、创新平台，在申报国家、省、州投资计划时给予优先支持。鼓励企业与国内外科研院所、高校合作设立研发机构，对企业自主创办的由院士、长江学者领衔的高水平研发机构，符合条件的，除享受相关优惠政策外，由企业所在地政府给予不低于 30 万元补助。对经国家、省有关部门批准认定的国家、省工程（技术）研究中心、博士后工作站，一次性给予 20 万元研发补助。到 2020 年，新培育 1 个国家级重点实验室、2 个省级重点实验室、6 个省级科技创新中心（工程技术研究中心），国家级、省级企业技术中心发展到 24 个。

四、深化科技体制机制改革，增强创新发展动力和活力

（十二）深化财政科技资金管理改革

贯彻国家、省关于科研项目和资金改革的政策意见精神，建立科学合理的科技资源投入、科研立项、科研评价、金融支撑等机制，形成与国家、省相衔接的计划体系。对市场需求明确的技术创新活动，以风险补偿、创投引导、后补助等间接方式为主，逐步将对企业技术创新的投入支持转变为普惠性财税政策支持。

（十三）建立健全科技评价和科技奖励制度

建立以绩效为目标的科技计划评价机制，注重评价目标完成情况和技术成果的突破性、带动性；注重评价对产业发展的实质贡献。完善科技奖励制度，突出企业创新主体的奖励，增加对创新人才、创新团队、创新平台建设、成果转化的奖励，建立和完善科技奖励工作信誉管理制度。

（十四）完善科技行政决策机制

建立跨部门的财政科技项目统筹决策和联动管理制度，建立科研基地基础设施和

科技基础条件平台开放共享。吸引更多企业参与研究制定科技创新规划、计划、政策和标准，扩大相关专家咨询组中产业专家和企业家所占的比例，建立有利于企业家参与创新决策、凝聚创新人才、整合创新资源的新机制。

五、大力推进协同创新，加快科技成果转化

（十五）鼓励产学研协同促进科技成果转移转化

支持、鼓励企业与科研院所、高校联合构建各种形式的技术创新联盟共同实施重大科技成果产业化项目，支持企业与高校院所开展产学研或成果转化合作，对新引进的经国家权威机构3年内认定的国内先进以上科研成果转化项目予以直接列入当年科技投资计划。对企业经技术合同登记购买省内外科研院所、高校重大科技成果并在州内转化成功且取得显著经济社会效益的项目，经有关部门组织专家评定后，除享受省技术交易额补助外，可由所在地政府给予补助。支持企业开发新产品，对获得省级以上重点新产品认定的企业，给予5万元的补助。

（十六）鼓励建设科技成果中试与产业化载体

支持各园区、企业与科研院所、高校联合建立科研中试平台、科技成果转化基地、科技企业孵化器、通用性或行业性技术创新服务平台等，通过设立政府投资专项等方式，对运行1年以上，运行效果良好的机构给予政策性扶持。重点抓好州政府与延边大学共建的延边医药健康产品开发中试基地和安图县政府与苏州非金属研究院共建的伊利石产品开发中试基地等重要研发机构的产学研联盟市场化运营。

（十七）鼓励科技成果转移转化市场化服务

推动科研基础设施和大型科研仪器向社会开放，实现资源共享和优化配置，提高科技资源使用效率。构建全州技术交易网络平台，鼓励发展科技成果转移机构，重点支持吉林省科技大市场延边分市场建设，鼓励科技中介服务机构入驻延边分市场。对运营成果显著、贡献突出的科技成果转移机构，经年度考核和专家评审给予适当奖励。

（十八）鼓励科技人员转移转化科技成果

科研院所、高校和国有企事业单位持有的科研成果完成后1年未实施转化的，科技成果完成人和参加人在不变更职务科技成果权属的前提下，可以根据与本单位的协议进行该项科技成果转化，并享有协议约定的权益。科研院所、高校等单位对其持有的科技成果进行转化和创办企业的，其知识产权等无形资产所占的技术股份可按至少50%、最多70%的比例折算，奖励给参与研发的科技人员持有，或按相应比例参与分红。

六、整合科教人才人文资源，强化人才支撑

（十九）建立健全科研人才双向流动机制

改进科研人员薪酬和岗位管理制度，破除人才流动的体制机制障碍，促进科研人员在事业单位和企业间合理流动。鼓励支持科技人员创新创业，符合条件的科研院所科研人员经所在单位批准，可带着科技项目和成果、保留基本待遇到企业开展创新工作或创办企业。允许高等院校、科研院所科技人员在完成本单位布置的各项任务，不侵犯本单位技术、经济权益的前提下，经原单位批准，到企业兼职从事科技成果转化活动。加快社会保障制度改革，完善科研人员在企业与事业单位之间流动时社保关系转移接续政策，促进人才双向流动。

（二十）鼓励引进科技创新领军人才和创新团队

创新引进方式。围绕产业发展需求和创新方向，引进一批具有国内、国际先进水平的科技领军人才、急需人才和创新团队。全力推进科技攻关、项目对接和成果转化，加大人才政策落实力度，强化引进人才工作、生活和社会保障。落实知识产权政策，鼓励科技人员采用合作研发、技术入股、柔性流动等灵活方式，竞争产业项目开发及科技对接。鼓励院士、专家到延边设立院士工作站，对来我州参与项目研发、成果转化的院士专家及工作团队除享受科技项目扶持、工作生活补助外，按人才引进政策，分别给予一次性补助。

（二十一）加快培育培养本地创新人才

围绕推动产业绿色转型升级，统筹产业发展和人才培养规划。以延边大学和省内高校为重点，鼓励高校、科研机构和企业开展人才培养合作，加快重点行业、重点领域、战略新兴产业人才培养，努力培育一支具有现代科技素养和创新能力的人才队伍和一批科研带头人。完善高端创新人才和产业技能人才培育"二元支撑"人才培养模式，加强普通教育与职业教育的衔接。鼓励各行业大规模培养高级技师、技术工人等高技能人才，推动企业和职业院校成为技能技术人才培育的"双主体"。鼓励建设"首席技师工作室"，造就"大国工匠"。完善评价和激励机制，建立新型的多层次选贤用才体系，建立公平、择优的人才选聘机制和人才资源库，激活科技人员的创新潜能，营造科技创新人才成长良好氛围。改革基础教育培育模式，强化兴趣爱好和创造性思维培养。推进现代职业教育体系建设，完善并落实学历证书与职业资格证书"双证书"制度。围绕州内重点发展的新兴产业、支柱产业和特色产业，开展对口贯通分段培养人才体系。开展校企联合招生、联合培养的现代学徒教育。

（二十二）整合利用人才资源

完善人才管理体系建设，加强人才工作数据库的数据采集、数据录入、数据检索等工作，逐步实现多部门人才数据库数据共享。整合人才资源，组建创业导师顾问团、企业专家诊断组织等人才服务组织，建立行业齐全的专家咨询委员会，充分发挥优秀人才的参谋助手作用。

七、优化创新创业环境，激发全社会创造活力

（二十三）建立多元化的科技投入体系

推进科技经费管理改革，整合优化各级各类财政科技资金，创造条件适时研究设立州科技成果转化、知识产权运营专项资金（基金），采取合同管理、绩效挂钩、以奖代补、贷款贴息、创业投资、担保等多种方式，发挥财政资金的杠杆作用和集聚效应，引导带动企业、社会增加科技投入，形成多元化、多渠道、多层次的科技投入体系。加强与金融机构、各类贷款担保机构的合作，引导信贷资金、创业投资资金以及各类社会资金加大投入，支持重点产业科技成果转移转化。支持符合条件的创新创业企业通过发行债券、知识产权质押等方式进行融资。

（二十四）全方位推进开放创新

支持企业"走出去"，申请国外专利，提高海外知识产权运营能力。针对装备制造、医药、食品加工产业完善知识产权信息平台，发布知识产权（走向海外）实务操作指引，为企业"走出去"提供专业化知识产权服务。围绕落实"一带一路"战略和亚太互联互通蓝图，重点建设图们江区域国际技术转移中心、珲春国际技术转移中心等国际科技合作基地。完善长吉图区域合作与协调发展机制，开展协同创新，支持珲春合作区、延吉高新区、延边农业科技园区等重点园区建设。

（二十五）实施知识产权、标准、质量和品牌战略

鼓励单位和个人申请国内外发明专利、创建知名品牌、进行计算机软件著作权登记，支持知识产权执法机构加强执法条件建设及人才培育，提升执法能力。加快知识产权投融资服务体系建设，完善知识产权风险补偿机制，推动知识产权保险服务，分散和化解企业创新发展风险。支持企业实施《企业知识产权管理规范》国家标准，创建国家级知识产权优势企业（园区），创建国家级知识产权规范化市场，提高知识产权规范化管理水平。鼓励和支持支柱产业和优势传统产业的企业形成技术标准群，提高行业技术标准和产业准入水平，推动我州优势技术与标准成为国内国际标准。加强质

量强州和品牌建设，重点推进行业龙头企业、骨干企业、成长型企业的品牌建设，发挥地理标志产品保护作用，打造延边质量和品牌名片。

（二十六）提升科技金融服务

探索金融支持科技产业发展新模式，借助吉林省科技成果转化引导基金作用，支持天使投资、创业投资等股权投资对科技企业进行投资和增值服务，探索投贷结合的融资模式。支持符合条件的高新技术企业、科技型中小企业在境内主板、中小板、创业板、新三板及海外市场、区域性股权交易市场上市或挂牌融资。鼓励金融机构创新科技金融产品和服务，加大对科技型企业的信贷支持，推广知识产权和股权质押贷款。加快培育完善科技保险、专利保险市场。

（二十七）力促"大众创业、万众创新"

加快构建多方参与、多种形态的众创空间，发展建设创业园、创业街、创业社区、创客空间等多种形式创业载体，协力创建集创业培训、实训、孵化、辅导和融资、推介服务等功能为一体的创业示范基地。鼓励行业领军企业、创业投资机构、社会组织等社会力量和民营资本积极参与或自主建设众创空间，加强政策集成和资源共享，打造主体大众化、空间多样化、服务专业化的创业孵化生态体系。深入实施全民科学素质行动计划纲要，加强科学普及及信息化建设。开展小微企业示范基地建设，将微创新、微创业和小发明、小改进转化为实实在在的创业活动。

八、强化组织实施，加大保障力度

（二十八）加强组织领导

各级党委、政府和各部门要把实施创新驱动发展战略摆在重中之重的位置，切实加强对科技创新的组织领导。成立延边州创新驱动发展战略工作领导小组，建立州县（市）级联席会议制度，统筹协调全州创新发展的全局性工作，加强战略谋化，指导推动部门、地方通力合作，力促落实。

（二十九）强化任务分解和落实

全州上下要强化大局意识、责任意识，加强协同，形成合力。各地党委、政府明确工作推进路线图和时间表，结合实际制定具体实施方案，明确工作任务，切实加大资金投入、政策支持和条件保障力度。加强对试点示范工作的指导，交流各地各部门的好经验、好做法，对可复制、可推广的经验和模式及时总结推广。

（三十）强化评价考核

明确责任主体，建立州抓推进、县（市）为主、部门服务的责任体系。建立并完善创新驱动发展成效考核机制，将创新驱动发展成效纳入县（市）经济社会发展实绩考核内容，并纳入领导班子和领导干部的考核范围，逐步提高考核权重。对工作绩效考核成绩优秀的县（市）、部门给予表彰奖励，确保各项工作落实到位。

（三十一）营造创新氛围

充分发挥广播、报刊、电视等主流媒体以及网络、手机等新媒体的宣传引导作用，树立创业优先、创新驱动，科教兴州、人才强州的发展理念，营造勇于探索、敢为人先，崇尚创新、宽容失败以及"创业在延边、乐业在家乡"的浓厚社会氛围。加大科技创新政策培训班轮训，推动科技资源科普化，加快科研设施向公众开放。结合新兴产业发展，适时开展系列专题科技、知识产权宣传活动，宣传鼓励多种形式就业和用人单位促进就业的好经验好做法，引导全社会支持参与就业创业。

2016 年 9 月 14 日

中共延边州委　延边州人民政府
关于深化科技体制改革加快推进
全州科技创新的实施意见

延州发〔2014〕6号

为全面贯彻落实《中共吉林省委、吉林省人民政府关于深化科技体制改革加快推进科技创新的实施意见》（吉发〔2012〕24号），加快提高我州科技创新能力，充分发挥科技对振兴延边发展的支撑引领作用，结合延边实际，特制定本意见。

一、坚持创新驱动，充分发挥科技对振兴延边的支撑作用

1. 坚持把科技放在优先发展战略地位。当前我州正处于深化改革开放、转变发展方式的攻坚阶段和全面建设小康社会的关键时期，科技作用日趋突出。把科技放在优先发展的战略地位，已经成为我州加快经济振兴和富庶、开放、生态、和谐、幸福延边建设和实现经济社会跨越式发展的必然选择。坚持把科技放在优先发展的战略地位，把科技创新作为推动调整经济结构、转变发展方式、实现加快发展的重要基点和首要推动力量，深入实施创新驱动战略，进一步深化科技体制改革，促进科技成果转化和产业化，推动科技与经济社会发展紧密结合，通过科技创新加快实现发展方式转变和社会转型，全面完成"十二五"规划和《长吉图规划纲要》提出的战略目标。

2. 坚持把创新型延边建设作为重要战略目标。总体思路是：紧紧抓住"长吉图"战略实施有利时机，积极推动创新型延边建设，充分利用国家赋予先行先试政策优势，深入实施创新驱动战略，加快科技体制机制改革及产业技术创新，不断提高科技创新能力，大幅度提升科技创新对经济增长的贡献率，充分发挥科技创新对经济社会发展的支撑引领作用。

力争到"十二五"末，在科技创新体制机制、培育创新主体、完善创新政策、培养创新人才等方面取得突破，初步建立较完善的以企业为主体、国内外高等院校和科研院所为依托、产学研结合的延边特色科技创新体系；基本确立企业在技术创新中的主体地位，支柱、优势产业和高新技术产业技术创新和成果转化取得重要实质性进展，

规模企业研发投入年均增长 20% 以上；培育一批拥有核心技术的科技型骨干企业和高新技术企业，初步建立特色鲜明、竞争优势明显的现代产业体系，力争高新技术企业工业增加值比"十一五"期末翻一番；科技投入大幅增长，全社会研发投入占生产总值的比重达到 2.5%，科技进步贡献率达到 50% 以上，科技支撑引领经济社会发展的能力明显提升，科技创新及成果转化水平进入吉林省前列。

到 2020 年，基本建立适应我州经济社会发展的区域科技创新体系，科技创新能力与科技服务水平大幅提升，科技支撑引领作用显著增强，科技进步贡献率达到 55% 以上；依托图们江区域合作开发，不断强化国内外科技合作和科技攻关，确保传统优势产业和战略性新兴产业高技术研发取得重大突破，把延吉、敦化、珲春建设成为吉林省高新技术产业重要发展基地，力争高新技术企业工业增加值再翻一番。

二、强化企业创新主体建设，促进科技与经济紧密结合

3. 实施企业创新能力培育工程。鼓励和支持具备条件的企业自主创立或与高校、科研院所联合建设国家级、省级科技创新中心（工程技术研究中心）、企业技术中心、院士工作站、重点实验室、工程实验室、博士后工作站等企业研发机构，推动人才、技术与资本、市场有效对接。对初次认定的省或国家级企业科技创新中心（工程技术研究中心）、企业技术中心、企业院士工作站给予 10 万元资金补助，对其研发的成果转化申报项目优先给予支持。力争到"十二五"期末，新增 1～2 个企业院士工作站、1～2 个博士后工作站、2 个以上国家级科技创新中心（工程技术研究中心）、5 个以上省级科技创新中心（工程技术研究中心）。

4. 实施重点科技型中小企业培育工程。设立州、县（市）科技型中小企业科技创新专项，选择 50 家具有良好发展前景并在技术创新和资金配套等能力方面具备良好条件的科技型企业，通过加强业务指导、加大扶持力度、实施关键技术合作攻关和项目、人才引进等有力措施，推动企业尽快掌握产业关键核心技术，迅速做大做强产业规模，为高新技术产业及战略性新兴产业加快发展奠定坚实基础。力争"十二五"末期，全州科技型企业数量及工业增加值比"十一五"期末增长一倍以上。到 2020 年，全州科技型企业数量及工业增加值再翻一番。

5. 深入实施企业专利战略和标准战略。贯彻落实国家、省有关政策，鼓励企业申报创新成果知识产权，支持企业实现专利技术产业化。设立新授权职务发明专利和实用新型专利奖项，对获得国外发明专利权在州内实施转化并实现规模化生产及新列入国家级、省级知识产权示范（试点）的企业分别给予奖励。完善相关激励政策，加大对企业制定或作为主要承担者制定的标准奖励力度。

三、加强产业技术创新，提高创新驱动发展能力

6. 以技术创新促进支柱、优势产业优化升级。以提升产业技术为主要目标，明确

技术研发主攻方向与科技攻关重点，通过实施一批重大产业成果转化和科技攻关项目，大幅提升支柱、优势产业核心竞争力；围绕优势资源综合开发利用和新产品、新工艺、新装备研发，积极推进高、精、专、深产品开发，延长产业链条，促进产品结构调整及资源、能源节约，不断降低生产成本与资源消耗，大力发展循环经济。坚持走新型工业化道路，积极推进信息化带动工业化，利用电子信息、自动控制与先进制造等现代技术，加快支柱、优势产业改造与提升。

7. 以科技创新促进高新技术产业加速发展。鼓励企业发展战略性新兴产业，以电子信息、新材料、新能源、生物工程及医药、先进装备制造、节能环保等领域为重点，紧紧抓住国家加快建设"长吉图先导区""珲春国际合作示范区"有利时机，依托延边区位、人文、生态和资源优势，加强高新技术企业的培育和引进，集中力量抓好一批关键技术的研发、引进消化吸收再创新与集成创新，积极抢占产业技术发展战略制高点，促进高新技术与战略新兴产业快速发展。对首次被认定的高新技术企业，给予10万元奖励。对当年通过省级新产品（新技术）鉴定的企业给予一定的奖励，以引导企业增加科技投入，研发新产品、新技术，提高企业自主创新能力和市场竞争力，促进企业良性发展。

8. 以科技创新振兴延边农业。重点支持有机农业、生态农业及农业标准化生产等关键、配套技术的研发及新技术、新品种的引进、推广和应用。实施高效特色农业科技示范工程，探索建立以安全和品质为核心竞争力的精品、高效农业发展模式，全面提升延边农产品知名度。支持龙头企业开展技术创新与技术引进，进一步提高农产品精深加工和保鲜、储运能力与水平，不断提升农业龙头企业市场竞争力和辐射带动能力。鼓励支持专业农场引进先进农业应用技术，率先发展设施农业和数字农业，促进农业科技水平的提升。依托延边生物资源优势，有序推进独有和优良品种的发掘、保存、创新与新品种培育，加快优质水稻、人参中药材及食用菌等特色农业科技示范园区和延边黄牛、梅花鹿、蜜蜂等特色示范基地建设步伐，为延边农业良性和长远发展奠定坚实基础。

9. 以科技创新促进现代服务业加速发展。坚持以人为本，围绕人口、资源、环境、医疗卫生、公共安全、城镇化建设等重点领域，集中力量搞好重大科技攻关、先进技术引进和综合集成，有力促进物流、旅游、文化、医疗等具有比较优势的现代服务业发展，大幅提升科技服务于社会公益领域的能力。以交通、旅游、物流、城市管理、医疗服务等为重点，突出抓好"数字延边""智慧城市"建设，全面提升我州现代服务业及社会管理的发展水平。

四、加强科技与产业发展平台建设，不断夯实创新驱动发展基础

10. 加快推进科技园区建设。加大对延吉高新区发展支持力度，落实好国家赋予

高新区的管理权限及职能，进一步完善和提升高新区发展功能。严格落实国家高新区发展优惠政策，研究制定促进高新区发展扶持措施，鼓励域内外高新技术企业进驻延吉高新区，集全州之力推动延吉高新区快速发展；积极引导和大力支持各县市经济开发区、工业集中区向省级高新技术园区转化，通过实行经济开发区、工业集中区的"二次创业"和转型发展，加快提升各县（市）经济开发区、工业集中区整体科技发展水平；充分发挥延边区位人文优势，加强与东北亚各国的科技产业合作，积极谋划和打造中韩、中日、中俄国际科技合作园，不断提升科技支撑产业发展的能力；大力支持各县（市）与省内外高校、科研单位共建"大学科技园"等科技产业园区，为电子信息、食药等产业的高端化、集群化发展开辟新阵地。

11. 加快科技孵化体系建设。加大对现有孵化器的扶持力度，进一步完善孵化器功能。针对州内优先和重点发展产业，着力建立一批特色化、专业化孵化器，不断提高企业技术创新能力，努力建立科技孵化与创业投资互联及形式多样化、组织网络化、主体多元化、服务社会化发展新格局；积极引导和鼓励各类孵化器与高校、科研院所进行企业孵化合作，强化科技攻关、专家咨询、人才培训等科技支撑，不断提高企业孵化水平。对新批省级和国家级孵化器，州和县（市）政府分别给予一定数额的资金补助。

12. 加强科技服务机构建设。坚持政府引导、市场化运作方针，加强生产力促进中心、科技成果交易市场、知识产权中介、技术咨询评估等科技服务机构建设，构建全方位、多层次的科技服务体系。对从事技术咨询、技术服务业务取得的收入免征企业营业税；鼓励域内高校、科研机构采取合作和有偿服务的方式开放科研仪器设备、文献、数据等科技资源，努力打造科技资源共享平台，全面提高科技资源利用率。对科技服务成果显著的科技服务机构，经认定后给予一次性资金奖励。

五、加大改革创新力度，激发创新驱动活力

13. 建立政府科技投入稳定增长机制。加大各级政府科技投入力度，"十二五"期间，州及县（市）政府新增财力重点向科技倾斜，确保州、县（市）政府科技研发投入年均增长20%以上。到2020年，州、县（市）政府科技研发投入比"十二五"期末翻一番。

14. 建立多元化科技投入机制。探索建立科技经费有偿使用机制，采取州、县（市）财政注资的办法，对8个县（市）高新技术和科技企业重大成果转化、上市等提供有偿支持，并通过企业股权回购、股票上市等途径实现变现。加强与金融机构、各类贷款担保机构的合作，充分发挥政府科技投入的引导作用。积极引入风险投资机构和民间资本，探索建立多元化多渠道的科技投入体系。

15. 积极推进科技项目管理创新。完善科技发展计划项目管理办法，规范专家评

审、跟踪管理、监理验收等环节，逐步建立科技项目决策、执行、评价相对分开、互相监督的管理机制，确保科技项目管理工作公开、公平、公正。加强政府各部门科技投入资金使用的统筹协调，充分利用科技发展计划及设立科技企业专项，加大对重点科技型企业的支持，有效推动重大科技攻关和重大成果转化，切实提高科技支撑产业发展能力。

六、完善人才发展机制，构筑创新人才聚集高地

16. 充分发挥科技人才平台作用。以"延边州应用技术专家协会"等科技人才团体为重要载体，不断深化与国内外各类科研人员、机构的合作。以关系延边发展重大产业为重点，有计划柔性引进10名首席专家和百名国内外高端人才，有效推动技术引进、成果嫁接、成果转化、合作研发、科技招商工作，努力构建国内外人才、技术与产业发展良性互动、产学研全方位合作新格局。

17. 全面落实人才工作有关政策。认真落实国家、省及州委、州政府人才工作等有关政策，进一步改善和优化科技创新人才发展环境，不断夯实科技创新驱动发展的人才基础，切实提高"金达莱学者"的影响力。设立科技进步突出贡献奖，对推动延边重大产业科技进步和经济社会快速发展作出突出贡献的优秀科技人才，及实施重大科技项目、引入重大科技成果并实现规模化、单品种年销售收入1000万元以上的有功集体或个人给予重奖。

18. 创新开展科技人才培育工作。根据科技创新实际需要，采取科技项目、研发中心与科技创新人才培养，相结合的方式，积极发现、培养和锻炼科技创新人才。大力培育科技领军人才和科技创新团队，努力造就一支结构合理、素质优良的科技创新人才队伍。加大对中青年科技人才培养力度，使其在实施各类科技计划项目中快速成长和发挥骨干作用。

七、强化政策落实，全面营造科技创新的良好环境

19. 支持科技金融对接平台开展有效融资服务活动。加强科技金融对接服务载体建设，鼓励担保机构为科技型中小企业提供贷款担保，探索建立贷款担保、财政补贴和商业贷款贴息机制。按属地管理原则，对年度担保额增量部分给予适当财政资金补贴，对帮助科技型中小企业融资成效显著的科技金融对接平台给予财政支持，逐步降低企业融资成本。对发展潜力大、创新水平高、市场前景好、符合条件的科技小巨人企业，各部门在专项资金安排上给予重点支持。

20. 加大高新技术企业培育和高科技项目引进力度。鼓励域外高新技术企业入驻延吉高新区和各经济开发区、工业集中区，对整体或部分迁入的域外高新技术企业及高

科技项目，给予 1 年认定过渡期，过渡期后 1 年内被认定为高新技术企业的，3 年内州、县（市）财政按其过渡期内缴纳的企业所得税地方留成部分，给予全额奖励。符合科技小巨人条件的新引进科技型中小企业，由所在地政府给予资金支持。

21. 营造崇尚创新的环境与氛围。确立科技大会制度，定期召开全州科技大会，贯彻落实《吉林省科学技术奖励办法》，设立和评选州科技进步奖，对在技术创新中取得重大成果及显著经济社会效益的单位和个人给予奖励。加大对科技创新模范人物、典型企业、高端人才、重大科技成果以及重大发明专利的宣传力度，在全州努力形成尊重知识、崇尚创新、敢为人先、大胆创造、宽容失败的良好社会氛围和舆论环境。

八、加强组织领导，抓好各项工作落实

22. 切实加强组织领导。各级党委、政府和各部门要把推动科技创新摆在重中之重的位置，切实加强对科技创新的组织领导，制定实施细则，落实政策措施，为科技创新创造良好的法治环境、政策环境、市场环境和舆论环境。

23. 建立健全考核评价制度。将科技创新工作纳入各级政府绩效评价和目标责任考核体系，提高考核指标权重，加强督促检查和考核奖惩，对科技创新工作绩效考核成绩优秀的县（市）、部门给予表彰奖励，确保各项工作落实到位。

2014 年 3 月 14 日